Para Gerardo,

    Con cariño y gusto
de encontrarnos y
discutir los problemas
del campo a través de
los años,
      Kristin

        Febrero 2002.

CENTRO DE ESTUDIOS ECONÓMICOS

DE LA MILPA
A LOS TORTIBONOS
La restructuración de la política alimentaria en México

Kirsten Appendini

EL COLEGIO DE MÉXICO

INSTITUTO DE INVESTIGACIONES DE LAS NACIONES UNIDAS PARA EL DESARROLLO SOCIAL

338.191
A646d

    Appendini, Kirsten Albrechtsent de
       De la milpa a los tortibonos : la restructuración de la política
alimentaria en México / Kirsten Appendini. -- 2a ed. -- México : El Colegio de México, Centro de Estudios Económicos :
Instituto de Investigaciones de las Naciones Unidas para el
Desarrollo Social, c1992, 2001.
    290 p. ; 21 cm.

    ISBN 968-12-1018-2

    1. Alimentos, Abastos de -- México. 2. Política alimenta-
ria -- México. 3. Agricultura y estado -- México.

Portada de Irma Eugenia Alva Valencia
Fotografía de Mariana Valenzuela Gálvez

Segunda edición, 2001
Primera edición, 1992

ISBN 968-12-1018-2

Impreso en México

ÍNDICE

PRÓLOGO A LA SEGUNDA EDICIÓN

En 1992 la modificación del Artículo 27 y el término del reparto agrario, dieron un fin simbólico al proyecto agrario y agrícola que había surgido de la Revolución Mexicana y el desarrollo hacia adentro. También para el año 2000, el sistema maíz-tortilla se había desregularizado tanto por el lado de la producción y acopio, como por el lado del consumo. La reedición del libro no podría hacerse sin incluir los últimos diez años de la política agrícola y alimentaria del país y sus consecuencias sobre la agricultura, los productores y la población consumidora.

Revisar un trabajo para una segunda edición, implica siempre tomar decisiones difíciles concernientes a la actualización de dicha revisión. Mi decisión ha sido agregar un sexto capítulo: "Una década después: el maíz y los alimentos en los años noventa" y rescribir ciertas reflexiones incluidas en las conclusiones finales. Poner al día este análisis también me obligó, a revisar el anexo estadístico.[1] El resto del texto permanece igual que en la primera edición. Cabe, no obstante, hacer algunas observaciones. Por una parte, el análisis de los hechos no cambia en esta segunda edición, que igual que en la primera, contiene la historia de cómo fue que evolucionó el sistema maíz-tortilla a lo largo de la segunda mitad del siglo xx, a la luz de las políticas públicas que perseguían fines más o menos explícitos de acuerdo con un proyecto de desarrollo que implicaba tanto el impulso agrícola como el abasto de bienes salarios a precios bajos. Los lineamientos generales de interpretación de los hechos y los comentarios al respecto han permanecido también iguales, debido a que, si bien, algunos de estos debates y los interrogantes planteados obedecieron a coyunturas muy específicas, fueron estos enfoques los pertinentes en cada periodo estu-

[1] Agradezco a Beatriz de la Tejera sus valiosos comentarios a este capítulo, así como la dedicada asistencia de Gabriela Torres-Mazuera en la revisión del texto y el material estadístico.

diado y por tanto dan testimonio de las preocupaciones y opiniones en momentos clave de la historia contemporánea del país.

Para los años noventa el debate ha cambiado radicalmente su eje en el ámbito internacional. El "dilema de los precios" que hasta entonces constituía, en los países en desarrollo el marco de análisis de la política alimentaria, fue resuelto, por lo menos teóricamente, con la apertura de las economías al mercado mundial. La política alimentaria se desligó de la producción, y se replanteó bajo otra óptica: la de proporcionar el contexto y políticas adecuadas que le aseguraran a cada persona el acceso a suficientes alimentos inocuos y nutritivos para satisfacer sus necesidades y preferencias alimenticias a fin de llevar una vida activa y sana, como lo propuso la Cumbre Mundial sobre Alimentación de la Organización Mundial para la Agricultura y Alimentación, en 1996.

En otras palabras, la seguridad alimentaria adquiere una dimensión mucho más compleja, centrándose en los recursos e ingresos de la población así como en los factores de vulnerabilidad y riesgo, sobre todo de los grupos más pobres, ahora con criterios de focalización en vez de subsidios generalizados al consumo.

No obstante lo anterior, la tensión entre la producción de alimentos y el acceso de los consumidores, persiste.

En México, esta tensión ha permeado los debates en torno a las reformas institucionales y a la política económica hacia el agro. Para los campesinos maiceros y para muchos estudiosos del campo, los cuestionamientos respecto al futuro del campo y la población rural siguen vigentes. La resolución de la política alimentaria ha sido muy parcial. Los ingresos y las condiciones de vida precarios de millones de mexicanos indican que la solución enfocada al abasto de alimentos no ha sido satisfactoria y una gran parte de la población rural y urbana no es ajena a los riesgos y vulnerabilidad en el acceso cotidiano de sus alimentos.

En fin, la desregularización del sistema maíz-tortilla ha desencadenado un proceso complejo que continua planteando interrogantes que tienen que ver con múltiples dimensiones de la vida económica, social y cultural, no sólo del México rural, sino también de los patrones de consumo alimentario de la población en general. Con la reedición de este libro, espero contribuir al interés por el tema de los alimentos en México.

México, D. F., febrero de 2001

PRESENTACIÓN

Este libro es resultado de un proyecto de investigación que forma parte de un programa del Instituto de Investigaciones de las Naciones Unidas para el Desarrollo Social (UNRISD, United Nations Research Institute for Social Development) sobre el impacto de las políticas de estabilización y ajuste en las políticas alimentarias en diversos países de África y América Latina.

La oportunidad que tuve de participar en este programa me brindó la posibilidad de escribir un libro y extenderme sobre un tema que ha sido el eje de mis investigaciones durante varios años: el maíz y la agricultura campesina.

Quiero agradecer en particular a dos instituciones que hicieron posible este libro: El Colegio de México, en donde he realizado mi labor como investigadora en el Centro de Estudios Económicos, y en donde siempre he disfrutado de las óptimas condiciones para la realización de mis actividades de investigación; y al UNRISD que me invitó a formar parte de su programa de investigación y financió el proyecto.

También quiero dejar constancia de que una parte sustancial de la primera versión del libro fue redactada durante mi estancia como investigadora visitante en el Centro de Estudios México-Estados Unidos de la Universidad de California, en San Diego, durante el otoño de 1989.

Estoy sinceramente agradecida con todas las personas que contribuyeron a la realización de mi trabajo. En mis recorridos desde el cubículo al campo, por las oficinas de la Secretaría de Agricultura y Recursos Hidráulicos, de la Secretaría de Comercio y Fomento Industrial, de Conasupo, de Boruconsa, de Diconsa, y hasta de las organizaciones campesinas y las organizaciones populares urbanas, siempre encontré las puertas abiertas y la voluntad de sostener entrevistas, proporcionar información, intercambiar ideas e impresiones.

Son muchas las personas con quienes estoy endeudada: con los campesinos y comerciantes de los municipios de Ixtlahuaca y San Felipe del Progreso, en el Estado de México, donde realicé trabajo de campo, con los colegas en el sector público y en la academia, y con los compañeros en las organizaciones campesinas y populares, algunos de ellos amigos, antiguos compañeros y ex alumnos. A todos mi profundo agradecimiento.

El apoyo de Cynthia Hewitt de Alcántara, coordinadora del proyecto por parte de UNRISD, fue determinante para la realización de este libro; su entusiasmo fue constante en nuestras largas discusiones sobre el maíz, y me he permitido utilizar libremente sus comentarios, sugerencias e ideas para esta versión final. Agradezco sinceramente su amplia colaboración.

María del Carmen Cebada fue una colaboradora muy grata que durante un año de trabajo, se dedicó a la tarea indispensable de recolectar y elaborar buena parte de la información estadística y documental, hacer entrevistas y discutir cotidianamente los hallazgos en la investigación.

También quiero agradecer a Raúl García Barrios por su cuidadosa lectura del manuscrito y sus múltiples comentarios y sugerencias. Lo mismo a David Myhre por sus valiosos comentarios. Claro asumo toda la responsabilidad por los errores, omisiones y demás confusiones que pueda tener el libro.

Juan Carlos Vázquez Campos colaboró con el cómputo estadístico, Ma. de los Ángeles Chávez Alvarado ayudó en la reproducción final del manuscrito. Laura Sosa hizo la corrección de estilo.

Justo al terminar la revisión final de este libro se inició el debate más importante sobre la cuestión agraria en México, referente a la reforma del artículo 27 constitucional, que se refiere a la legislación sobre la tenencia de la tierra. La modificación de la ley agraria tendrá profundo impacto sobre los productores del campo y la agricultura maicera. Este libro se refiere a la historia anterior y la etapa de transición que ahora, en retrospectiva, claramente ha llevado a la posibilidad de los cambios que se vislumbran. Todavía queda mucho por decir sobre el tema de este trabajo, el maíz y la tortilla.

México, D. F., noviembre de 1991

I. EL DILEMA DE LOS PRECIOS Y LA RESTRUCTURACIÓN ECONÓMICA

1. Introducción

En los últimos diez años se ha transformado radicalmente la política alimentaria en México con el propósito de hacer más fluido y eficiente un complejo sistema de abasto de alimentos básicos conformado a lo largo de varias décadas. Durante muchos años el reto fue satisfacer la demanda de alimentos de una población creciente, teniendo como telón de fondo una agricultura que tendía cada vez más al estancamiento. Para lograr este propósito, se fue construyendo un sistema de subsidios y apoyos tanto para el cultivo de básicos como para el sistema de comercialización y distribución de alimentos, en el cual el Estado mexicano jugó un papel primordial.

Los requerimientos de cambio en la política alimentaria durante la crisis económica del país en los años ochenta han tenido dos causas fundamentales: primero, la política de ajuste y estabilización seguida por el gobierno mexicano a raíz de la crisis de la deuda externa en 1982, que obligó a disminuir sustancialmente el gasto público y, por tanto, también el gasto destinado al sistema de abasto de alimentos; y segundo, México ha emprendido un nuevo rumbo en la política económica al adoptar la estrategia de disminuir la intervención del Estado en la economía y lograr una mejor asignación de recursos a través del mercado. Esto también ha llevado a la continua revisión y restructuración de los dos principales ejes de la política alimentaria: los precios y los subsidios a la producción y al consumo de alimentos.

Las reformas a la política alimentaria tienen implicaciones económicas y políticas profundas pues afectan a toda la población y a muchos grupos de interés —productores agrícolas, intermediarios comerciales, industriales y consumidores— a lo largo de la cadena producción-distribución-consumo de los principales alimentos, pero afectan principalmente a los productores y consumidores de los alimentos básicos tradicionales: a los campesinos y a la población de bajos ingresos.

En México, mientras que para los primeros se han visto reducidos los recursos del gobierno destinados al fomento de los cultivos y disminuidos los precios agrícolas, a medida que se ha seguido una política de precios acorde con la liberación del comercio exterior, para los segundos, los precios finales de los alimentos básicos han aumentado, y la población beneficiada con subsidios al consumo ha sufrido varios cambios en los mecanismos de instrumentación de los mismos.

La transformación de la política de precios y subsidios a los alimentos esenciales, ha sido un proceso complejo y políticamente difícil que aún no termina. Durante los años ochenta, se redujeron sustancialmente los recursos destinados a subsidiar los alimentos básicos, pero se mantuvieron las instituciones encargadas de instrumentar la política alimentaria y no hubo un cambio radical en los programas ni en los mecanismos de aplicación. Pero a partir de 1989 se emprendió definitivamente la restructuración de las instituciones encargadas de llevar a cabo la política alimentaria con miras a la desregularización del sistema y la privatización de varios agentes a lo largo del mismo.

El desenlace de este proceso no está para nada claro. Los problemas a resolver son más complejos y de una magnitud mayor que hace diez años.

En primer lugar, hoy hay más mexicanos que hace una década: en 1990 la población era de 81.2 millones y de los once millones de personas nacidas desde 1980, nueve de cada diez eran "pobres", categoría a la cual pertenece actualmente la mitad de la población mexicana.[1] En otras palabras, hay una mayor demanda de alimentos y una menor capacidad de acceso a ellos, por lo que es necesario mantener programas de subsidios que beneficien a la población más pobre. Esta demanda no sólo la ejercen los habitantes urbanos —61% de la población mexicana vive en localidades con más de 15 000 habitantes—, sino que a ella se aúnan los residentes rurales no productores de alimentos

---

[1] Cifras del Consejo Consultivo del Programa Nacional de Solidaridad, 1990.

y los campesinos que no producen lo suficiente para satisfacer sus propios requerimientos.

El problema alimentario y de pobreza alcanza dimensiones preocupantes, pues los datos oficiales estiman que 40% de la población no alcanza los requerimientos nutricionales mínimos; la mayoría se ubica en regiones rurales donde, según registros realizados en 1985, 90% de la población padece algún grado de desnutrición. Son precisamente los productores agrícolas los que más sufren una alimentación deficiente.

A la vez, durante la década de los ochenta, la producción de los alimentos básicos fue cada vez más deficitaria, en particular los campesinos vieron deteriorados sus cultivos de maíz y frijol como efecto de los cambios en la política agropecuaria.

Las decisiones en materia de política alimentaria se enfrentan a una serie de dilemas, debido a que sus efectos de corto y largo plazo, contraponen los intereses de algunos grupos de la población —agricultores y consumidores— para satisfacer los requerimientos inmediatos de consumo de alimentos de una población pobre y la necesidad de fomentar una agricultura productora de alimentos. También debe considerarse los efectos macroeconómicos como la política monetaria y cambiaria, comercial y de gasto público, sobre la política agropecuaria y sobre el empleo, el ingreso y su distribución, y la política alimentaria; así como hacerse consideraciones a nivel micro, en el cual los contextos sociales y culturales pueden tener impactos sobre la política alimentaria, como las decisiones en torno a la asignación de trabajo y recursos en unidades campesinas o como, por ejemplo, el riesgo y la valoración de recursos no monetarios.[2]

Una política alimentaria se refiere a un concepto amplio que incluye todos los aspectos del sistema alimentario desde la oferta hasta la distribución y el consumo. Debe tomar en cuenta todos los problemas y agentes que intervienen a lo largo del sistema, así como las necesidades de una sociedad tanto a corto como a largo plazo, a nivel macro y micro. (Gittinger *et al.*, 1987: 2-3).

La dificultad esencial de una política alimentaria se resume en el dilema de los precios: los consumidores constituyen la ma-

---

[2] Para una discusión conceptual y metodológica de política alimentaria, véanse los artículos varios en Gittinger *et al.*, 1987, en particular la sección 1 "The framework of world food policy".

yor parte de la población, y reclaman alimentos a precios bajos debido a que son pobres. Los productores, en su mayoría campesinos también pobres, requieren un apoyo productivo si es que se pretende aumentar la oferta interna de alimentos y, por tanto, demandan precios rentables. El problema es que los costos son relativamente altos en condiciones de baja productividad como las de los cultivos tradicionales en México, y en la última década el precio del cultivo básico —el maíz— ha estado por encima de los precios internacionales. El Estado se inclina por precios bajos a los consumidores en el contexto de programas antiinflacionarios, pero propicia el alza de los precios tanto por el lado de los costos agrícolas como a los consumidores, al retirar los subsidios a los alimentos.

El reto para la política alimentaria es, pues, dar una solución al dilema de los precios con el menor costo económico, social y político; o tomar la decisión política de elegir qué grupos de la población y qué sectores de la economía van a ser beneficiados o perjudicados por esas decisiones. Como señala Mellor:

> La determinación de los precios agrícolas es un asunto intensamente político, porque tiene una influencia profunda sobre la igualdad, el ingreso, el consumo, la producción y el desarrollo económico. Por lo tanto, la política de precios ocupa un lugar de importancia en el debate político, en las deliberaciones entre los funcionarios de gobierno y en las decisiones de los consumidores y de los productores. Esto es un hecho tanto en los países de ingreso alto... como en los países con ingresos bajos donde es central a los procesos políticos y económicos (Mellor, 1988).

En México, este problema fue resuelto en el pasado de diferente manera. Durante los años cincuenta y sesenta —el primer periodo de intenso desarrollo de la agricultura para el mercado interno que coincidió con altas tasas de crecimiento de la población e intensas migraciones rurales-urbanas— se resolvió por el lado de la oferta mediante un modelo de desarrollo bimodal en el cual se promovió la agricultura empresarial en las mejores tierras agrícolas, con lo que se logró un alto crecimiento en la productividad, a la vez que se amplió la superficie de cultivo, tanto en la agricultura comercial como en la agricultura campesina. México llegó a ser autosuficiente en alimentos básicos con una producción anual de 12 millones de toneladas en promedio entre 1965 y 1967, y con una población de alrededor de 42 millones de habitantes.

Veinticinco años más tarde la producción de maíz, frijol, trigo y arroz era de 16 millones de toneladas pero la población casi se había duplicado. Después del periodo de crecimiento señalado, la agricultura entró en una etapa de lento crecimiento e incluso hubo años de franco estancamiento. El modelo de desarrollo había llegado a sus límites, y se pusieron en marcha otras políticas agrícolas a fin de incorporar la agricultura campesina tradicional a diversos proyectos, cuyo objetivo era la elevación de la productividad y la incorporación de los productores campesinos al mercado. Esto significó una revisión de los precios agrícolas fijados por el gobierno —precios de garantía— a fin de dar incentivos a los productores, pero a la vez se mantuvo una política de alimentos baratos a los consumidores lo cual significó un creciente sistema de subsidios, tanto para fomentar el cultivo de básicos en un sector de la agricultura de baja productividad como para mantener a precios bajos los alimentos. Esto caracterizó la política agrícola de los años setenta.

Además del objetivo de impulsar el desarrollo de la agricultura campesina como parte del proyecto de desarrollo nacional, es comprensible que durante esos años, México haya persistido en la meta de alcanzar la autosuficiencia alimentaria. Los mercados mundiales de granos eran inestables y los precios tendían al alza; en el ámbito internacional existía la preocupación de si sería posible enfrentar la creciente demanda de alimentos en los países del Tercer Mundo, deficitarios en su producción, a lo que se sumó la también creciente demanda de granos de algunos países socialistas.

El panorama cambió en los años ochenta y no porque los países deficitarios hayan logrado incrementar su producción —por el contrario, el problema alimentario se ha agudizado en los países subdesarrollados—, sino debido a que desde entonces el contexto mundial es diferente: existe una abundante oferta de granos en el mercado internacional, cuyo principal proveedor es Estados Unidos. El problema alimentario se ha vuelto un problema de distribución y no de disponibilidad. Para los países subdesarrollados y deficitarios, representa un problema de escasez en un mercado mundial de oferta abundante. Ésta es una situación compleja y contradictoria y puede convertirse en un verdadero dilema para la agricultura de estos países, ya que se enfrentan a la opción de promover a largo plazo una agricultura que permita satisfacer los requerimientos de alimentos básicos, o a adquirir éstos en el mercado mundial a un costo menor, a corto plazo. Esto sucede sobre todo ante la apertura de las economías, y las presiones ejercidas por los países superavitarios para vender sus excedentes de grano, promoviendo préstamos blandos para los países importadores.

En México, no obstante logros parciales de las políticas de fomento agrícola —como por ejemplo con el programa del Sistema Alimentario Mexicano en 1980-1981—, en general persistió el déficit interno de básicos y la importación de alimentos, en particular del maíz, fue creciente.

Con la crisis de 1982 ya no era sostenible la política alimentaria de subsidios tanto para los productores como para los consumidores. La imposibilidad financiera de sostener un proyecto de apoyo a la agricultura llevó a abandonar las aspiraciones de autosuficiencia. Esto se reflejó en el programa de desarrollo rural correspondiente a la administración del presidente De la Madrid, que se inició en diciembre de 1982, al sustituirse el objetivo de "autosuficiencia" por el de "soberanía alimentaria": asegurar la capacidad de abasto no necesariamente con la producción nacional, sino con la capacidad de importación complementaria mediante una balanza agropecuaria positiva.

La atención al sistema alimentario se enfatizó por el lado del consumo con una visión de corto plazo en la cual era apremiante atenuar los efectos negativos de la crisis económica sobre el ingreso de la población en general, y en la cual un mayor abasto de los alimentos altamente subsidiados —como el maíz— en el mercado mundial a precios inferiores a los de garantía, podía significar un alivio para el gasto público. A la vez se emprendió la restructuración de los mecanismos de subsidio al consumo con miras a reducir éstos.

De hecho, México es un caso más entre muchos países que en la década de los ochenta emprendieron reformas de política alimentaria siguiendo las recomendaciones de los organismos financieros internacionales en el sentido de desregularizar los mercados agrícolas y lograr una mejor asignación de recursos a través del mercado. En particular, los préstamos que ha otorgado el Banco Mundial en apoyo a programas de ajuste estructural, tanto en México como en otros países, han estado asociados a reformas institucionales en el sentido de desregularizar los mercados agrícolas y esperar una mejor asignación de recursos a través del mercado.[3] Por tanto, las recomendaciones se refieren a la liberación de precios, la apertura comercial y la disminución de la intervención gubernamental en los mercados agrícolas y de alimentos.[4]

Por tanto, la política alimentaria se ha ido conformando a los lineamientos de la política macroeconómica dictada primero por los programas de ajuste y estabilización, y luego por la política de restructuración económica a la cual se añade una nueva situación a inicios de los años noventa —la probable firma de un tratado de libre comercio entre México, Estados Unidos y Canadá.

Ante el inicio de las negociaciones para dicho tratado, ha resurgido el debate sobre la política alimentaria desde la óptica de la oferta, esto es, el papel que tendrá la agricultura de cultivos básicos para el abasto a la población frente a la opción de una creciente dependencia de la importación de alimentos.

En México persiste una corriente de opinión importante a favor de un proyecto productivo que apoye la agricultura de básicos, en especial el maíz, y que por tanto aboga por una protección de los cultivos básicos frente a la apertura comercial. Esta posición se basa en la importancia del cultivo y las consecuencias económicas, sociales, culturales y hasta políticas que tendría el abandono de una política de fomento a la producción.[5]

---

[3] En muchos casos, por ejemplo algunos países de África, se trata de aumentar los precios agrícolas de consumo básico que se encontraban por debajo de los precios internacionales, lo cual había deprimido la oferta interna. Esto hace necesario recurrir a subsidios al consumo a fin de aliviar el costo de la "transición" para la población consumidora pobre. Véase UNRISD, 1987, así como los diversos trabajos originados a raíz de este proyecto: ponencias del seminario sobre "Food policy and marketing reforms", UNRISD, Ginebra, 1989.

[4] "El conjunto de reformas que se apoyan, están enmarcadas implícitamente por la teoría económica neoclásica que subraya la idea de que los precios que reflejan valores de escasez mejorarían la eficiencia de la asignación de recursos; que la liberalización comercial al mejorar el equilibrio de los incentivos entre exportaciones e importaciones mejorará la eficiencia y la balanza de pagos; etc." Dubey, sin fecha.

[5] No se trata de ninguna manera de una posición homogénea desde el punto de vista de enfoques —teóricos y metodológicos— disciplinas, o posiciones ideológicas. Véase, para citar algunos autores, Appendini, 1991; Austin y

A favor de la liberalización se argumenta que el costo social de mantener una agricultura subsidiada es alto y que sería mucho más eficiente la importación de alimentos básicos debido a los precios mundiales más bajos, lo cual significaría un ahorro para la economía del país en su conjunto (Levy y van Wijnbergen, 1991).

En el meollo del debate se encuentra el papel del campesinado como productor, frente a la opción de una creciente dependencia de la importación de alimentos. En esta discusión es clave también el futuro papel del Estado y la naturaleza de su intervención en el sistema de abasto, sea por el lado de la oferta (en particular la política de precios y de subsidios a la agricultura de cultivos básicos), sea por el lado de la demanda (en cuanto a los subsidios a los consumidores).

En México, igual que en muchos otros países, el papel del Estado en el abasto ha sido muy importante, debido a la necesidad de suplir las múltiples fallas estructurales de una oferta agrícola rígida y de mercados no competitivos propios de los países subdesarrollados. En el pasado, esta intervención en la economía era coherente con un modelo más amplio de desarrollo que tenía sus raíces en el paradigma keynesiano y en el estructuralismo latinoamericano, que atribuía al Estado el papel de agente de punta para promover el desarrollo económico y para resolver los grandes rezagos sociales del subdesarrollo. Así, durante el periodo de industrialización hacia adentro, el Estado participó directamente en la esfera productiva a fin de promover inversiones estratégicas, grandes obras de infraestructura y servicios básicos a la sociedad (Ibarra, 1990). ·

Si bien esta intervención llevó a otros problemas —tales como un exceso de burocratismo, ineficiencia y corrupción— que hoy son objeto de la crítica a la intervención estatal, la eliminación de la presencia del Estado no acaba con los problemas. En el caso del abasto de alimentos, la desregularización y la eliminación de los subsidios se encuentra con otros problemas derivados en particular de la heterogeneidad de la estructura productiva y de los mercados.

Como lo señala Cynthia Hewitt en el caso de los sistemas de

Esteva, 1987; Barkin, 1989 y 1991; Calva, 1988; Hewitt de Alcántara, 1992; Ibarra y Ortiz, 1991; Luiselli, 1987; Matus y Puente, 1990; Warman, 1988a y 1988b.

abasto de alimentos, las reformas macroeconómicas realizadas como parte de los programas de ajuste, parecen descansar en el supuesto de que existe un solo mercado y que sólo la intervención del Estado puede provocar distorsiones en él, cuando en realidad, en los países subdesarrollados los sistemas nacionales de abasto de alimentos están conformados por múltiples mercados tanto de productos como de la tierra, el trabajo y el capital, necesarios para producir esos bienes. En el contexto rural en donde se llevan a cabo las transacciones comerciales entre la población, existe más bien una red de mercados pequeños en los que las estructuras de poder local definen los términos en que se realizan estas transacciones y el flujo de recursos entre la sociedad local y el resto de la economía (Hewitt de Alcántara, 1989:19).

En años recientes, junto con el abandono de un modelo de Estado promotor del desarrollo, también se ha dejado de lado el del Estado dador de bienestar, una aspiración profunda de la mayoría de las sociedades latinoamericanas, y los objetivos redistributivos han sido sustituidos por el Estado asistencial que, mediante programas transitorios, debe aminorar los estragos que sufre la población más vulnerable frente a los cambios económicos. Pero aquí la situación tampoco es fácil pues el Estado enfrenta una población con carencias enormes que además han empeorado por la crisis y pueden poner en peligro la propia seguridad social. Con respecto a los sistemas de abasto de alimentos, estos problemas se refieren al acceso a ellos debido al bajo poder adquisitivo de los individuos, que pone en riesgo la seguridad alimentaria de grandes sectores de la población.

La visión neoliberal, en la cual la función del Estado es suministrar algunos servicios básicos —salud, programas de alimentación complementaria, educación, infraestructura— y dar seguridad a la sociedad, está basada en la separación entre las esferas de la producción y del consumo, característica de las economías de mercado. Pero en la realidad cotidiana esta separación no es clara dentro de los hogares de las familias de bajo ingreso, de allí que las políticas que afectan a la producción de alimentos tienen consecuencias sobre la disponibilidad inmediata de cultivos de autoconsumo.

La economía campesina es el ejemplo más evidente de que no hay una delimitación entre el ámbito productivo y del consumo; ambas acciones se realizan dentro de la unidad doméstica campesina. El consumo-bienestar está directamente relacionado con la actividad productiva en el predio, producción que no necesariamente pasa en su totalidad por el mercado. Se produce para consumir y se producen tanto bienes que se pueden vender en el mercado, como bienes que no son comercializables. Pero las decisiones con respecto a la asignación de recursos, de la fuerza de trabajo familiar, del volumen a producir, del autoconsumo y venta, están influidas por el mercado, sobre todo de productos y de trabajo, por lo cual los precios agrícolas y los precios de los alimentos —influidos por las decisiones con respecto al monto y sentido de los subsidios— resultan fundamentales para que la unidad decida producir o comprar sus alimentos.

Esta realidad hace difusa la línea divisoria entre los programas de apoyo a la producción y de asistencia al consumo. Sin embargo, y a pesar de que los efectos de los subsidios a la producción y al consumo están interrelacionados, la política agrícola impone una clara línea pragmática entre los programas productivos y de asistencia social, basada en el criterio de la rentabilidad de la producción.

Los cambios en la política agrícola y de abasto que ahora se instrumentan en México, junto con el retiro de las instituciones estatales de muchos ámbitos de la producción rural, tienen implicaciones no solamente para el bienestar, sino que trascienden el funcionamiento del sistema político en el campo. Las reformas afectan las alianzas políticas establecidas durante décadas entre el Estado y los diversos sectores rurales, desde la burguesía hasta el campesinado —una base electoral importante para el partido en el poder (PRI, Partido Revolucionario Institucional)— al cambiar las reglas del juego sobre el acceso a recursos tales como el crédito, la extensión agrícola y el acopio, así como la dotación de infraestructura y la legislación agraria.

Por el lado de los consumidores, las implicaciones políticas de la restructuración actual son igualmente problemáticas, pues la garantía de acceso a alimentos baratos ha sido uno de los compromisos clave pactados por los gobiernos posrevolucionarios con el sector obrero desde los años treinta, y renovado en distintas coyunturas económicas y políticas a lo largo del tiempo. En las últimas décadas, la población urbana, a través de las organizaciones populares, también ejerce presión para lograr este tipo de beneficios, lo cual igualmente le permite constituir una fuerza política con un poder de negociación cada vez mayor.

2. EL MAÍZ: REFLEXIONES SOBRE UNA POLÉMICA PERMANENTE

El proceso de cambio al que ha estado sujeta en años recientes la política alimentaria en México, se refleja de manera particularmente compleja en la cadena de producción, distribución y consumo del alimento más importante de la dieta mexicana, el maíz. Además de ser el cultivo principal en México y la base de la agricultura campesina, el maíz es el alimento principal de la población que lo consume convertido en tortilla o preparado en una gran variedad de otros alimentos.

Del total de 825 mil millones de pesos (de 1983) que el Estado mexicano otorgó en subsidios a los productos básicos en el periodo de 1983 a 1989, 40% fue destinado al sistema maíz-tortilla en su conjunto.[6] La magnitud de esta erogación por parte de las dependencias gubernamentales en favor de agricultores, industriales y consumidores, hace del sistema maíz-tortilla el caso más importante que hay que estudiar si se quiere entender el proceso de cambio al que ha estado sujeta la política alimentaria durante la década de los ochenta en México. A la vez, un análisis de este sistema permite ilustrar la complejidad de los problemas que surgieron cuando se intentó transformar y en parte desmantelar un sistema de subsidios que se había enraizado en toda la cadena de la transformación del grano de maíz en tortilla.

La cadena empieza en el campo, donde 40% de la superficie agrícola se dedica al maíz, uno de los pocos cultivos que se pueden realizar en las tierras de temporal que predominan en el territorio mexicano.[7] Podemos encontrar el maíz en las condiciones geofísicas más variadas, desde los trópicos (en la selva del sureste y en las costas del Pacífico y el Golfo de México) hasta las regiones altas de la meseta central, y en los terrenos más pobres de las regiones montañosas que se ubican en las dos sierras que atraviesan el país.

Se estima que entre dos y tres millones de productores se dedican al cultivo de maíz, la mayor parte en parcelas pequeñas con bajos rendimientos, pero también se produce maíz en tierras

---

[6] Datos de Secofi presentados en Martín del Campo y Calderón, 1990:97.

[7] Se estima que 85% del cultivo de maíz se realiza en tierras de temporal y 15% en riego. En las tierras de temporal, 30% es buen temporal, 53% es temporal de riego y 17% es temporal marginal.

de buen temporal y de riego en condiciones tecnológicas modernas. Como veremos más adelante, uno de los principales problemas en cuanto al diseño y establecimiento de la política agrícola es justamente la gran heterogeneidad de los productores de maíz y de los sistemas de cultivo, ya que las distintas medidas tomadas para fomentar su producción y promover una mayor oferta comercializable, pueden tener efectos contrarios en los distintos tipos de productores.

Los agricultores empresariales de maíz constituyen menos de 1% de todos los productores del grano en el país, pero aportan de 15 a 20% de la producción, y son quienes deciden las variaciones de la oferta en función de la rentabilidad, lo cual se refleja en la evolución del cultivo del grano en las superficies de riego.

En cambio, se puede estimar que 60% de la oferta interna del grano y 40% de la oferta comercializada, proviene de unidades de producción que podemos denominar campesinas.[8] La mayoría de estos predios se ubican en tierras de temporal, muchos en tierras marginales, y son de un tamaño insuficiente para generar un nivel de ingreso que satisfaga los requerimientos mínimos de una familia. En la estrategia de vida de los cultivadores de estas tierras, la milpa —el terreno donde se cultiva— es el eje del sustento alimentario de la familia. El cultivo del maíz se asocia a un complejo sistema de subproductos que forman parte del consumo humano y animal: la caña o el tallo y las hojas se convierten en rastrojo; la caña también se usa como material de construcción y las hojas para envoltura de alimentos. Varias partes de la planta tienen usos medicinales; el cuitlacoche —un hongo parasitario del maíz— se come. Además, tanto las hierbas que se dan en la milpa como múltiples cultivos asociados, son utilizados para el consumo de la familia campesina (Warman, 1988). El sistema de cultivo va asociado a prácticas de manejo de recursos que pueden propiciar su conservación y la del medio ambiente.[9]

Sin embargo, en el caso de aproximadamente 85% de los predios del país con recursos productivos extremadamente pobres, la actividad agrícola constituye sólo una parte de las activi-

---

[8] Véase el capítulo iii.

[9] Véase García Barrios y García Barrios, 1991. Muchas de estas prácticas han sido abandonadas con el uso de tecnologías como los insumos químicos y la mecanización.

dades económicas de la unidad doméstica ubicada en el mismo, la cual solamente en el mejor de los casos logra cultivar maíz suficiente para satisfacer sus propios requerimientos de consumo. Esta situación precaria no excluye a los productores minifundistas del mercado de insumos agrícolas, pues el uso de fertilizantes químicos es una práctica común en toda la agricultura e indispensable en muchas regiones que han perdido la fertilidad natural del suelo debido a su sobreexplotación. La situación deficitaria de estos productores tampoco les impide vender maíz, pues es frecuente la venta de maíz entre los campesinos, sea en la época de cosecha para poder pagar deudas o cubrir los costos del inicio de la siembra, sea a lo largo del año, cuando se vende en pequeñas cantidades para solventar gastos de consumo. En consecuencia, muchos campesinos resultan ser compradores netos de grano en las épocas de precosecha.

Los campesinos maiceros que obtienen un excedente sobre los requerimientos de consumo de la unidad doméstica son un grupo de mucho menor tamaño que sus contrapartes deficitarios, pero aportan cerca de una cuarta parte de la producción nacional en México. Tradicionalmente, este tipo de productor campesino medio ha estado integrado a una red compleja de relaciones económicas y políticas trazadas alrededor de las agencias oficiales que manejan el crédito, los insumos, el acopio y la reglamentación de la tierra dentro del sector ejidal.

La mayoría de los campesinos mexicanos son ejidatarios, esto es, tienen el usufructo de la tierra que les ha sido entregada a ellos o a sus antepasados por medio del programa de reforma agraria. Dentro de este grupo, los ejidatarios que disponen de un nivel de recursos relativamente mayor, han recurrido al sistema financiero oficial para obtener créditos tanto para el proceso de cultivo como para adquirir medios de producción y maquinaria. En muchas regiones y periodos específicos, el otorgamiento de crédito estaba asociado a programas específicos de cultivo y al uso de un paquete tecnológico determinado —fertilizantes, herbicidas y semillas mejoradas—, proporcionado por las empresas estatales. La distribución de agua en los distritos de riego, muchas veces se condicionaba también al cumplimiento de los planes que establecían las agencias estatales.

A la vez, por regla general, la venta del grano financiado por el banco estatal se ha realizado a través de la agencia comercializadora oficial —Conasupo (Compañía Nacional de Subsistencias Populares)— que ha comprado entre 15 y 20% de la oferta interna de maíz en las últimas décadas. Aunque el mercado privado era el principal agente de acopio a nivel nacional, el precio rural del grano ha seguido históricamente los precios de garantía fijados por el gobierno y hechos efectivos por la regulación del mercado por parte de Conasupo, que hasta 1986 era el único agente autorizado para importar maíz.

Los aspectos monopólicos de esta regulación estatal de la agricultura ejidal, han sido muy criticados y han proporcionado razones para argumentar en favor de una desregulación en la producción y acopio del grano. Sin embargo, la desregulación que ahora se instrumenta planteará problemas nuevos ya que los mercados de insumos y productos donde interactúan los productores campesinos están muy lejos de corresponder a mercados "perfectos", como se verá a lo largo de este libro.

A la gran diversidad de productores corresponden también muy distintas formas de operación de los mercados regionales y locales que van desde una competencia operativa, hasta grados de oligopsonio y monopsonio. Los mercados rurales en regiones de agricultura campesina son sumamente complejos, ya que dependen de los contextos locales y regionales y sus interrelaciones no sólo se conforman por las estructuras económicas, sino por las relaciones sociales y políticas entre los campesinos y los comerciantes.

Aunque los pequeños productores retienen una parte importante de su cosecha para el autoconsumo, el grano que sí venden conforma una parte de la oferta comercializada. En general, estas ventas se realizan mediante un comercio tradicional cuyas funciones abarcan no sólo la compra-venta, sino el control del crédito informal en el campo. Miles de pequeños productores venden su grano a estos agentes locales, frente a los cuales tienen un poder de negociación muy débil. Se trata de formas mercantiles tradicionales en mercados que carecen de infraestructura adecuada.

La heterogeneidad de las condiciones en el agro, significa que tanto las medidas de política económica como las de desregulación, tendrán efectos diferentes sobre distintos productores y por lo tanto diversos mecanismos de comercialización. Ya han sido muy estudiados los resultados de la acción del Estado para promover el desarrollo agropecuario en México en el pasado, cuando las políticas agropecuarias que impulsaron el proceso de modernización agrícola, contribuyeron a afianzar las diferencias estructurales entre los productores y las regiones agropecuarias del país (Hewitt de Alcántara, 1978). Hoy, las decisiones en materia de política agrícola se enfocan a afianzar de nuevo estas diferencias, ya que el Estado tiene que racionalizar los recursos que dirige al sector y elegir a qué grupo de productores beneficiará a partir de criterios de eficiencia.

Estas decisiones son, aparentemente, económicas, y están fundamentadas en criterios de "rentabilidad" y de asignación del gasto público, pero bajo este aspecto subyacen las decisiones políticas. En el pasado los campesinos que producen para el mercado en algunas regiones del país, han logrado organizarse conjuntamente y ejercer presión sobre el gobierno con el fin de tener un mayor control sobre sus procesos productivos. También han luchado por liberarse del control estatal sobre sus organizaciones. Sin embargo, aunque ven en la restructuración institucional una oportunidad para deshacerse de los controles corporativos, esto no significa que la mayoría de los campesinos quieran o puedan prescindir de los servicios que proporciona el Estado.

Desde la óptica productivista del gobierno actual, son los campesinos excedentarios los que tienen posibilidades de transformar el proceso de cultivo, lograr una elevación de la productividad y, por tanto, contribuir a incrementar la oferta nacional de maíz. En consecuencia, el gobierno se ha decidido por una política agrícola de apoyo a este tipo de productores, y promueve un proyecto de fomento parcial de la agricultura, con miras a lograr la autosuficiencia en maíz para consumo humano.

Para el resto de los productores de maíz, que son la gran mayoría y suelen estar mucho menos organizados, se propone el programa asistencialista que es propio del periodo de restructuración y al cual se ha hecho referencia en párrafos anteriores.

Cabe decir que desde la estrecha óptica de las ventajas comparativas a escala mundial, no hay ningún argumento a favor de la agricultura maicera en México, cualquiera que sea el sector de productores a que se quiera hacer referencia. Estados Unidos produce casi 50% del grano mundial y las condiciones en que se cultiva maíz en el medio oeste norteamericano son las óptimas en el mundo, a lo cual se agrega el uso de la más avanzada tecnología en su producción. Como el exportador más grande del mundo, Estados Unidos puede vender a México, a un precio muy subsidiado, la cantidad que se requiera y además otorgar una línea de crédito para que podamos adquirirla.[10]

Los argumentos en contra del abandono de la meta de la autosuficiencia nacional, tienen que plantearse más bien desde el punto de vista de la realidad económica y social del campo mexicano, una realidad que fácilmente puede convertirse en un asunto político. El continuo deterioro y desmantelamiento de la agricultura maicera, lleva al empobrecimiento ulterior de la población rural y a las migraciones masivas, una parte importante de las cuales se dirigen a Estados Unidos. Éste es un proceso que ya está en marcha, y que se agravará si sigue deteriorándose el cultivo del maíz.

A corto plazo, hay pocas alternativas de empleo e ingreso no agrícolas para la población rural. En el esquema actual ésta tiene que esperar, primero, hasta que el crecimiento económico dentro de otros sectores cree suficiente empleo asalariado. El orden de magnitud del problema es de ochocientos mil a un millón de empleos que tendrían que crearse anualmente para poder incorporar la fuerza de trabajo mexicana. Una vez teniendo trabajo remunerado, tendría que esperar otro periodo para que los salarios alcancen un nivel que le permita acceder a una vida digna. En otras palabras, tendría que esperar que se cumplan las expectativas de salir de la pobreza de la manera como lo plantearon —y no lo lograron— los modelos desarrollistas de los años cincuenta y sesenta, así como los modelos cepalinos y la industrialización hacia adentro.

Reconociendo la complejidad del problema "del maíz" en México, el Estado sigue otorgándole a ese producto básico cierta protección, como una medida transitoria dentro de la apertura (como también lo hace con el frijol), restringiendo la importación del grano y fijando precios de garantía que se defienden por medio de las compras rurales de la agencia estatal Conasupo. Pero es probable que este periodo de protección dure poco. Además, el verdadero reto no estriba en seguir protegiendo una agricultura de baja productividad, sino en revertir el proceso de deterioro de la capacidad productiva. Se trata de fomentar una agricultura maicera con capacidad para satisfacer los requeri-

---

[10] México ha sido uno de los mayores beneficiarios del programa GSM-102 y 103 (General Sales Manager) otorgado por Estados Unidos para exportar sus bienes agrícolas (GAO, marzo, 1991).

mientos de consumo del país, y en esta tarea la política agropecuaria sigue siendo un elemento decisivo.

3. EL DILEMA DE LOS PRECIOS

Los precios son el eslabón de la cadena entre productores y consumidores. El precio al productor de maíz —precio de garantía— ha sido fijado por el gobierno, al igual que el precio del producto final, la tortilla, ha estado sujeto a control de precios para beneficiar a los consumidores.

Los precios agrícolas, llamados precios de garantía ya que son instrumentados por el Estado, han sido uno de los ejes de las demandas de las organizaciones de productores, y su determinación e impacto sobre la oferta de básicos ha suscitado una larga discusión desde los años cincuenta en que se instituyeron.[11]

En el caso del maíz, el problema en torno a la fijación de los precios de garantía ha sido la gran disparidad en la productividad y por tanto en los costos del cultivo. Debido a que ha sido un cultivo campesino y a que uno de sus objetivos fue el de fomentar la producción y garantizar un ingreso mínimo al pequeño agricultor, las demandas siempre han girado en torno a un precio de garantía del maíz que pueda cubrir los costos de cultivo de la mayoría de los campesinos, incluyendo la agricultura tradicional (Appendini, 1986). Esta política ha sido cada vez menos viable y en la actualidad, con la apertura comercial, se ha abandonado por completo. El nivel de precios que ha imperado durante los últimos años es remunerativo solamente para los agricultores más grandes.

Ha habido una larga y amplia discusión en torno al impacto de los precios agrícolas en los distintos estratos de productores.[12] La evidencia empírica señala, para el caso de México, que

---

[11] Los precios de garantía son los precios que paga el Estado a través de su agencia de acopio —Conasupo— y si bien sólo participa en una parte de las compras de las cosechas, los precios de garantía históricamente han regulado los precios del mercado: los precios medios rurales de los cultivos con precio de garantía han tenido una tendencia similar.

[12] Para la discusión en torno a las políticas de estabilización y desarrollo

si bien la mayoría de los campesinos cultivan maíz para el consumo propio, el precio del mismo influye en las múltiples decisiones que deben tomar en cuanto a la asignación de recursos y de fuerza de trabajo. A pesar de tener recursos limitados —que a nivel agregado significan una oferta de maíz rígida— en el caso de cada productor, el precio influye en las decisiones sobre la producción destinada al autoconsumo y al mercado, en la adopción de otras actividades agropecuarias en el predio y en la venta de fuerza de trabajo fuera del predio. El precio también afecta las decisiones en cuanto a la tecnología utilizada en el proceso de cultivo, lo cual tiene que ver con la productividad lograda y la conservación de los medios de producción, principalmente la tierra.

En el caso de los campesinos más pobres, el precio del mercado rural, tanto al productor como al consumidor, es una variable fundamental en sus decisiones respecto a la actividad agrícola en su parcela y a la venta de la fuerza de trabajo de los miembros de la unidad doméstica campesina. Los precios del maíz afectan por consiguiente las propias estrategias de producción y sobrevivencia de la población rural y trascienden el propio ámbito rural, ya que afectan el mercado laboral y por tanto la migración y el nivel general de salarios. Es más, debido a la interrelación entre los migrantes y la unidad campesina, las remesas de aquéllos frecuentemente son utilizadas para invertir en los cultivos, por lo cual el nivel de salarios urbanos puede afectar la capacidad de producción del maíz.[13]

En el caso de los productores comerciales, tanto el precio como la rentabilidad son determinantes en las decisiones sobre las opciones de cultivo, a la vez que tienen un impacto directo en la oferta.

En cambio, desde el punto de vista de la población en general, el nivel del precio del maíz afecta su ingreso y tiene un costo social. Así, los consumidores resultan beneficiados con precios bajos para los alimentos y perjudicados con precios altos de los mismos; no hay que olvidar que los consumidores son la mayo-

---

de la agricultura campesina, véase, por ejemplo, Ahmed, 1989; Hazell, 1989; Streeten, 1987; Timmer, 1987.

[13] Véanse en particular los trabajos publicados en Hewitt de Alcántara (ed.), 1992.

ría de la población y que los más pobres tienen como consumo fundamental el maíz y la tortilla.

Los campesinos marginales que compran maíz porque no cultivan lo suficiente para su propio consumo, los jornaleros sin tierra —que se estiman entre 2.5 y 3 millones de personas— y los trabajadores urbanos, principalmente, se benefician con precios bajos. Hay pues una corriente de opinión importante en el sentido de que una mejor opción para la sociedad en su conjunto es tener una política de alimentos baratos, lo que actualmente resulta viable mediante las importaciones de maíz. Esto también permitirá un ahorro sustancial en el costo para la sociedad en su conjunto por pagar precios agrícolas por encima de los del mercado mundial. Estos argumentos se refuerzan con el señalamiento de que los productores que se benefician con precios relativamente altos, son una pequeña parte del total —sólo los productores que comercializan una parte importante de su producción— y que entre ellos, los más productivos, por ejemplo aquellos ubicados en tierras de riego, logran sobreganancias.[14]

Hoy en día, los argumentos en favor de precios bajos son importantes en el contexto del programa de estabilización y sobre todo en el debate a favor de un tratado de libre comercio con Estados Unidos de Norteamérica y Canadá. ¿El dilema de los precios se resolverá en favor de los consumidores? Parece que la respuesta va en este sentido, pero aún no se ha dado el desenlace final.

De acuerdo con la experiencia de los últimos diez años queda claro que el proceso de restructuración de la política alimentaria de ninguna manera ha sido una tarea fácil. El desmantelamiento de los subsidios y sus efectos, han sido objeto de un cuidadoso manejo político muy sensible a las presiones de los grupos afectados, y la instrumentación de los cambios ha variado en distintas coyunturas del periodo de crisis. Ha sido importante la presión ejercida por grupos rurales, ya sea directamente a través de las demandas campesinas, ya sea indirectamente por medio del temor a las consecuencias sociales y políticas que suscita la posible desprotección a la agricultura maicera. Ha sido necesario tomar en cuenta también las demandas de los indus-

---

[14] Algunos ejercicios econométricos han señalado el impacto distributivo de los precios del maíz y su costo en términos del bienestar social. Véase Levy, S. y S. van Wijnbergen, 1991; Gibson, B., N. Lustig y L. Taylor, 1984.

triales de la rama de elaboración de masa, harina y tortilla que durante largas décadas fueron a la vez beneficiados con la venta de grano subsidiado y perjudicados por la reglamentación estatal de la industria. Finalmente, la exigencia de tortillas baratas por parte de la población urbana cada día más pobre, ha condicionado y modificado la política agrícola y de abasto.

En el debate nacional sobre la reforma del papel estatal en el sistema de abasto alimentario, quedan claramente expuestos los problemas y distorsiones que fueron creados por la excesiva regulación gubernamental, y son igualmente patentes las contradicciones que se han ido generando con este complejo sistema durante décadas. Lo que queda menos claro son las consecuencias de la desregulación.

En este trabajo, analizaremos el sistema maíz-tortilla teniendo como hilo conductor la política agropecuaria, de abasto y de subsidios al consumidor, la gestión de esta política y sus efectos en los grupos involucrados a lo largo del sistema.

Para ello, tomaremos en cuenta distintos niveles de análisis y maneras de enfocar el problema. Desde la óptica económica, la política alimentaria esta determinada por el contexto de la política macroeconómica, que a su vez delimita las políticas sectoriales y tiene un impacto sobre la composición de la oferta, la tendencia del monto y del mecanismo y el destino de los subsidios, ya sea a la producción, o a los consumidores. También están determinados por el contexto macro los objetivos explícitos de las políticas sectoriales y de bienestar para la población. Pero el impacto de esto en los productores, intermediarios, industriales y consumidores, rebasa el cálculo económico y hace necesaria la revisión, ajuste y modificación de las decisiones políticas. Las reformas a la política alimentaria tiene efectos complejos y contradictorios en la sociedad y entre los grupos más directamente involucrados, y la reacción, participación y gestión de estos distintos grupos son determinantes en la conformación y resultado de estas políticas.

Los estudios sobre los problemas alimentarios realizados en México, han sido enfocados en su mayoría a uno de los extremos del sistema: los problemas de la agricultura, problemas de la oferta, del abasto y de la intermediación, o los problemas propiamente alimentarios de la población.[15] En este trabajo in-

---

[15] Para la oferta véase Barkin, 1992; Barkin y Suárez, 1985; Rello y

tentamos presentar un análisis de todo el sistema maíz-tortilla y vincular los problemas y procesos de cambio que ha tenido éste en las últimas décadas. Este primer capítulo presentó la problemática de la política alimentaria: los dilemas frente a distintas opciones que privilegian productores o consumidores frente a las limitaciones impuestas por los recursos y las decisiones en materia macroeconómica. Hoy día, estas decisiones tienen que ver con la propia transformación del papel del Estado en la economía y con la integración de la economía mexicana en un bloque económico más amplio. Al inicio de los noventa, bien parece que los cambios realizados durante los años ochenta han conformado los lineamientos de una política alimentaria acorde con el nuevo modelo económico, no obstante que todavía no acaba el debate, ni mucho menos están resueltos los problemas.

En el capítulo segundo haremos un análisis de la política agrícola y alimentaria en el periodo comprendido entre 1960 y 1982. En el curso de estas dos décadas se pasó de la autosuficiencia a la necesidad de importar cada vez mayores cantidades de alimentos, en particular maíz. La intervención del Estado con el propósito de aumentar la oferta de cultivos básicos mediante una política de apoyo a la producción y comercialización fue creciente. Los precios siempre fueron el aspecto controvertido de esta política; los intentos coyunturales de una política de precios en favor de los agricultores se trasladaron a subsidios crecientes para no afectar a los consumidores. A fin de cuentas, imperó una política de alimentos baratos a favor de los consumidores.

A partir del tercer capítulo, retomaremos el actual debate sobre el dilema de los precios en el contexto de crisis: los programas de ajuste y estabilización, y la restructuración de la economía mexicana que hemos delineado en esta introducción. Analizaremos en el capítulo tercero las consecuencias de la política macroeconómica y sectorial en la oferta de cultivos básicos.

En el cuarto capítulo haremos un recuento de las respuestas por parte de los productores frente a la política de precios en el caso del maíz. Éstas se concretaron, por una parte, en una lucha organizada por mejores precios de garantía y, por otra, en cambios en las estrategias de ''sobrevivencia'' en las unidades cam-

---

Sordi, 1989; Conal, 1989.

pesinas, que han afectado los procesos de cultivo y por tanto la seguridad alimentaria de la población rural.

En el capítulo quinto nos centraremos en el aspecto de distribución y consumo, en particular en los cambios en la política de subsidios, en cómo ésta ha afectado a la población y cuál ha sido la respuesta de la misma. Por último, a manera de conclusión, haremos una reflexión sobre las políticas agrícola y alimentarias que se están formulando actualmente, considerando las consecuencias que puedan tener para varios tipos de productores y el grado en que México podrá asegurar la alimentación básica de la población en el futuro.

II. LA POLÍTICA DE ALIMENTOS BÁSICOS EN MÉXICO: UNA VISIÓN RETROSPECTIVA

1. Introducción

La política alimentaria en México ha tenido como objetivo fundamental el aprovisionamiento de alimentos baratos para una población creciente y cada vez más urbana. El desarrollo basado en la industrialización por la vía de la sustitución de importaciones, que se siguió por más de cuarenta años, implicó un modelo en el cual la agricultura se subordinó a los requerimientos dèl modelo de crecimiento urbano-industrial y tuvo la función de proporcionar divisas, materias primas, mano de obra y alimentos suficientes y baratos al resto de la economía. Así, el eje de la política en lo que a alimentos se refiere, ha sido el control de precios de los alimentos básicos por el lado del consumo, y el apoyo a la producción agrícola por el lado de la oferta.

Mientras que la política de precios controlados ha sido una constante apoyada por una creciente intervención del Estado en el abasto y en la distribución de alimentos, la política agrícola ha cambiado de acuerdo con los proyectos de modernización generales impuestos en el agro, que fueron tranformándose según la propia evolución de la agricultura, sus logros y sus fracasos.

Se ha escrito mucho sobre la evolución de la agricultura mexicana y el papel que ha jugado en el desarrollo del país de los años treinta a la fecha.[1] Cabe sólo recordar brevemente los rasgos más generales de cada periodo de desarrollo a fin de ubicar la política agrícola y la forma en que ha incidido en el abasto de alimentos básicos.

En 1940 se inició un nuevo proyecto de transformación basado en la modernización del sector agrícola privado, el cual se

---

[1] Véanse entre los trabajos más destacados: Centro de Investigaciones Agrarias, 1974; SARH/ONU/CEPAL, 1982; Hewitt de Alcántara, 1978.

había restructurado como resultado de la reforma agraria realizada masivamente de 1936 a 1938.[2] La modernización de la agricultura se concretó en la ampliación de la superficie de riego, en la mecanización y en el uso creciente de insumos industrializados. La promoción de la modernización fue directamente apoyada por el Estado debido a la forma en que se estableció la política agrícola. Se siguió un modelo de crecimiento bimodal que afianzó la polarización entre las diversas regiones agrícolas y los distintos tipos de productores, ya de por sí heterogéneos.

Esta política bimodal también fue reforzada porque la política agraria se deslindó de la agrícola. La primera, que continuó el reparto de la tierra, permitió la reproducción del campesinado al asegurarle el acceso a la tierra, pero no le facilitó el acceso a otros medios de producción. En cambio, la política agrícola apoyó a los agricultores privados para promover cambios tecnológicos en sus procesos productivos. El sector privado o no reformado, en el cual se había reducido la extensión de la tierra pero no el capital agrícola, sería en adelante el beneficiario de la política agrícola.

A partir de los años cuarenta, México inició un proceso de crecimiento económico que se sostuvo hasta la crisis de 1982. El primer periodo de este proceso, que abarca hasta mediados de los años cincuenta, se basó en la rápida industrialización y el crecimiento hacia afuera. La agricultura fue objeto de importantes inversiones en infraestructura y se crearon los grandes distritos de riego donde se desarrolló la agricultura capitalista del país. En ese periodo, la agricultura de exportación, especialmente el cultivo de algodón, tuvo un auge y fue un importante apoyo para la entrada de divisas al país tan necesaria para construir la planta industrial.

Además, el Estado invirtió en carreteras y comunicaciones, y posteriormente se involucró en la creación de múltiples instan-

---

[2] Durante el gobierno de Lázaro Cárdenas se llevó a cabo la reforma agraria y se repartió la mitad de la tierra agrícola entre los campesinos que serían el eje de un proyecto "campesinista" como base de la futura industrialización. Este proyecto contenía un planteamiento integral para el desarrollo de la actividad agropecuaria mediante la restructuración de la agricultura en torno a la organización de los campesinos en los ejidos (tierras repartidas y organizadas en forma colectiva o cooperativa). Sin embargo, este proyecto apenas se afianzaba cuando la administración que entró al poder en 1940 cambió radicalmente la política agrícola. (Véase Appendini *et al.*, 1983.)

cias para promover el desarrollo agrícola: el afianzamiento del sistema de crédito, la promoción del uso de insumos, los servicios de extensión agrícola, etcétera. La creciente oferta de cultivos básicos era consecuencia de la política agraria y agrícola en general. Para el sector empresarial privado, la política de precios de garantía y la puesta en marcha de la "revolución verde" significaron un importante impulso a la producción de granos básicos a mediados de los años cincuenta. Esto permitió a los productores volcarse hacia el mercado interno cuando el mercado internacional del algodón entró en crisis. Así, el cultivo de trigo se extendió sobre las tierras de riego del noroeste y también se incorporó el cultivo del maíz.

Gracias al reparto agrario, se dieron las condiciones que aseguraron la expansión de la agricultura campesina, la encargada del cultivo de los alimentos tradicionales: maíz y frijol. Hasta los años sesenta, el reparto agrario se realizó principalmente sobre la frontera agrícola y las nuevas tierras incorporadas se destinaron a los cultivos tradicionales. Así se sostuvo una oferta creciente sin necesidad de elevar los niveles de productividad y la agricultura campesina se mantuvo al margen de la modernización agrícola. A base del trabajo individual y familiar y con una tecnología tradicional, se producía una parte importante de los alimentos de la población.

A mediados de la década de los cincuenta se inició la etapa conocida como desarrollo estabilizador, basada en una política macroeconómica de restricción monetaria y fiscal, fomento al ahorro privado interno y externo, tipo de cambio fijo y estabilidad de precios. También se inició la etapa de una industrialización altamente protegida cuyo producto se destinó al mercado interno.[3]

Un elemento importante de la política económica fue el control de la inflación mediante la estabilización de los precios.[4]

---

[3] Para una interpretación del cambio en la política agrícola en el proceso de crecimiento hacia adentro como antecedente del periodo que va de 1955 hasta fines de los sesenta, conocido como el periodo del desarrollo estabilizador, véase Appendini *et al.*, 1983, capítulo IX. Para un análisis del desarrollo estabilizador, véase Solís, 1987.

[4] Entre 1935 y 1956 el incremento de los precios fue de 10% anual; entre 1956 y 1970 se logró controlar la inflación y éste fue menor al 4% anual (Solís, 1987:94 y 96).

Esta política tenía dos componentes principales: primero, el control de los salarios de los trabajadores y segundo, la existencia de precios bajos tanto para las materias primas agrícolas de uso industrial como para productos de consumo directo (bienes-salarios). Dichos objetivos tendrían una incidencia directa sobre los precios agrícolas.

En 1953 se hizo explícita una política de precios de garantía con el objeto de regular el mercado y evitar las fluctuaciones de precios. En los primeros años, se incrementaron los precios para fomentar la producción y garantizar una oferta fluida que requería la nueva modalidad del desarrollo. A partir de 1963, y en congruencia con la política económica global del desarrollo estabilizador, los precios nominales de garantía permanecieron fijos por un lapso de diez años. De allí en adelante, el crecimiento de la oferta se logró mediante una política de modernización tecnológica en el sector empresarial.

La rentabilidad de los cultivos tendría que lograrse con el incremento de la productividad que se dio en el sector empresarial, pero en el segundo quinquenio de los años sesenta, la dinámica de la demanda interna hizo más rentables los cultivos no básicos.

La consecuencia que tuvo esto sobre la agricultura campesina fue deprimir el ingreso, lo cual permitió mantener los salarios urbanos a la baja. Así, los precios bajos de los alimentos beneficiaban al resto de los sectores económicos doblemente: de manera directa por la vía de alimentos baratos y por su impacto en la determinación de los salarios que sólo tenían que complementar el ingreso agrícola, ya que la reproducción de la fuerza de trabajo se realizaba tanto en la unidad familiar campesina, como con el trabajo asalariado.[5]

[5] Cabe citar a Griffin: "El hecho de que el nivel de los salarios en el sector capitalista depende de las ganancias en el sector de subsistencia es de una importancia relevante, ya que su efecto es que los capitalistas tienen interés directo en mantener a niveles bajos la productividad de los trabajadores de subsistencia... La importancia de este punto se vuelve más relevante una vez que la élite terrateniente ha emergido como parte de la clase capitalista industrial, pues la totalidad de la clase propietaria tiene entonces interés en que los términos de intercambio estén en contra de la agricultura. Esto tiende a perpetuar la baja productividad y el estancamiento del sector agrícola en el sector rural junto con salarios bajos, en combinación con altas tasas de ganancias en el sector urbano." (Griffin, 1979:239). De Janvry plantea un argumento en el mismo

La política de precios agrícolas significó una transferencia de recursos de la agricultura al resto de la economía. Esta modalidad la ha seguido gran parte de los países en desarrollo: se sostuvieron términos de intercambio desfavorables a la agricultura junto con tipos de cambio sobrevaluados. Esto protegió a la industria, y mientras que la agricultura de exportación enfrentó precios a la baja en el mercado mundial, la agricultura destinada al mercado interno fue protegida por barreras a la importación, pero se le impusieron precios relativos internos bajos.[6]

En México, la obtención de alimentos baratos se logró mediante la combinación de la política agraria y agrícola, que tuvo distintas modalidades al ir variando con cada etapa de la evolución del sector agropecuario (véase cuadro II-1): desde el periodo comprendido por el "milagro mexicano" y el alcance de la autosuficiencia alimentaria hasta los ochenta, cuando la importación de alimentos fue creciente.

Por el lado de la distribución y el consumo, el mantenimiento de precios bajos para los alimentos fue una política coherente apoyada por la población y en particular por el sector obrero oficial que siempre vio en el control de precios una medida de defensa contra la carestía de la vida (CTM, 1987).

Desde 1936, cuando por primera vez se reguló el precio del trigo para controlar el precio al consumidor, el Estado ha intervenido en la determinación de los precios de los alimentos en México. En 1943 se fijaron precios máximos al consumidor para los principales productos agrícolas (maíz, frijol, arroz, trigo, papa y leguminosas), así como para los alimentos elaborados con harinas, para las grasas, el aceite y la carne. Si bien en distintos periodos hubo presiones por parte del sector privado em-

---

sentido: el dualismo funcional entre la economía del sector moderno y el tradicional, asigna al último la función de la reproducción de la fuerza de trabajo barata tanto mediante la producción de alimentos baratos como la complementariedad del ingreso agrícola y el salarial, ya que permite mantener ambos ingresos bajos a favor de la acumulación en el sector moderno (De Janvry, 1981).

[6] De hecho, entre 1960 y 1980 se estima que el precio de garantía del maíz estaba por debajo del precio de importación con excepción de los años 1967 y 1968 (Nacional Financiera y ONUDI, 1986: cuadro 2.6: 92; Matus G. y Puente 1990) también estiman que en el periodo 1970-1979 los precios del maíz tuvieron una protección efectiva negativa frente a los precios internacionales (*op. cit.*: cuadro 1: 1183).

CUADRO II-1
Evolución de la agricultura mexicana. Tasas de crecimiento anual

	Periodo			
	Auge 1946/48 1964/66	Estanca- miento 1964/66 1977/78	Transición 1977/78 1984/85	Crisis 1985/1988
Producción agrícola[a]	7.1	2.4	2.6	−8.8[b]
Alimentos[a]	6.8	2.5	3.4	−10.0[b]
Granos básicos[a]	7.5	1.3	4.2	− 9.2[b]
No alimentos[a]	8.5	1.7	−1.1	− 3.7[b]
Superfie[c]	4.6	0.2	1.1	− 0.9
Rendimientos[c]	3.2	1.4	1.7	—
Población[d]	3.2	3.4	2.5	2.0
Producción agrícola por habitante[d]	3.8	−1.0	0.1	—

Nota: el inciso b no es comparable.
Fuentes: [a] Gordillo, 1990. Cuadro 2: 804.
    [b] *Ibid.* Cuadro 1: 804.
    [c] *Ibid.* Cuadro 3: 805.
    [d] SARH. Subsecretaría de Política Sectorial y Concertación, 1990. Cuadro: 10.

presarial para liberar los precios, se continuó con esta política, reforzándola en menor o mayor medida según la coyuntura por la que atravesara la economía.

En los años cincuenta, el problema del abasto también fue incorporado a la esfera del Estado, con la creación de CEIMSA (Compañía Exportadora e Importadora Mexicana, S.A.). Con esta compañía, el Estado intervino en el terreno de la comercialización y almacenaje de granos, incluyendo la importación que hubo de hacerse en 1957 y 1958. Esta intervención fue ampliándose hasta que, con la restructuración de CEIMSA en 1961, a partir de entonces llamada Conasupo, el Estado adquirió un papel importante en la regulación de los mercados de grano. Esta intervención fue expandiéndose a medida que Conasupo creaba filiales para el acopio así como industrias alimentarias, y construía una amplia red de distribución a través de su sistema de tiendas tanto en el ámbito urbano como en el rural. Al mismo tiempo, Conasupo fue adquiriendo un papel fundamental en el aprovisionamiento de grano de maíz para la industria de la masa y de la tortilla, alrededor del cual se elaboró un complejo sistema de subsidios a favor de los consumidores de bajo ingreso en las grandes ciudades.

A continuación haremos una breve síntesis de la política agrícola y la de comercialización y distribución de alimentos básicos en cada una de las etapas que han conformado la economía mexicana desde los años sesenta hasta la crisis actual. Nos referiremos en particular al sistema maíz-tortilla por ser el eje de la alimentación de la población de bajos ingresos, y porque el maíz constituye el principal cultivo en el país, así como el cultivo básico de la agricultura campesina.

2. LA POLÍTICA AGRÍCOLA Y DE ABASTO: LOS AÑOS SESENTA

En los primeros años de la década de los sesenta, la economía mexicana entró en una nueva etapa de industrialización basada en la expansión de la industria de bienes de consumo duradero para el mercado interno. Este proceso dio un nuevo repunte a la economía, que en el cambio de década había mostrado signos preocupantes de estancamiento. Pero la inversión —en parte de empresas transnacionales—, la dinámica de la demanda de la población de estratos medios y altos, y el continuo crecimiento de la población particularmente en las ciudades grandes junto con una política económica que mantuvo como uno de los objetivos primodiales la estabilidad de precios, permitieron prolongar el "milagro mexicano".

La promesa de mejores condiciones de vida seguía vigente en la óptica del desarrollo modernizador; todos deberían colaborar al crecimiento para que una economía más grande y más fuerte derramara sus beneficios sobre la población trabajadora: empleo, mejores ingresos y niveles de vida. Tres décadas después sabemos que esto no sucedió y que el modelo de crecimiento seguido por la economía sólo incorporó a parte de la población en sus beneficios, y en cambio afianzó la desigualdad y la polarización de la economía y de la sociedad. El crecimiento industrial se basó en un mercado estrecho, diversificado, que generó una industria dependiente de la tecnología y los insumos externos, a la larga ineficiente y poco competitiva, pero que permitía altos márgenes de ganancia para el capital. La deman-

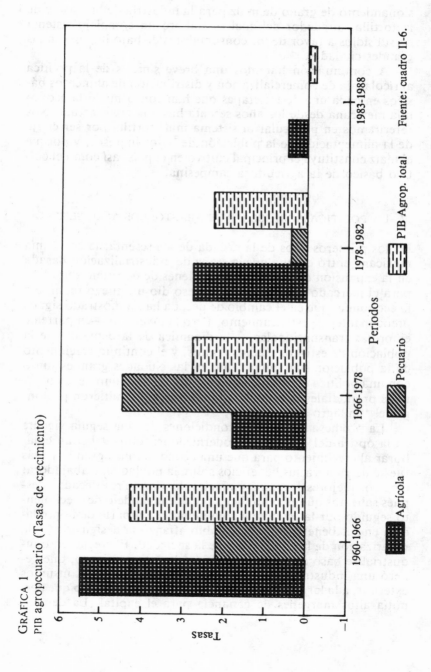

GRÁFICA 1
PIB agropecuario (Tasas de crecimiento)

Fuente: cuadro II-6.

da agregada de la población trabajadora no fue el sostén de la nueva etapa de la industrialización, por lo que los salarios bajos no significaron obstáculo alguno para el crecimiento. Las contradicciones de esta forma de crecimiento comenzaron a manifestarse a finales de los años sesenta y marcaron toda la década de los setenta. Veamos ahora qué sucedió en el campo de la agricultura.[7]

Dentro del contexto de una economía cuyo crecimiento era 6.9% anual, el sector agrícola creció 5.5%, mientras que el subsector ganadero tuvo un desarrollo mucho más lento (2.2 por ciento).

La producción de alimentos básicos se incrementó debido, primero, a la expansión de la superficie agrícola y luego al mejoramiento en el rendimiento de los cultivos. Ambos factores fueron impulsados por una política de precios combinados con subsidios a los insumos que benefició a los agricultores empresariales.

Durante los primeros años de la década se amplió la superficie cultivable por medio de obras de recuperación de tierras, de desmonte y de protección contra la erosión. En estos años, la superficie total cosechada de los 16 cultivos principales aumentó 5.5% anual, correspondiendo a la superficie de temporal la mayor expansión, 6.0%, y para riego 3.3% (Rodríquez, 1983, cuadro 2:171).

Hasta 1966, la producción de maíz creció sin interrupción 7.6% anual hasta llegar a un máximo de 9.7 millones de toneladas. Esto rebasó la demanda que se calculaba en 7.9 millones de toneladas con lo que México logró la autosuficiencia alimentaria e incluso fue posible exportar pequeños excedentes de maíz y trigo (véanse cuadros anexos 1 y 2).

Del periodo 1960-1961 al de 1964-1966, el aumento de la producción de maíz se sostuvo fundamentalmente con el incremento de la superficie cosechada (1.9 millones de has.); 88% de la producción de maíz provenía de tierras de temporal y el resto de las de riego. Tanto la superficie cosechada de riego como la de temporal aumentó, pero la producción de riego creció más que la de temporal (véase cuadro II-2).

_____

[7] Hay una amplia literatura sobre el desarrollo de la economía mexicana. Para un resumen de los distintos trabajos y la interpretación del periodo, véase Yúnez, Appendini y Rendón, 1979.

GRÁFICA 2
Evolución del maíz, 1960-1990

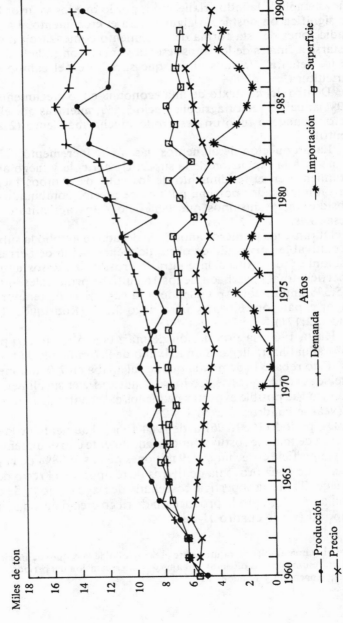

Fuentes: cuadros A-1, A-2 y A-6.

GRÁFICA 3
Maíz en riego y temporal, 1960-1990

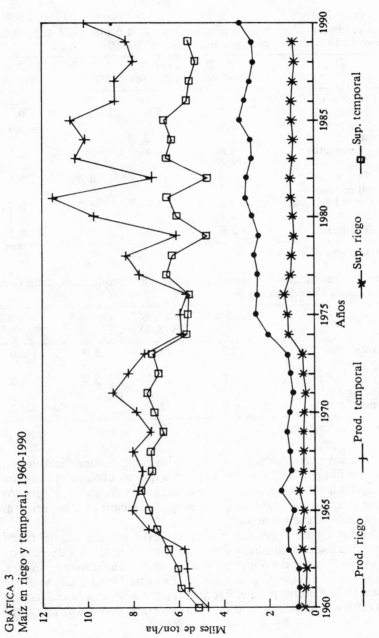

Fuente: cuadro A-1.

CUADRO II-2
Maíz: tasas medias de crecimiento anual de la producción, superficie cosechada y rendimiento por hectárea, 1960-1990

	1960/61 1964/66	1964/66 1976/78	1976/78 1980/82	1980/82 1988/90
Producción	7.6	0.4	4.2	—0.3
Riego	9.3	5.6	2.4	0.3
Temporal	6.9	—0.5	4.7	—0.4
Superficie cosechada	4.8	—0.9	—0.9	0.3
Riego	4.6	5.1	—1.6	—0.4
Temporal	4.9	—1.4	—1.0	—0.1
Rendimiento por hectárea	2.6	1.3	5.2	—0.5
Riego	4.3	0.7	4.1	1.2
Temporal	2.6	0.9	5.7	—0.5

Fuente: cuadro anexo 1.

Frijol: tasas medias de crecimiento anual de la producción, superficie cosechada y rendimiento por hectárea, 1960-1990

	1960/61 1964/66	1964/66 1976/78	1976/78 1980/82	1980/82 1988/90
Producción	6.7	—1.0	5.0	—2.0
Superficie cosechada	6.5	—3.5	2.3	0.2
Rendimiento por hectárea	0.0	2.5	2.3	—2.4

Fuente: cuadro anexo 3.

En las tierras de temporal no hubo cambios significativos en los rendimientos (1 ton/ha) debido a que en ellas predominaba la agricultura campesina; en cambio, en las tierras de riego, los rendimientos alcanzaron 2.2 ton/ha, una cantidad superior al promedio nacional actual.

Al inicio de la década, si bien era evidente el éxito del crecimiento agrícola, también era notorio que los niveles de vida de la población rural no habían mejorado sustancialmente. Fue en esos años cuando el gobierno de Estados Unidos de América planteó la Alianza para el Progreso, para auspiciar la realización de reformas agrarias como política de desarrollo en América Latina, y dar soluciones a la pobreza en el campo. La reforma agraria integral proponía el mejoramiento de las condiciones de producción de los campesinos y su integración al mercado nacional, lo cual permitiría, además, la ampliación del mercado interno, que era un requisito para continuar con la industrialización hacia adentro. En México, durante el gobierno de López Mateos (1958-1964), se promovió la reforma agraria integral, pero esta iniciativa de política dirigida al sector campesino no prosperó. El crecimiento industrial se reactivó en una segunda fase de la sustitución de importaciones y el mercado de consumo rural no fue un elemento importante en esa dinámica. El apoyo para la transformación del sector campesino fue insuficiente y en general se prosiguió con una política agrícola de corte productivista que continuó con el apoyo a los campesinos con mayor respuesta productiva (véase Appendini et al., 1983). La preocupación fue elevar la oferta agrícola global, sin tener una política alimentaria explícita.

A mediados de los sesenta se consideró que la agricultura mostraba una evolución satisfactoria y no se contemplaban problemas por el lado de la oferta. Al contrario, proyecciones de demanda vaticinaban un exceso de oferta agrícola (Rodríguez Cisneros, s.f.).

En consecuencia, se dio una menor importancia al sector agropecuario y el gasto y la inversión pública se canalizaron prioritariamente a actividades urbanas e industriales. Por ejemplo, el gasto agropecuario representó entre 3.0% y 4.0% del gasto total entre 1965 y 1969, en comparación con 35% y 44% que fue el porcentaje correspondiente a la industria (CEPAL, 1981:79).

En la década, la inversión en el sector agropecuario se estancó en la primera mitad del quinquenio pero se recuperó en la segunda mitad, debido principalmente a la inversión pública que creció a 11.8% anual entre 1966 y 1971 (véase cuadro II-3). La inversión privada de hecho no se incrementó durante la década, por lo cual su participación relativa bajó de 81% en 1966 a 66% en 1970. Esta tendencia continuó durante las tres décadas siguientes. Aparentemente, esto otorgó al Estado un papel dinámico en la inversión agropecuaria, sin embargo, cabe observar que 96% de la inversión pública corresponde a reposición, mientras que alrededor de 40% de la inversión privada se destinó a inversión neta (SARH/ONU/CEPAL, 1984).

CUADRO II-3
A. Tasas de crecimiento anual de la inversión agropecuaria total, pública y privada

Periodo	Inversión bruta			Inversión de reposición			Inversión neta		
	Total	Pública	Privada	Total	Pública	Privada	Total	Pública	Privada
1960-1966	0.3	9.9	−1.2	3.4	0.3	4.6	−6.1	−26.2	−9.3
1966-1971	4.6	11.8	2.6	6.8	10.1	3.0	4.3	30.4	1.6
1971-1976	11.4	13.7	10.7	6.0	9.2	4.4	22.3	25.7	21.4
1976-1981	0.7	5.8	−2.0	3.6	2.4	4.2	−3.1	11.3	−10.5
1981-1987	−5.1	−15.7	−14.7	0.5	2.1	−0.5	−3.3	−8.3	1.0

Fuente: Gordillo, 1990. Cuadro 4: 805 (para los años 1960-1966 y 1981-1987). SARH/ONU/CEPAL, 1982.

B. Participación porcentual de la inversión pública agropecuaria y agrícola en la inversión total 1964-1986

	Agropecuaria	Agrícola	Total
1959-1964	10.6	9.9	100
1964-1970	10.4	9.7	100
1971-1973	14.2	12.1	100
1974-1979	17.6	13.4	100
1980-1982	12.7	7.6	100
1983-1986	8.8	6.2	100

Fuente: Salinas de Gortari, 1990, 17: 826.

Ante el agotamiento de la frontera agrícola y el fin de las inversiones en grandes obras de riego, el Estado intervino en otras áreas para apoyar la producción agrícola. La política agrícola se asoció entonces con el establecimiento de la revolución verde mediante una política de insumos, crédito y precios.

El Estado empezó a participar de manera directa en la industria de insumos para la agricultura a través de las empresas paraestatales.[8] La industria de insumos agrícolas se reorganizó, y en 1961 se creó la empresa productora de semillas mejoradas, Pronase (Productora Nacional de Semillas); en 1965 se nacionalizó la industria de fertilizantes (Fertimex), y en 1969 se reorganizó la producción de insecticidas. Por medio de estas empresas, se subsidió la transformación tecnológica de la agricultura con los bajos precios de los insumos producidos por ellas.

El resultado de esta acción se observa de 1960 en adelante con el incremento en la producción y en el uso de fertilizantes, insecticidas, plaguicidas y semillas mejoradas, y se puede comprobar en el índice de consumos aparentes de insumos (véase cuadro II-4).

Aunque el uso de insumos, sobre todo el de fertilizantes, se ha ido generalizando en el agro, se extendió primero a la agricultura de riego y al sector privado. Esto se debió a que el uso del paquete de insumos significaba un costo mayor de cultivo, a que las semillas mejoradas requerían riego, etc. Además, el crédito canalizado para adoptar la nueva tecnología se destinó a aquellos productores con más facilidad para incorporarla a los cultivos.

Por ejemplo, la revolución verde tuvo éxito en el caso del trigo, en cambio, el uso de semillas mejoradas para el maíz de temporal, no se generalizó debido a que este cultivo requiere condiciones específicas de humedad, además de que no se adapta a todas las condiciones climatológicas como vientos, heladas, etc. La introducción de la nueva tecnología contribuyó a ensanchar la brecha entre los productores, pero no sólo debido a aspectos técnicos, sino porque no hubo una política explícita que hiciera extensivos sus beneficios al campesinado.[9]

---

[8] También se crearon empresas para la industrialización de productos agrícolas como en el caso del azúcar, el café y el tabaco (Appendini *et al.*, 1983).

[9] La mayor demanda de insumos se concentró en las regiones de agricultura empresarial (Noroeste y Pacífico Norte, Norte y Centro Norte). En 1970,

CUADRO II-4
Índice de consumo aparente de insumos agrícolas 1960-1984

Años	Índices
1960	100.0
1961	106.9
1962	118.5
1963	124.7
1964	151.3
1965	154.1
1966	157.4
1967	165.3
1968	176.2
1969	176.6
1970	171.7
1971	184.5
1972	201.0
1973	221.5
1974	243.7
1975	258.3
1976	205.7
1977	265.3
1978	287.6
1979	286.6
1980	318.0
1981	390.1
1982	356.1
1983	295.3
1984	214.2

Fuente: SARH/CEPAL/ONU, 1988: 124.

En el cultivo de maíz, el uso de fertilizantes químicos no fue adoptado por los campesinos en este periodo, un indicio de ello

27.3% de la venta de fertilizantes de Fertimex se destinó a estas regiones, y en 1974, 69% de las semillas vendidas por Pronase (SARH/ONU/CEPAL, 1982 (XII): 327). Los cultivos que más utilizaron fertilizantes y semillas mejoradas fueron el trigo, el algodón, la soya, el cártamo y las hortalizas, o sea productos distintos a los básicos tradicionales. Hay un consenso en la literatura sobre la segmentación de los mercados de insumos rurales y el sesgo anticampesino de estos mercados (véase Griffin, 1978; y para el caso de México, Hewitt de Alcántara, 1978).

es que la superficie fertilizada de este cultivo en tierras de témporal fue de 26.5% en 1965; en contraste, en los distritos de riego, 64% de la tierra se fertilizaba en 1966 (SARH/ONU/CEPAL, 1988:134-135). La brecha entre los agricultores campesinos y los empresariales se puede ejemplificar con la información elaborada por CEPAL: en 1970 de 18% a 31% de los predios campesinos utilizaron fertilizantes, mientras que los predios empresariales lo hicieron en un porcentaje que osciló entre 65% y 82%. La superficie de maíz sembrada con semilla mejorada constituyó 22% del total en 1970. De 4% a 22% de los productores campesinos emplearon semilla mejorada, en contraste con el porcentaje de los productores empresariales que fue de 43% a 59% (CEPAL, 1982: cuadro 31:187).

El crédito tuvo un papel importante en la promoción del uso de insumos y del cambio tecnológico en general. El crédito total creció 10.3% anual de 1960 a 1967: 15.7% el privado, y el público, cuyos clientes eran predominantemente ejidatarios, 3.1%. Durante los años sesenta, la banca privada fue la fuente de financiamiento más importante para el agro; a finales del periodo otorgaba 68% del crédito total (véase cuadro anexo 5).

El crédito otorgado a los cultivos básicos tradicionales era bajo en comparación con el que se daba a otros cultivos. Por ejemplo, la superficie acreditada por la banca oficial en 1971-1972, era de 6% para el maíz y 7 % para el frijol, mientras que al trigo, al sorgo y al arroz les correspondió un mayor porcentaje como se observa en el cuadro II-5.

Con la breve descripción de los indicadores anteriores, se quiere enfatizar que la política agrícola seguida durante el desarrollo estabilizador estuvo dirigida principalmente a la agricultura empresarial, lo que trajo como consecuencia una polarización dentro de la agricultura mexicana. Para 1970, 1.8% de los predios clasificados como empresariales concentraba 33% del valor de la producción agrícola, 25% del capital agrícola, y 21% de la superficie de labor. En el otro extremo se encontraban los predios campesinos (86.6%) que si bien tenían 56.8% de la superficie de labor, les correspondía 41.4% del valor de la producción y 35% del capital agrícola (CEPAL, 1982, cuadros 14 y 34:34 y 198).[10] La mayoría de los productores agrícolas no ha-

[10] El resto correspondió a los predios transicionales, 11.6% de los pre-

CUADRO II-5
Participación porcentual de la superficie acreditada por Banrural en la total por cultivo, 1971-1990

	1971	1976	1977	1978	1979	1980	1981	1982	1983	1984	1985	1986	1987	1988	1989	1990
Maíz	6.0	19.7	18.6	18.6	23.1	32.7	30.0	37.5	28.0	30.2	36.7	38.8	39.2	39.4	27.2	6.3
Frijol	7.0	43.7	25.7	25.5	44.7	42.7	51.0	51.9	37.9	33.4	41.0	44.1	46.9	49.5	50.5	12.3
Sorgo	16.0	45.7	39.3	38.9	50.3	51.0	51.1	46.8	43.3	45.1	51.1	43.7	49.9	45.6	40.8	15.1
Trigo	17.0	40.6	48.9	42.7	43.3	45.3	51.9	52.5	54.9	48.6	52.9	49.6	52.2	46.3	46.3	28.4

Fuentes: Pessah, 1987, cuadro 5.7.
SARH, CEPAL, ONU, 1982, tomo XII, cuadro 50: 248.
Datos de 1983 elaborados a partir de: SARH, Dirección General de Política Agrícola.
Banrural, 1990, cuadro II-7.

bían podido"modernizar" sus procesos productivos y seguían cultivando maíz y frijol con técnicas "tradicionales" y rendimientos bajos.

Hasta 1963, la política de precios —instrumentada mediante los precios de garantía fijados por el Estado para los cultivos básicos— fue otro elemento que favoreció el incremento de la oferta de granos básicos y frijol. Pero de 1963 en adelante imperó una política de precios de garantía nominales fijos, de acuerdo con los lineamientos generales de la política del desarrollo estabilizador. Esto significó el deterioro de estos precios que disminuyeron en términos reales hasta 1973 (véase cuadro anexo 6).

A mediados de los años sesenta también se revirtió la tendencia favorable de los precios de los básicos y de garantía con respecto a los demás cultivos, excepto los de exportación, y el índice de precios de garantía del maíz mostró una evolución aún más desfavorable que el resto de los cultivos, tendencia que persistió en los años siguientes (véase cuadro anexo 7).

En consecuencia, el cultivo del maíz dejó de ser rentable frente a otros cultivos, en particular el sorgo que se estaba introduciendo rápidamente en México y que desplazaba al maíz en los sectores de agricultura comercial. Esta tendencia se afianzó justamente a finales de la década, y durante los años setenta en que hubo un proceso de ganaderización de la agricultura, en respuesta a una demanda dinámica de la producción pecuaria y por consiguiente de los cultivos de forrajes, la cual se refleja en el índice de precios de cultivos forrajeros (véase gráfica 4).

Si persistió el cultivo del maíz en el sector de la agricultura comercial, fue debido a la tendencia de los precios de los insumos que tuvieron un incremento menor, en particular los fertilizantes. La política de subsidios por la vía de los precios relativos bajos de los insumos producidos por empresas paraestatales, obviamente favoreció a aquellos productores que utilizaban el paquete de insumos industrializados. En el cuadro del anexo 9 se observa la evolución del costo de cultivo de maíz por condición tecnológica. El costo por tonelada tuvo un incremento menor en las condiciones más tecnificadas debido al bajo rendimiento en las condiciones más atrasadas y al aumento en el costo de los salarios rurales. No obstante, el precio de garantía alcanzó a

dios, 25.6% del valor de la producción agrícola, 22% de la superficie de labor.

GRÁFICA 4
Índice de precios (Grupo de cultivo)

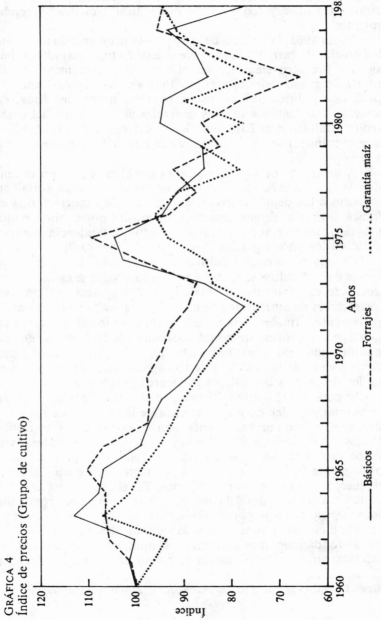

Básicos ——— Forrajes ----- Garantía maíz ·······

Fuente: cuadro A-7.

cubrir el costo de producción de todos los productores, aun los más atrasados.[11]

Para fines de la década de los sesenta, el cultivo de maíz había pasado a ser básicamente un cultivo "campesino". Las regiones de agricultura campesina contribuían con 67% de la superficie total cultivada de este grano, mientras que cinco años antes (1965) el porcentaje era de 47 por ciento.[12]

En resumen, durante los años del auge agrícola —hasta mediados de los sesenta—, los productores empresariales fueron los que contribuyeron a un aumento sustancial de la producción de maíz en las superficies de riego. Esto se dio gracias a una coyuntura en la que convergieron precios rentables, subsidios a los costos y una sustitución del cultivo de algodón. La política de precios explica en gran parte la evolución de la producción de básicos en las tierras de riego y en las mejores de temporal. Por otro lado, la creciente oferta de los cultivos básicos tradicionales por parte de los productores campesinos, se debió a la continua incorporación de tierras de temporal. Ambas vías para incrementar la oferta encontraron sus límites a finales de los años sesenta, la causa principal de ello fue la pérdida de rentabilidad de los básicos y la rigidez de la oferta campesina.

La oferta del alimento básico de la población mexicana, recayó en un sector estancado que tenía poca capacidad para aumentarla por haber quedado al margen del cambio tecnológico de la revolución verde, y que tenía además baja productividad. Se trataba de productores para los que el cultivo de la tierra era uno de los medios para reproducir sus condiciones de subsistencia como unidades familiares, y cuyo propósito al aportar maíz al mercado era obtener parte de los ingresos necesarios para los bienes de producción y consumo que requerían. Fue justamente esto lo que dio las condiciones para poder sostener una política de alimentos baratos por un periodo largo, y para apoyar los si-

[11] Véase anexo para la definición de condición tecnológica. El costo incluye la valorización de la fuerza de trabajo equivalente al salario mínimo rural en cada año.

[12] Las regiones campesinas son aquellas en las que, en 1970, predominaba una agricultura de tipo campesino de acuerdo a un índice de indicadores referidos a tamaño de predios, tipo de cultivos y tecnología utilizada (véase Appendini, 1983). Basada en dicha regionalización, el trabajo de Fabris y Guevara (1983), estima la importancia del cultivo de maíz por regiones campesinas y no campesinas en los años 1960, 1965, 1970, 1975 y 1980.

guientes intentos de "refuncionalización" de la agricultura campesina, que fuera el eje de la política agrícola durante los años setenta.

La obtención de un excedente comercial a partir de la agricultura campesina, sería un nuevo aspecto del problema de abasto del grano. Hasta entonces, la comercialización de maíz se había llevado a cabo principalmente mediante el mercado privado. Con la transformación de Conasupo en 1961, se dieron las bases para una creciente intervención del Estado en el mercado de granos. En esos años, las actividades principales de Ceimsa y luego de Conasupo, fueron el comercio exterior de granos, sobre el cual la empresa tenía exclusividad, y la de ser el agente regulador de los precios al comprar al precio de garantía. Así, a Conasupo le correspondió, desde su constitución, la doble tarea de fijar precios que garantizaran un ingreso "justo" a los productores, y de asegurar el abasto de alimentos baratos a la ciudad. La reconciliación se planteaba por el lado de disminuir el intermediarismo comercial mediante la regulación del mercado.

La prioridad de Conasupo siempre fue asegurar el abasto. De hecho, el acopio se concentró en las regiones de producción más importantes por medio de las bodegas ANDSA (Almacenes Nacionales de Depósito), y se reunía comprando a los productores empresariales. Por ejemplo, entre 1965 y 1966, Conasupo adquirió 61% de la cosecha de trigo en comparación con 19% de la de maíz y 12% de la de frijol (cuadro anexo 10).

El abastecimiento de pan y tortilla fue desde esos años también una prioridad. En las grandes ciudades, particularmente el Distrito Federal, se subsidiaba la alimentación mediante precios bajos para la masa, la tortilla, el pan blanco y la leche. Entre 1961 y 1971, 43% del promedio de todas las ventas de grano se destinaba al D.F. Ya en 1962 Conasupo había adquirido la fábrica de harina de maíz Minsa. La demanda de la tortilla industrializada iba en aumento con la urbanización, sobre todo en las grandes ciudades donde se iba abandonando su elaboración doméstica. Esta demanda creció a 6.5% anual entre 1965 y 1979 (SARH, Coordinación General de Desarrollo Agroindustrial, 1982: 27).

El subsidio consistía principalmente en que Conasupo absorbía los costos de operación, pues el precio de garantía y el de venta de grano de maíz era similar (cuadro anexo 11). El subsidio era pequeño gracias a que se congelaron tanto los precios de maíz al productor como a la tortilla. El precio de la tortilla se estableció en 1.15 pesos por kilo en 1961 y permaneció igual hasta 1973, mientras que durante esos años el salario mínimo aumentó trece veces (Lampell, 1987:74). Las decisiones en materia de precios fueron cediendo a las presiones por el lado de la demanda y a las de la política de estabilización de precios. Si bien, como señala CEPAL en 1963:

cuando el presidente López Mateos anunció la subida del precio de garantía del maíz... explicó con toda claridad que su nivel se había fijado para que equivaliese al salario mínimo de los campesinos... en los demás años del periodo... las necesidades de moderar el incremento del costo de la vida urbana o de fomentar la agricultura comercial influyeron mucho más... se desprende claramente la relación que existió entre la preocupación por la tasa de inflación y los niveles de los precios agropecuarios. Con el paso del tiempo, el control de los precios al nivel del consumidor final (harina, tortilla, arroz, frijol, aceite, azúcar, etc.) no sólo implicó una congelación de los precios rurales... sino también la necesidad de otorgar subsidios crecientes tanto a los productores como a los consumidores. Hubo necesidad... de financiar la creciente diferencia entre los costos reales de adquisición de las materias primas... y los precios tope al consumidor que se establecieron en función de la política que tendía a mantener una estabilidad relativa en los niveles salariales (CEPAL, 1981a:43-44).

El dilema de los precios comenzó a aparecer en la escena de la política alimentaria mexicana y en el periodo siguiente, su resolución se iba haciendo cada vez más compleja, ya que cada vez se altera más la política agropecuaria con una creciente intervención del Estado en la producción y abasto, y con un creciente subsidio a lo largo de todo el sistema maíz-tortilla.

3. LA POLÍTICA DE REACTIVACIÓN DE LA AGRICULTURA: LOS AÑOS SETENTA

Los últimos años sesenta y la década de los setenta conformaron un periodo de transición en la economía mexicana, en el cual se presentaron las contradicciones del modelo de crecimiento con estabilidad. Éstas se manifiestaron al inicio de la década, a través de incipientes presiones inflacionarias del exterior y en los precios agrícolas, desequilibrios en la balanza de pagos, y una tendencia al endeudamiento externo. Aunado a esto, el gobierno de Luis Echeverría, que se inició a fines de 1970, enfrentó presiones sociales tanto en el ámbito urbano como rural. Las intensas protestas de las clases medias urbanas y la brutal represión vivida en 1968 estaban muy presentes. La población mexicana demandaba cambios, una democratización del sistema político y una participación en los beneficios del crecimiento económico de las décadas anteriores. El modelo de desarrollo se encontraba ante una nueva encrucijada. De seguir el crecimiento hacia adentro era necesario construir una sociedad articulada, lo que requería fundamentalmente una redistribución del ingreso y una mayor participación de la masa trabajadora como fuente de demanda, y, por tanto, la ampliación del mercado interno y la integración vertical tanto de la industria como de la agricultura.

El gobierno de Echeverría planteó la ilusión de un nuevo rumbo, e inició su programa económico con fuertes críticas al modelo de desarrollo estabilizador en el sentido de que no había beneficiado a la mayoría de la población. Se inició una nueva modalidad llamada de desarrollo compartido, con el intento de llevar a cabo una política económica y social con metas redistributivas. El fracaso de esta vía se marcó en septiembre de 1976 cuando el peso mexicano se devaluó frente al dólar después de haberse mantenido fijo el tipo de cambio durante veintidós años. Este desenlace se había fincado a lo largo de seis años de un gobierno contradictorio que no pudo llevar a cabo una política real de redistribución mediante una reforma fiscal, ni una reforma política a fondo. La creciente intervención del Estado tanto en la economía como en la organización social, significó también un mayor aparato de control corporativo sobre la sociedad. Las tensiones sociales se trataron de atenuar con un gasto público creciente en beneficio de la población, con la institucionalización de la crítica y con los procesos de cambio social y político, pero la retórica de un Estado que se consideraba la vanguardia del cambio económico y social, y su creciente intervención en la economía, aunadas a crecientes dificultades en el presupuesto provocadas por el sostenimiento del "desarrollo compartido", llevaron a un enfrentamiento con la burguesía nacional y a una crisis de "confianza" que estalló en un contexto de crecientes problemas económicos internos e internacionales. Si la crisis de 1976 no se prolongó más tiempo fue debido a los recursos petroleros que se comenzaron a explotar en los años siguientes.[13] En el ámbito rural, el sexenio de Echeverría marcó un cambio importante en la relación entre el Estado y el agro. Desde el inicio, el gobierno tuvo que enfrentar un ascenso de los movimientos campesinos, cuya demanda principal era el otorgamiento de tierras; después, a lo largo de la década, estos movimientos fueron organizándose también en torno a otras demandas (Bartra, 1985).

Los problemas de la agricultura se estaban haciendo evidentes, y ya no era sólo la cuestión de la población rural que seguía en condiciones de pobreza, sino que empezaban a manifestarse las dificultades por el lado productivo.

En la segunda mitad del quinquenio de los años sesenta comenzó a disminuir la tasa de crecimiento del sector agropecuario y su participación en el producto total disminuyó. Del periodo 1964-1966 al de 1976-1978, el sector agropecuario creció 2.8% anual, frente a un alza del PIB total de 5.7% anual. La agricultura fue el subsector más afectado con una tasa de 1.8%; por el contrario, la ganadería creció 4.5% (cuadro II-6). Si se le resta a la agricultura el cultivo de forrajes asociado a la ganadería, resulta que en el periodo señalado el subsector agrícola sólo creció 0.5% (Rodríquez, 1980).

El problema más inmediato era evidentemente la insuficiente producción de alimentos básicos frente a una demanda en aumento, pues la población crecía a una tasa de 3.4% anual.

Se había agotado la posibilidad de incrementar la producción de cultivos básicos en el sector de la agricultura capitalista, que había optado por cultivos o actividades más rentables. El sector campesino veía cada vez más limitadas las posibilidades de crecer por la vía de la expansión de la superficie agrícola. Además, por haber sido marginado de los beneficios de la política agrícola, no tenía capacidad propia para aumentar la oferta de maíz y frijol mediante incrementos de la productividad.

---

[13] Para un análisis del periodo de Echeverría y la "crisis" de 1976, véanse los artículos varios en Cordera, 1981, parte IV. Para un estudio amplio sobre este periodo en el agro, véase Moguel *et al.*, 1990.

Cuadro II-6
Crecimiento anual del PIB agropecuario por periodos

	1960/61 1964/66	1964/66 1976/78	1976/78 1980/82	1983/84 1987/90
Agrícola	5.5	1.8	2.8	0.5
Pecuario	2.2	4.5	0.4	0.0
Forestal	1.6	4.6	6.4	1.3
Pesquero	0.2	7.8	10.4	3.2
PIB Agrop. total	4.3	2.8	2.3	−0.18[a]
PIB Total	6.9	5.7	4.6	0.8

[a] 1983/84 - 1988/90.
Fuentes: Banco Mundial 1989: 73.
   INEGI. Producto interno bruto trimestral. Junio de 1990.

Cuadro II-7
Participación porcentual del PIB agropecuario en el PIB total

1960/1961	15.0
1964/1966	13.4
1976/1978	9.3
1980/1982	8.0
1983/1984	8.4
1989/1990	7.2

Fuente: *Ibid*.

A inicios del gobierno de Echeverría, el diagnóstico sobre la situación de la oferta y demanda de alimentos llevó a la necesidad de una nueva política alimentaria con las siguientes opciones:

a) Importar los alimentos, lo cual tendría consecuencias negativas sobre la balanza comercial, la dependencia alimentaria, el ingreso y el empleo del campesinado.

b) Recuperar la producción en el sector empresarial, con lo cual hubiera sido necesario un cambio radical en la política de precios agrícolas para recuperar la rentabilidad y estimular su producción.

c) La tercera alternativa era promover la producción en el sector campesino. Sin embargo, esta vía requería una transformación que readecuara su funcionamiento a las necesidades de la sociedad y que permitiera a los campesinos producir alimentos baratos. Esto implicaba un cambio en la organización de la producción campesina que llevara a elevar los niveles de productividad, y que el Estado tendría que tomar el liderazgo de dicha transformación. Aparentemente, esta última opción fue la que adoptó la política agrícola en los setenta y que tuvo su auge con el programa del Sistema Alimentario Mexicano (SAM). A partir del gobierno de Echeverría, el Estado se involucró de cerca en la actividad agrícola. Se reforzó su intervención con la política convencional de crédito, el apoyo al uso de insumos y la inversión en infraestructura (obras de riego pequeñas y medianas, construcciones para el acopio y almacenamiento de productos, etc). Pero también se enfrentaron problemas nuevos como la necesidad de empleo en el agro y el mejoramiento de los niveles de vida de la población en general. Un enfoque nuevo hacia el problema del sector agrícola, fue el reconocimiento de un problema alimentario que requería una estrategia integral para asegurar el acceso de toda la población a niveles nutricionales adecuados.

En consecuencia, hubo una reorganización y ampliación de las instituciones estatales relacionadas con el sector agropecuario. Por ejemplo, en 1976 se reorganizó el sistema crediticio oficial para la agricultura con el establecimiento del Banco Nacional de Crédito Rural (Banrural), y se crearon varias empresas paraestatales dependientes de Conasupo para almacenamiento, industrialización y distribución de alimentos.

Pero también hubo un cambio importante en la política global. Por primera vez desde la reforma agraria cardenista, se planteó la incorporación del sector campesino a un proyecto productivo en el que el incremento de la oferta de cultivos básicos tradicionales se apoyaría en las tierras de temporal y en el sector ejidal. Para ello, era necesario adoptar un enfoque más amplio que el meramente productivista y plantear un desarrollo rural integrado que incorporara al sector ejidal-campesino a programas específicos de desarrollo como el Programa Integral de Desarrollo Rural (Pider).

Uno de los programas principales del gobierno fue la reorganización de las unidades de producción ejidales y el desarrollo de la agroindustria. Se intentó fomentar la formación de ejidos colectivos y la integración vertical de la actividad, con el propósito de promover el empleo y el ingreso de los campesinos. Para ello, se promulgaron una serie de legislaciones y se modificaron otras como por ejemplo la Ley de Reforma Agraria y la Ley Federal de Aguas.

En el espíritu del desarrollo compartido, se trató también de enfrentar las demandas sociales rezagadas de la población rural y se ampliaron de manera importante los servicios de educación, salud y distribución de bienes básicos en el campo.

Las acciones emprendidas por el Estado, significaron un aumento del gasto público sectorial, que entre 1971 y 1976 creció a una tasa anual de 25.1%, llegando a representar el 11% del gasto público total en 1978 (SARH/ONU/CEPAL, 1982 (XII): 60-67). Por su parte, la inversión agropecuaria total creció a una tasa de 11% anual, recuperándose tanto la inversión pública como la privada (véase cuadro II-3).

Durante la década de los setenta, la oferta y el uso de insumos agrícolas continuó expandiéndose y en 1976, se utilizaron fertilizantes en 59% de la superficie agrícola, aunque su uso siguió concentrándose en las tierras de riego (para 1978, en 78% de la superficie de riego se emplearon estos insumos SARH/ONU/CEPAL, 1982, X).

De 1971 a 1976, Pronase incrementó la producción de semillas y la superficie sembrada con semilla mejorada de maíz fue de 18% en 1978.

La difusión del uso de insumos fue también fuertemente apoyada por el Estado, por medio del crédito agropecuario. En la década de los setenta, el Estado se convirtió en el principal agente crediticio para el agro —a través de Banrural—, con lo que se promovió la expansión del uso de insumos y el apoyo a los cultivos básicos en ciertas regiones.

El crédito público por subsector de actividad, el tipo de crédito y el tipo de cultivo, señalan que efectivamente se realizó un esfuerzo por canalizar recursos hacia las actividades señaladas como prioritarias, tales como los cultivos básicos y el sector ejidal. De 1971 a 1976, el crédito de la banca oficial al sector agropecuario creció a una tasa de 7.1% anual, frente a un estancamiento del crédito privado (véase cuadro anexo 5).

En la agricultura campesina el otorgamiento de crédito estaba asociado a promover un paquete de insumos —fertilizantes principalmente— y a dar prioridad a ciertos cultivos en zonas específicas, lo cual facilitó la incorporación del productor al mercado de insumos y bienes de consumo.

Los fertilizantes se empezaron a generalizar en el cultivo campesino de maíz, sobre todo en las regiones de cultivo anual en donde el insumo sustituía las prácticas tradicionales de barbecho y en donde la tierra perdía fertilidad natural, como es el caso del altiplano central del país. La relación entre el precio del maíz y el precio de los fertilizantes fue favorable al cultivo, lo cual también propició el uso de estos últimos. Durante la década, la superficie acreditada por Banrural para los seis cultivos principales pasó de 9 a 27% del total. Mientras que en 1971 al maíz le correspondió 16.9% del crédito otorgado a los cultivos principales, para 1978 el porcentaje fue de 33%. Asimismo, la superficie acreditada cultivada con maíz aumentó de 6 a 18% y la del frijol de 7 a 25% entre 1971 y 1978 (véase cuadro II-5).[14]

A pesar de los esfuerzos realizados en materia de gastos, crédito, difusión del uso de insumos y de apoyo a la producción de básicos en las tierras de temporal, la respuesta productiva fue muy baja. La agricultura siguió una inercia que venía dándose desde el final de la década anterior: un cambio en el patrón de cultivos hacia los no tradicionales demandados por los sectores de ingreso medio y alto y por la población urbana. Este cambio se dio en las mejores tierras, es decir, en las de riego y de buen temporal. Sobre todo en la superficie de temporal se cambió a cultivos forrajeros y a pastos cultivados, continuando el proceso de ganaderización que ya se había iniciado en los años sesenta (Rodríguez, 1983).

El estancamiento de la producción agrícola no fue generalizado, afectó principalmente los cultivos básicos y sobre todo en el sector de la agricultura empresarial o comercial ubicada en tierras de temporal.

Los granos básicos crecieron en un 2.1% entre 1970 y 1978, mientras que los cultivos correspondientes a insumos ganaderos crecieron 7.4% anual y las oleaginosas 5.1% (Martín del Campo, 1988:170-171).

La producción de cultivos básicos sólo aumentó 0.3% anual en la superficie de temporal en el periodo 1965-1967 a 1978-1980, mientras que en la de riego creció 3.0 por ciento.

[14] De acuerdo con un estudio realizado por Inca-Rural (Instituto Nacional de Capacitación del Sector Agropecuario) sobre el ciclo primavera-verano de 1978, la banca oficial proporcionó la mayor parte del crédito destinado al cultivo del maíz (80%). Este crédito se dirigió a productores pequeños, ya que los predios hasta 10 hectáreas recibieron 95% del crédito otorgado (Inca-Rural, 1980, cuadro 20:66).

Los cultivos tradicionales, maíz y frijol, fueron los más afectados por el estancamiento de los cultivos básicos. A partir de 1966, la producción de maíz comenzó a fluctuar, bajando de 9.7 a 7.8 millones de toneladas en 1974. De 1964-1966 a 1976-1978 la tasa de crecimiento del maíz fue de 0.4% anual, y la del frijol —1.0 por ciento.

Estas bajas se asocian a la disminución de la superficie de temporal, que fue de 1.9% anual durante el periodo analizado (2.6 millones de hectáreas). Esto se debió al abandono de tierras, sobre todo de minifundios, a la incorporación de superficie al riego (que aumentó 5%) y a que parte de las tierras temporaleras se transformaron en pastizales.

La superficie cosechada de maíz disminuyó en 1.5 millones de hectáreas entre 1967-1968 y 1978-1979, debido principalmente a la disminución de su cultivo en las tierras de temporal. En cambio, en tierras de riego bajó en la primera mitad del periodo señalado, pero luego se recuperó de manera que en 1980 se cosecharon 269 mil hectáreas más que en 1966. La producción de maíz en tierras de riego representó 22% del total en 1980 en comparación con 15% en 1966. La recuperación de este cultivo en este tipo de tierras, se debió tanto al incremento de la superficie (de 1973 a 1975), como a una mejora en los rendimientos a partir de 1977 (véase cuadro anexo 1).

El diferente comportamiento del cultivo de maíz en las tierras de temporal y de riego, se explica por la composición y las características de los productores que predominan en cada tipo de tierra.

En las tierras de riego se ubican principalmente los productores empresariales, por lo cual la tendencia de la producción se asocia a la evolución de los precios de garantía, con lo que se explica la recuperación que hubo en los años en que los precios reales mejoraron (1975 y 1976).

En las tierras de temporal, los productores son heterogéneos y la producción ha mostrado diferentes tendencias de acuerdo con el tipo de ellos.

Durante el periodo de estancamiento agrícola, las regiones en donde predominaba la agricultura campesina tuvieron una evolución distinta a la tendencia general en las tierras de temporal, ya que aumentaron su participación en la superficie cultivada de maíz hasta 1975, mientras que en las regiones de agricultura no campesina la tendencia fue a la inversa, la superficie de

GRÁFICA 5
Maíz campesino y no campesino
(Superficie: participación porcentual)

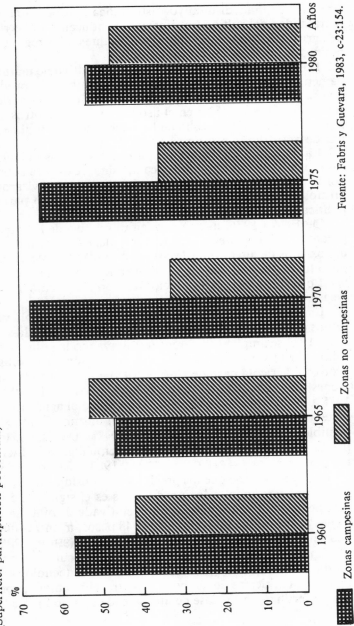

Fuente: Fabris y Guevara, 1983, c-23:154.

▓ Zonas campesinas   ▨ Zonas no campesinas

temporal de maíz disminuyó. Esto indica la asociación entre la rentabilidad del cultivo (precios) y su producción en las regiones de agricultura no campesina, mientras que en las regiones campesinas no se observa esta relación.

Los datos anteriores subrayan que el cultivo de maíz es fundamentalmente campesino, pero que la baja en la producción que se dio en las tierras de temporal, no fue en la agricultura campesina. Los cambios en el uso del suelo hacia otros cultivos o pastos, se llevaron a cabo en las tierras de temporal de las zonas de agricultura no campesina.

La evolución diferente en el patrón de cultivos y el relego del cultivo de maíz a la agricultura campesina, se explica sobre todo por la política de precios de garantía. En 1973 se revisaron estos precios y se decidió efectuar ajustes anuales como parte de la política de reactivación del sector agrícola.

De 1974 a 1976, hubo una mejora relativa de los precios de garantía, pero el precio del maíz no alcanzó los niveles reales de los años de auge (1963-1964) y, con excepción de 1976, tampoco tuvo una posición mejor frente a los demás precios agrícolas. Posteriormente, estos precios tendieron a la baja hasta 1980 (véase cuadro anexo 7).

La relación entre los precios de producción agrícola y los insumos continuó siendo favorable a los cultivos, e incluso a partir de 1973 se amplió la diferencia subrayando la política de subsidios por la vía de los costos. Así, la relación entre subsidio y producto agrícola pasó de 10% en 1970 a 27% en 1981; los renglones más subsidiados fueron el agua y los combustibles. De 1975 a 1981, el valor del subsidio acumulado al agua era equivalente a 312% del valor del consumo del mismo, y para el combustible este porcentaje equivalía a 104%. De nuevo, los que producían en tierras de riego y con tracción mecánica fueron los más favorecidos (SARH/ONU/CEPAL, 1988, cuadro 13:88).

Un indicador de que los precios y los subsidios no beneficiaron de manera igual a los productores es el siguiente dato: en 1983, el subsidio para una hectárea cultivada de maíz en condiciones de atraso tecnológico fue de 948 pesos, mientras que para una unidad empresarial fue de 16 973 pesos (SHCP, 1985:57).

A partir de 1972, el precio de garantía no cubrió el costo de producción de los campesinos en condiciones tecnológicas más atrasadas (en tierras de temporal, con tracción animal, con y sin uso de fertilizantes) (véase cuadro anexo capítulo 2). De hecho,

GRÁFICA 6
Coeficiente de utilidad del maíz
(Condición tecnológica)

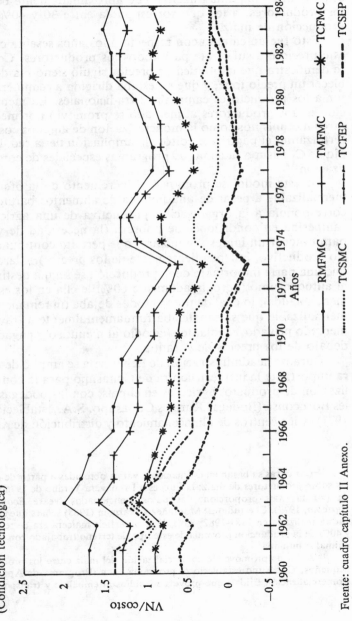

Fuente: cuadro capítulo II Anexo.

esto significó la "marginación" de aproximadamente 60% de los productores, a los que correspondía entre 30 y 40% de la producción de maíz.[15]

Esto fue un cambio con respecto a los años sesenta cuando este precio era suficiente para todos los productores. Con ello se demuestra que la política de precios siguió siendo la de establecer un precio tope, y que no estaba dirigida a remunerar mejor a los productores campesinos tradicionales. La incorporación de los productores al mercado se promovió por medio de otros mecanismos como la monetarización de algunos costos, el fertilizante, el pago de créditos, la ampliación de la red de acopio de Conasupo, además de programas especiales de comercialización.[16]

De este modo, se promovió el incremento de la oferta comercializable a pesar de una política de alimentos baratos que correspondía a la organización productiva de una agricultura campesina en condiciones de pobreza (la necesidad de vender para obtener un ingreso monetario que permita continuar el ciclo productivo, independientemente de los precios). Claro está, que una parte importante de la producción se seguía destinando al autoconsumo (aproximadamente 60% de ella en los estratos mencionados), lo cual de todos modos dejaba un remanente comercializable que se canalizaba fundamentalmente a través del mercado privado, mediante el acopio al menudeo y pagado por debajo de los precios de garantía.

Durante la administración de Echeverría se amplió de manera importante la infraestructura de Conasupo para la comercialización de productos agrícolas en el país, con las bodegas rurales Boruconsa (Bodegas Rurales Conasupo, S.A. establecidas en 1971), y los centros de almacenamiento y distribución de ANDSA.

---

[15] Las cifras se basan en estimaciones varias obtenidas a partir de encuestas sobre productores de maíz: la Encuesta Primavera-Verano de 1975 realizada por la SARH proporciona los datos mencionados (véase *Econotecnia Agrícola*, 1977). El estudio de Montañez y Warman (1985) señala que en la encuesta realizada en 1981-1982, 85% de la superficie maicera era de temporal, y 40% de la producción provenía de este tipo de terreno trabajado con tracción animal o humana.

[16] A fin de promover la comercialización del maíz entre los productores pequeños, Conasupo estableció el programa PACE (Programa de Apoyo a la Comercialización Ejidal) que proveía subsidios al embalaje y transportes.

Para 1979, la capacidad instalada de Boruconsa era de 1.49 millones de toneladas, y había 2 412 bodegas. Éstas se localizaban fundamentalmente en las regiones centro y norte del país, las cuales contaban con 71% de la capacidad instalada. Las bodegas ANDSA se ubicaban cerca de los centros de consumo o de puntos de transporte. Por ejemplo, hasta la fecha, 55% de la capacidad instalada se encuentra en Sinaloa, Sonora, Jalisco y Tamaulipas, estados en los que predomina la agricultura empresarial.

A pesar de los recursos vertidos al sector agrícola, del objetivo de autosuficiencia alimentaria y de los esfuerzos por aumentar la capacidad productiva del sector campesino de temporal, los logros no fueron exitosos y la producción de maíz se mantuvo estancada durante la década.

Cabe sin embargo advertir que no interpretamos la política agrícola como un fracaso generalizado. Los impactos de la política fueron diferentes en las distintas regiones y tipos de producción. Si bien la respuesta fue débil a nivel nacional, esto se explica en parte por la propia dinámica de la agricultura no campesina que se había insertado en el nuevo patrón de cultivos propiciado por la demanda de productos pecuarios, por la agroindustria y por los cultivos de exportación "nuevos" como las frutas y hortalizas. Regiones maiceras tradicionales como Jalisco y Veracruz, dejaron de ser las más importantes al volcarse a cultivos forrajeros en el primer caso, y a la ganadería extensiva en el segundo.

En cambio, regiones de agricultura campesina tradicional como el Estado de México y regiones "nuevas" como la Frailesca en Chiapas, tuvieron una creciente producción de maíz y se convirtieron en los principales estados productores del grano. El Estado de México es un ejemplo del éxito de una política estatal de apoyo a la producción de maíz en una zona campesina tradicional, minifundista y a no más de dos horas de distancia de la ciudad de México.

Entre los años 1975 y 1976 se inició el "Plan Ranchero", cuyo propósito era impulsar el cultivo de maíz en el Estado de México. La región noroeste del Valle de Toluca, principal productora de maíz, se integró al aparato gubernamental y el crédito otorgado por la agencia estatal Codagem (Coordinadora para el Desarrollo Agrícola del Estado de México), se condicionó al cultivo exclusivo de maíz e impulsó el uso de insumos. En algunas comunidades (por ejemplo las del municipio de Ixtlahuaca) la conversión al monocultivo de maíz fue propiciada en parte por las obras de extracción de agua del subsuelo destinadas a llevar el líquido a la ciudad de México. Para compensar la carencia de agua, se instrumentó un sistema de riego con pozos profundos, pero hasta la fecha el suministro no es continuo sino que se alterna entre las comunidades cada dos años. La pérdida de humedad natural obligó al abandono de actividades pecuarias y de cultivos como la cebada y el trigo. El uso de fertilizantes y herbicidas propició cambios en los procesos de cultivo e incrementos en los rendimientos, pero los herbicidas destruyeron la posibilidad de cultivos asociados.

En una década, la región se convirtió en monocultivadora de maíz y en 1984, el Estado de México llegó a ser el primer productor del grano con 2.1 millones de toneladas. Además, existe una red de bodegas Boruconsa en la región que transfieren la totalidad del grano captado a las bodegas de ANDSA en la periferia de la ciudad de México. Hasta 1989, Conasupo era el principal comprador de grano, ya que los comerciantes locales también vendían a esta empresa.

De este modo, la agricultura maicera campesina de autoconsumo fue refuncionalizada por el Estado mediante el crédito, la promoción del cambio técnico y la captación del excedente comercial. A la vez, la cercanía de las ciudades de México y Toluca, permitió el acceso al trabajo asalariado, con lo que la migración permanente o temporal dio una salida a la mano de obra que ya no era necesaria en algunas labores de cultivo que se iban mecanizando (el barbecho, por ejemplo), además de que aportó un ingreso para solventar los nuevos gastos monetarios de los cultivos. Así, el cambio en los procesos de cultivo se relacionó con la venta de fuerza de trabajo a la vez que el ingreso salarial contribuyó a la reproducción de la unidad producción-consumo (Appendini, 1988 y 1988a).

Cabe concluir que el tipo de política que se llevó a cabo en el Estado de México no era aplicable en todo el país, pues obedecía a condiciones particulares en lo que se refiere a la tenencia de la tierra, opciones de cultivo, y a un control directo por parte del Estado a través de la Secretaría de la Reforma Agraria, la Secretaría de Agricultura y Recursos Hidráulicos (SARH), la agencia estatal de crédito (Codagem) y Conasupo.

La producción nacional quedó cada vez más rezagada con respecto a la demanda, que creció en 2.7% anual entre 1965 y 1972. México se convirtió en importador de grano en grandes cantidades a partir de 1973 justamente cuando el mercado mundial de granos estaba inestable, se pensaba que sería difícil satisfacer las crecientes demandas provenientes de regiones deficitarias y los precios estaban en ascenso. Las importaciones se convirtieron en un componente importante de la oferta total desde 1973.

A partir de 1973, el volumen de importación de maíz aumentó; el grano importado representó un promedio de 14% de la oferta total en 1976-1977, y llegó a 20% de 1979 a 1980 (véase cuadro II-8).

CUADRO II-8
Importaciones de maíz y frijol (Miles de toneladas)

Año	Maíz	Frijol
1970	761	8.6
1971	18	0.4
1972	204	2.6
1973	1 145	18.1
1974	1 282	39.0
1975	2 661	104.1
1976	913	0.1
1977	1 985	29.2
1978	1 418	1.2
1979	746	6.7
1980	4 187	443.0
1981	2 954	490.1
1982	249	145.5

Fuente: Presidencia de la República, 1990.

Conasupo era el único importador del grano, por tanto, su participación en la oferta comercializada de maíz fue creciendo, estableciéndose en 50% aproximadamente. El abasto del grano a la industria de la masa y la tortilla era la función principal de Conasupo, mientras que el mercado privado abastecía a la industria de derivados del maíz, parcialmente a la de masa y tortilla, a todo el mercado de granos en las zonas rurales deficitarias y a las ciudades pequeñas y medianas.

A principios de los años setenta, sobrevino una crisis en la industria de la masa y la tortilla, conformada por cerca de veinte mil pequeñas empresas familiares que habían crecido de manera

GRÁFICA 7
Origen de compras Conasupo
(Participación porcentual)

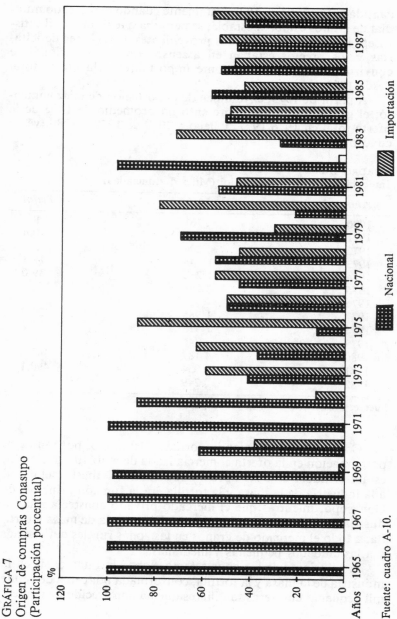

Fuente: cuadro A-10.

anárquica y que presionaban por grano barato y por el aumento de los precios controlados. En 1974, el gobierno declaró la industria de masa, harina y tortilla como de interés público y comenzó a controlar la dotación de grano mediante el sistema de subsidios. Se creó la Conaim (Comisión Nacional de la Industria del Maíz para el Consumo Humano) con el fin de reglamentar y organizar la industria. A partir de entonces se controló el establecimiento de nuevos molinos de nixtamal y de tortillerías de acuerdo con el crecimiento de la demanda, asignando cuotas de maíz subsidiado a cada industria.

En el periodo 1978-1979, la producción nacional de maíz fue de 10.9 millones de toneladas, de las cuales Conasupo adquirió 17.2%. Se estima que otro 34% se comercializó por medio del mercado libre y el resto se destinó al autoconsumo (49%). En 1978, Conasupo importó 45% del acopio total de la empresa y proveía 70% del grano a la industria de la tortilla. De este porcentaje, la tercera parte se destinaba a la industria de la harina de maíz, que desde entonces se trataba de apoyar, aunque apenas 13% de la tortilla industrializada se hacía con esta harina. Era evidente que la empresa estatal se había convertido en el eje del abasto de tortilla a la población urbana, principalmente del Distrito Federal, Monterrey y Guadalajara (SARH, Coordinación General de Desarrollo Agroindustrial, 1982).

Durante la década de los setenta, el precio de la tortilla se mantuvo a la baja e incluso disminuyó en relación con el salario mínimo. En 1971 se necesitaba 4.9% del salario mínimo para adquirir un kilo de tortillas, mientras que en 1979 se requería 3.3%. En este mismo año disminuyó también la diferencia de precios entre ciudades; sin embargo, en el Distrito Federal el precio de la tortilla era 10% más bajo que el promedio nacional.

Conasupo se había colocado en el centro del dilema de los precios, que consistía en establecer precios de garantía para los productores en un contexto de política agrícola cuya meta era la autosuficiencia, pero en medio de una crisis productiva, y al mismo tiempo suministrar a la población tortilla barata. Los efectos de esta contradicción fueron absorbidos cada vez más por Conasupo mediante un subsidio que cubría la diferencia entre el precio de garantía y el precio de venta de maíz en grano vendido a la industria. Entre 1976 y 1984, el subsidio por

CUADRO II-9
Precio por kilo de masa, harina y tortilla de maíz

	1971		1976		1979		1981	
	(a)	(b)	(a)	(b)	(a)	(b)	(a)	(b)
Masa								
Promedio	0.84	2.8	2.45	2.3	2.9	2.32	—	—
D.F.	0.65	2.0	2.35	2.0	2.7	1.96	—	—
Harina								
Promedio	2.02	6.7	4.9	4.6	6.0	4.86	—	—
D.F.	1.80	5.6	4.9	4.1	6.0	4.35	—	—
Tortilla								
Promedio	1.49	4.9	3.97	3.7	4.6	3.34	—	—
D.F.	1.15	3.5	3.60	3.0	4.2	3.04	4.2	2.2

(a) Pesos por kilo.
(b) Porcentaje de salario mínimo para adquirir un kilo.
Fuente: SARH, 1982, cuadro 59:148.

venta de maíz se elevó 16% de la tasa anual a precios constantes (Lampell, 1987:82-83). En 1976, el subsidio por concepto de comercialización del maíz fue equivalente a 35% del precio por tonelada vendida a la industria por Conasupo, y en 1980-1981 este porcentaje fue 71% (SHCP, 1985:93).

Hasta 1984, el subsidio a la tortilla fue generalizado y se llevó a cabo mediante un mecanismo de venta de maíz a la industria de la masa y la tortilla a un precio inferior al de garantía para mantener bajos los costos de producción y vender la tortilla a un precio controlado bajo. Sin embargo, el resultado fue un subsidio creciente y una política de precios de garantía vacilante.

Se había llegado a la última etapa de la carrera por alcanzar la seguridad alimentaria basada en la autosuficiencia, y el acceso a alimentos baratos. La política alimentaria durante el auge petrolero iba a demostrar la voluntad política para resolver el problema, así como la capacidad del Estado y del sector agrícola para responder al reto.

4. DE 1980 A 1982: EL SISTEMA ALIMENTARIO MEXICANO

En los años del auge petrolero, el Estado mexicano llevó a cabo un programa ambicioso para dinamizar la agricultura y asegurar el abastecimiento de alimentos básicos a la población. El objetivo del programa era aumentar sustancialmente la producción de alimentos básicos con el fin de recuperar la autosuficiencia alimentaria. La estrategia consistía en actuar sobre todo el sistema alimentario, procurando desde el incremento de la producción, hasta su distribución a la población más necesitada. Se estimaba que 20 millones de mexicanos vivían en condiciones de extrema pobreza y que casi igual número tenía deficiencias nutricionales. La población de bajos ingresos se consideró sujeto prioritario del programa, por lo que explícitamente se propuso apoyar a los agricultores campesinos en las tierras de temporal para aumentar la producción de maíz, y a la población pobre, tanto rural como urbana, para mejorar los niveles nutricionales mediante el subsidio al consumo.

El SAM fue el programa más importante de los últimos años del gobierno de López Portillo y se destinó un gran esfuerzo a su programación y ejecución. En 1982, tuvo una terminación abrupta con la crisis de la deuda, los recortes presupuestales y el cambio de administración del gobierno.

Los esfuerzos públicos canalizados al SAM se reflejan en los indicadores relacionados con la ejecución de la política agrícola. De 1980 a 1982, el gasto público agropecuario creció 15.1% (frente a un crecimiento de 19.8% anual del gasto público total), con lo que llegó a representar 45% del producto bruto sectorial (Andrade y Blanc, 1987).

La inversión agropecuaria total creció 8.6% anualmente de 1979 a 1981 en términos reales, la inversión privada en 8.9% y la pública en 8.2%, y la inversión neta se recuperó al 10% anual (SARH/ONU/CEPAL, 1984).

La política agrícola tradicional se reforzó con amplios subsidios. Así, los precios de los fertilizantes fueron subsidiados en 30% y las semillas mejoradas en 70%. Además, se otorgaron tasas de interés preferenciales al crédito. Esto significó incrementos en las tasas reales de subsidios del orden de 82.5% entre 1977 y 1982, que llegaron a representar 33.5% del producto bruto sectorial en 1982 (Andrade y Blanc, 1987).

Entre 1980 y 1982, la superficie fertilizada correspondiente al cultivo de maíz aumentó 89% en los estados calificados como campesinos, frente a un incremento de 23.7% en los estados de agricultura empresarial (Andrade y Blanc, 1987).[17]

La producción interna de semillas mejoradas aumentó 105% de 1979 a 1980 y aun así hubo dificultades para enfrentar la demanda; ésta correspondió efectivamente a semillas para cultivos básicos ya que la superficie cultivada con semilla mejorada de maíz aumentó a 29% en 1981 (SARH/ONU/CEPAL, 1988, cuadro 23).

El crédito fue un instrumento importante para apoyar el uso de insumos y canalizar recursos hacia los cultivos y productores prioritarios. Debido a que se trataba de promover el crédito a las tierras de temporal se fijaron criterios preferenciales a la agricultura de temporal y a los pequeños productores de básicos. Por ejemplo, tanto Banrural como Fira (Fideicomisos Instituidos en relación a la Agricultura) otorgaron tasas de interés del 12% cuando la inflación era del 20 por ciento.

El sistema crediticio oficial, Banrural, fue el agente más importante en la promoción del crédito, y además se crearon dos fideicomisos cuyo objetivo era facilitar la adopción de nuevas tecnologías en áreas de temporal: Firco (Fideicomiso de Riesgo Compartido) y Fipror (Fideicomiso de Promoción Rural). Por medio de ellos, el Estado se comprometió a cubrir una parte de los costos de las inversiones adicionales en caso de pérdida de cultivos, a dar incentivos a la producción mediante subsidios a los insumos, y a otorgar bajas tasas de interés en cuotas de crédito y aseguramiento.

El crédito agropecuario total creció 33.3% de 1980 a 1981; de éste, el destinado al subsector agrícola fue el más importante (62.6% en 1982).

La superficie acreditada aumentó 3.3 millones de hectáreas entre 1977 y 1982, y la de temporal 2.9 millones. En 1981, el crédito oficial abarcó a 1.6 millones de productores en tierras de temporal, cantidad equivalente a 60% de los ejidatarios del país (Pessah, 1987). El crédito oficial se destinó principalmente a los cultivos básicos. En 1981, la superficie acreditada correspondiente al cultivo de maíz y frijol aumentó a 37.5% y 52% del

---

[17] Se refiere a la clasificación elaborada por CEPAL (1981) de acuerdo al tipo de agricultura predominante en cada estado y utilizada por Andrade y Blanc para evaluar los impactos de las políticas del SAM.

total respectivamente. Sin embargo, las cuotas de crédito disminuyeron ya que se trataba de dar menos pero a más productores. De hecho, la política de crédito obedeció a la necesidad de obtener una respuesta productiva en los ciclos agrícolas inmediatos y no a una visión de mediano plazo para fomentar un cambio real en las condiciones de cultivo que permitiera incrementos sostenidos de la productividad. El programa de riesgo compartido, por ejemplo, sólo abarcó 78 mil hectáreas en 1981 y fue un fracaso.[18]

En cuanto a la política de precios de garantía, se propuso revertir la relación desfavorable de los básicos frente a los demás precios agrícolas. La evolución del índice de precios señala esta tendencia con respecto al índice general de precios agrícolas y de forrajes.

Sin embargo, los precios reales de los principales cultivos básicos no se incrementaron hasta 1981; el maíz tuvo un aumento real de 16% respecto al año anterior, pero no superó los niveles de 1975-1976. La política de precios no cambió radicalmente con respecto a su tendencia histórica. El incentivo a la producción se estableció por el lado de la productividad y de los costos de los insumos, particularmente de los fertilizantes.

Ambos factores permitieron recuperar los coeficientes de rentabilidad en el cultivo del maíz en las condiciones tecnológicas más mecanizadas y de riego, a niveles anteriores a los años setenta. En el caso de las condiciones atrasadas, el precio de garantía cubrió el costo de producción aunque no se recuperó el coeficiente de "rentabilidad".

El SAM sí tuvo una respuesta productiva. De 1980 a 1982, la tasa anual de crecimiento de la producción agrícola fue de 5.2%. Este crecimiento se debió al aumento de la superficie cosechada, que fue de 4.9% en esos años y llegó a 16.2 millones de hectáreas, y a incrementos en los rendimientos.

Los cultivos básicos, maíz, frijol, trigo y arroz ocuparon una mayor superficie cosechada, sobre todo el maíz que llegó a 7.4 millones de hectáreas. De este modo se logró una producción de 17.4 millones de toneladas de alimentos básicos en pro-

---

[18] Véase Fox, 1991. Este autor señala además que uno de los obstáculos del SAM fue que la instrumentación de la política se realizó a través de los canales institucionales tradicionales, lo cual hacía difícil cambiar las formas concretas de operar en el campo.

medio para los años 1980-1982, de las cuales 12.5 millones correspondieron al maíz.

Cabe preguntarse si se logró otra de las grandes metas del SAM, la referente a la incorporación de la agricultura campesina a la dinámica del crecimiento agrícola y al aumento de sus niveles de productividad.

Los estados en que predominaba una agricultura campesina aumentaron 5% su participación en la producción de maíz, y la producción de maíz se incrementó 20.9% (125 mil toneladas) en estos estados y 18.6% en los empresariales (382.8 mil toneladas). Pero en los dos grupos de estados fue la superficie de riego la que mostró una mayor tasa de crecimiento, en contraste con la de temporal, que disminuyó en los estados campesinos. En éstos aumentaron más los rendimientos que en los empresariales pero no llegaron a los niveles de éstos. Por su parte, el uso de fertilizantes tuvo una tasa de crecimiento mayor en los estados campesinos (Andrade y Blanc, 1987).

Los datos anteriores no permiten asegurar que la elevación de la oferta de maíz se haya debido a la agricultura campesina, pues, como ya se ha visto, la respuesta fue diferente en distintas regiones. Si bien participaron todos los productores, incluyendo los campesinos, cabe subrayar que las cifras también indican que los campesinos con mejores recursos fueron los beneficiados, ya que los aumentos de superficie cosechada se registraron en las tierras de riego.

El caso del noroeste del Valle de Toluca en el Estado de México confirma lo anterior; en esta región son fundamentalmente los campesinos del valle que cuentan con riego de punta los que son más beneficiados con crédito y asistencia técnica, pues aun en predios pequeños de dos a tres hectáreas, que a veces están subdivididas en parcelas, se pueden obtener tres toneladas de maíz por hectárea con los insumos y labores de cultivo adecuados. En cambio las zonas de temporal recibieron escasa atención de las instituciones de crédito en la región.

Las metas de autosuficiencia sólo se alcanzaron parcialmente, y aunque en 1981 el maíz y el frijol sobrepasaron los objetivos tanto en lo que se refiere al rendimiento como a la producción, estos logros no fueron sostenidos ni tampoco se dejó de importar dichos alimentos.

La participación de Conasupo en la comercialización del maíz fue en aumento. Por el lado del acopio de alimentos básicos, esta empresa tuvo una mayor participación, ya que en 1981 adquirió 19.7% del maíz cosechado, 39.5% del frijol, 40% del trigo y 39% del sorgo. El Programa de Apoyo a la Comercialización Ejidal, (PACE), por su parte, incrementó sus compras 400 por ciento.

En 1981, 32% del maíz comercializado era vendido por Conasupo. Abastecía 79% de la industria de la masa nixtamalizada y 91% de la industria de harina de maíz. Esta industria dependía totalmente del maíz subsidiado para poder vender la tortilla a precios controlados, pues el precio de venta era 24% inferior al precio de garantía. Pero al mismo tiempo, el subsidio creciente dio lugar a usos del grano subsidiado distintos a los fines propuestos como por ejemplo la venta del grano a otras industrias, y a su empleo, inclusive el de la tortilla, como alimento para animales. Incluso, se estimaba que el grano destinado a consumo animal, era equivalente a 1.5 millones de toneladas.

Los precios siguieron favoreciendo a los consumidores; durante el SAM, el precio de la tortilla se abarató en relación con el salario mínimo (véase cuadro II-9).

En esos años se fortaleció el sistema de abasto estatal tanto en las ciudades como en el campo. Conasupo, a través de sus filiales y programas de distribución, amplió la red de tiendas en las que se vendían los bienes de consumo básico. Fue entonces cuando se incorporaron las áreas rurales al sistema de distribución, reconociendo así que los problemas de abasto y pobreza del campesinado eran prioritarios; las demandas en este sentido ya formaban parte de las luchas campesinas en algunas regiones del país.[19]

Diconsa (Distribuidora Conasupo, S.A.), la empresa distribuidora al menudeo, aumentó su participación en el mercado al pasar de 3% en 1972 a 14.6% en 1981. El programa Diconsa-Coplamar llegó a una participación de 17% en el mercado rural de alimentos en 1982 (en 1980 fue de 11%). El precio de la canasta básica de alimentos se estimó entre 30% y 35% inferior a los precios del mercado (Austin y Fox, 1987). La venta de grano de maíz era ya parte de los productos vendidos por Diconsa en las tiendas rurales, pues había demanda en las regiones no productoras, así como en las deficitarias. Se estima que 15% de las

[19] Para un estudio amplio sobre el programa Diconsa rural, véase Fox, 1991.

ventas de maíz en grano hechas por Conasupo se destinaba a zonas rurales (Lampell, 1987:96).

5. CONCLUSIONES

Durante casi una década (de 1973 a 1981) el Estado mexicano intentó hacer frente al estancamiento de la producción de básicos, en particular del maíz, mediante una creciente intervención en la producción y comercialización del cultivo. La incorporación explícita del sector campesino como objetivo del establecimiento de la política de crédito, precios y comercialización fue una modalidad nueva con respecto al periodo anterior. Se destinaron recursos importantes a la reactivación de la agricultura de básicos y de temporal, pero las políticas de desarrollo compartido y del SAM no modificaron el contexto de la política macroeconómica, que se continuó —sobre todo en el comercio exterior y en el tipo de cambio— siendo desfavorable a la agricultura: la protección efectiva fue más alta para la industria, los términos de intercambio agricultura-industria eran desfavorables al sector primario, y la sobrevaluación del peso y las restricciones a la exportación limitaban la agricultura de exportación (Ros y Rodríquez, 1986).

La superación de la crisis agrícola dependió entonces enteramente de la política sectorial, pero ésta tampoco revirtió la tendencia histórica impuesta por un modelo de desarrollo bimodal. La agricultura capitalista, desarrollada, modernizada, con alta productividad, continuó con la producción agropecuaria rentable destinada a un mercado de consumidores de ingresos medios y altos. Por otro lado, la agricultura campesina, marginada del proceso de modernización desde los años cuarenta, no abandonó el cultivo del maíz, pero fue incapaz de aumentar los niveles de productividad y ante el agotamiento de la frontera agrícola, también ha sido limitado el crecimiento de la producción sobre tierras campesinas cada vez más marginales.

Gran parte del esfuerzo estatal fue dirigido a reformar la estructura organizativa y legal para lograr los propósitos establecidos. Otro esfuerzo importante fue la ampliación general de la infraestructura para la producción y comercialización. En el proceso, se fue creando un aparato burocrático complejo de gran magnitud, y parte de los recursos se destinaron al mantenimiento del mismo y seguramente hubo desvíos a lo largo del sistema, algunos en beneficio de los grupos de poder públicos y privados, locales y regionales. Pero no cabe duda de que el gobierno de Echeverría proporcionó las bases para una intervención más amplia del Estado en la actividad agropecuaria y para la organización de los productores con el fin de obtener recursos y movilizarlos. Esto facilitaría la puesta en marcha del SAM durante el auge petrolero.[20]

Visto en retrospectiva, el SAM parece un programa coyuntural como tantos otros intentos de reactivación de la agricultura. Sin embargo, en el momento en que se lanzó y en el contexto del debate sobre la autosuficiencia alimentaria y la cuestión campesina, tuvo otro significado. Teóricamente, el SAM planteó un nuevo modelo de desarrollo agrícola que podía llevar a una transformación de un sector importante de productores. La incorporación de la agricultura campesina se planteó como una solución económica y política a la problemática del campo y de la población campesina. Se propuso una estrategia basada en la modernización o refuncionalización del campesinado, promoviendo el cambio tecnológico en este sector que se veía como un potencial productor de alimentos baratos.

El Estado se haría cargo de esa transformación lanzándose a un proyecto reformista que supuestamente superaría el estancamiento productivo, la crisis social y económica del campesinado y la de su propia legitimidad política.

Este modelo también definió una división del trabajo dentro de la agricultura que de hecho ya se había dado, pero que en ese momento pasaba a ser una estrategia. Se respetó el espacio de la agricultura empresarial destinado a las actividades de mayor rentabilidad, y la producción de básicos se dejó a la agricultura campesina.

En este contexto no se planteó un cambio en la política de precios de garantía. Si bien la política de precios a partir de 1974 mejoró los términos de intercambio de los productos agropecuarios con el resto de la economía, la evolución del precio del maíz

---

[20] Hubo una fuerte crítica del gobierno de Echeverría que se caracterizó por una expansión del Estado en toda la economía, del gasto creciente y el endeudamiento cada vez mayor. Se subrayaba el despilfarro, la corrupción y la desorganización administrativa como causas del fracaso de las políticas adoptadas. Véanse Goodman *et al.*, 1985; Grindle, 1986.

no significó un cambio en los precios relativos agrícolas que promoviera su cultivo comercial, ni fue significativo para generar una transformación de las condiciones de producción campesina. El aumento de la oferta comercializable en ese sector se explica más bien por la política de monetarización de los insumos agrícolas y la expansión de la red de acopio por parte de Conasupo.

En una visión retrospectiva, el criterio de los alimentos baratos ha sido lo predominante en la fijación de los precios del maíz.

Durante el periodo de desarrollo estabilizador fue posible sostener una política de precios de garantía que mantuvo precios nominales fijos por más de una década, debido al subsidio dado a través de los costos. Sin embargo de acuerdo con los resultados analizados a partir de las distintas condiciones de producción, los precios de garantía del maíz permitieron cubrir los costos (incluyendo la fuerza de trabajo) de todos los productores. Esto significó sobreganancias para los productores más eficientes lo cual dio lugar a la expansión del cultivo en las tierras de riego y en la agricultura comercial hasta 1966-1967.

Esta tendencia se revirtió al deteriorarse los precios reales y la relación de los precios con respecto a los cultivos forrajeros y la actividad pecuaria. El cambio en la política de precios de garantía a partir de 1973-1974 permitió una recuperación de la rentabilidad para los más eficientes, sin embargo excluyó a los productores marginales, aunque su magnitud númerica era importante.

Las contradicciones de la política de precios en el contexto productivo, dieron como resultado el mantenimiento de una doble estrategia para seguir obteniendo alimentos baratos: la campesina, tradicional y pobre, y la de importación. Con las tendencias del mercado mundial, donde ya para los años ochenta los países industrializados (Estados Unidos principalmente) aportaban una oferta creciente de granos y los precios tendían a disminuir, resultaba cada vez más difícil abogar por una autosuficiencia alimentaria basada en precios de garantía que a su vez estaban determinados por la baja productividad de una agricultura atrasada, sobre todo cuando no era viable pasar ese costo a los consumidores pobres de las grandes ciudades.

La política del SAM no cambió esta tendencia, y si bien hubo un incremento real de los precios del maíz, éste fue coyuntural y fue posible porque el accesò a cuantiosos subsidios permitió posponer el dilema de los precios. No cabe duda de que el SAM fue una experiencia importante porque demostró la capacidad de respuesta rápida por parte de los productores y la capacidad del Estado para lograr los objetivos de un programa ambicioso. Pero el SAM no pasó de ser un programa de reactivación agrícola basado en fuertes subsidios. Los cambios de organización y tecnología necesarios para incrementar los niveles de productividad y para convertir al campesinado en un sector capaz de sostener una oferta creciente de alimentos, requieren de una política permanente de transformación tecnológica, de estrategias de producción y de un uso y conservación de recursos específicos para distintos tipos de productores y en atención a condiciones regionales y locales. Esto a su vez necesita de la participación de la base de los propios agricultores, así como recursos y voluntad política para llevarlos a cabo.

Lo cierto es que se enfrentaron problemas y la conformación de una nueva política sectorial para reactivar el campo fue ambiciosa y compleja. No obstante, lo cierto es que en el fondo no se plantearon cambios radicales que modificaran las reglas del juego en beneficio de la agricultura, mucho menos la ejidal, ni se enfrentaron las estructuras de dominación políticas y sociales, tanto locales como regionales que han subordinado al campesinado.

6. ANEXO. COSTOS DE PRODUCCIÓN Y PRECIOS DE GARANTÍA

1. *El impacto diferencial de los precios de garantía sobre los productores de maíz*

Durante los periodos analizados en el capítulo II, el debate en torno a la determinación de los precios de garantía se centró en los costos de producción. El precio de garantía debía cubrir el costo de cultivo y garantizar un ingreso al productor. Ésta fue la posición explícita de sucesivos gobiernos y el argumento persistente de los productores. Hasta hace poco (1988-1989), las distintas metodologías propuestas para la fijación de precios de garantía se basaban en el criterio de costos de producción, la tasa de inflación, los precios relativos entre cultivos competitivos y los precios internacionales.

Los precios del maíz han sido precios "políticos", esto significa que su nivel no depende de la oferta y demanda en el mercado libre, sino de los objetivos de la política agrícola y salarial. Como se señaló, desde 1953 el Estado mexicano ha fijado el precio del maíz y ha participado en el mercado mediante el acopio directo, lo cual le ha permitido ejercer un control sobre éste.

A continuación discutiremos la relación entre el precio de garantía y los costos de cultivo del maíz en los años que van de 1960 a 1984. El objetivo es analizar los precios de garantía del maíz frente a diferentes condiciones de producción y ver cuáles han sido los criterios implícitos en dicha política; esto es, ver si el nivel de fijación de los precios ha correspondido a una política de fomento a la producción y a la incorporación de los costos campesinos en los precios, o a una política de alimentos baratos, la manera en que han variado estos criterios en el tiempo. El ejercicio sólo toma en cuenta los precios nacionales, ya que el debate sobre el nivel de precios de garantía y alimentos baratos se dio en relación con la oferta interna y en el contexto de una economía altamente protegida.[1]

Con base en el criterio de los costos, la dificultad para fijar el precio de garantía reside en las diferencias que hay entre los niveles de productividad en el cultivo. La interrogante planteada es, ¿a qué criterios han obedecido los precios de garantía del maíz? En el caso de la agricultura mexicana en la que existen productividades diferentes para un mismo cultivo debido a la coexistencia de distintas formas de producción, ¿se ha seguido una política de alimentos baratos sin que una parte de los productores (los campesinos) se retiren del mercado?

En el ejercicio que se presenta a continuación, el objetivo es ver cuál ha sido el criterio implícito en la política de precios del maíz y detectar la manera en que ha cambiado esta política en los periodos de auge y estancamiento agrícola.[2]

El análisis abarca el periodo 1960 a 1984, para el cual se estimaron los costos de producción del maíz para distintas condiciones tecnológicas.

Se consideró que la condición tecnológica es una aproximación al tipo de predio de que se trate, sea éste campesino, empresarial o intermedio, ya que el atraso tecnológico está asociado a las formas de producción campesinas y al cultivo en tierra de temporal.

Las condiciones tecnológicas se refieren a la calidad de la superficie: riego o temporal; el uso de insumos: fertilizantes y semillas mejoradas; y al uso o no de tracción mecánica.

---

[1] Para un resumen del debate sobre precios agrícolas y alimentos "baratos", véase Appendini, 1986.

[2] Para una explicación de la metodología seguida e información utilizada, véase Appendini (1986).

De esto resultan siete distintas combinaciones de condiciones tecnológicas:

—Riego, semilla mejorada, fertilizantes   RMF
—Temporal, semilla mejorada, fertilizantes, tracción
   mecánica   TMFMC
—Temporal, semilla criolla, fertilizantes, tracción
   mecánica   TCFMC
—Temporal, semilla criolla, sin fertilizantes, tracción
   mecánica   TCSMC
—Temporal, semilla mejorada, fertilizantes, sin tracción
   mecánica   TMFEP
—Temporal, semilla criolla, fertilizantes, sin tracción
   mecánica   TCFEP
—Temporal, semilla criolla, sin fertilizantes, sin tracción
   mecánica   TCSEP

Para fines de análisis, se consideró que las condiciones RMF, TMFMC, TCFMC corresponden a productores empresariales, las condiciones TMFEP, TCFEP y TCSEP a productores campesinos, y la TCSMC corresponde a productores en una situación intermedia.

La base de la información utilizada para estimar los costos de cultivo del maíz en distintas condiciones tecnológicas fue el patrón de costos utilizado por FEDA-Banrural.

Los costos se estiman para cada una de las labores de cultivo y cosecha e incluyen insumos, agua, pago por concepto de tracción, pago de la mano de obra, pago de intereses y seguro. En el apartado 2 de este anexo se explica la metodología seguida para calcular los costos del maíz. Es importante señalar que para la estimación de los costos se calculó el valor de las jornadas de trabajo de acuerdo con los salarios rurales mínimos vigentes en cada año. Por tanto, los resultados consideran una aproximación al costo real de la reproducción de la fuerza de trabajo.[3]

Los resultados de la estimación de costos del cultivo de maíz, el valor neto de la producción y el coeficiente de rentabilidad (valor neto/costos totales) se presentan en el cuadro adjunto.

[3] Se realizó un ejercicio comparando los coeficientes de utilidad en el cultivo de maíz a partir de los costos por condición tecnológica calculados por FEDA/Banrural para los años 1974-1984. Los resultados señalan una utilidad positiva en todas las condiciones y en todos los años. Esto se debe a que el valor de las jornadas se calculó con base en los jornales pagados en las distintas regiones del país, que están por debajo de los salarios mínimos rurales legales (véase Appendini, 1986, cap. 4).

Las conclusiones respecto del análisis de estas estimaciones son:

a) Los costos por hectárea son más altos en la condición de mayor nivel tecnológico RMFMC, que requiere una mayor cantidad de insumos, y en las condiciones no mecanizadas con alto uso de insumos TMFEP. El costo más bajo es en la condición TCSMC. El mayor número de jornadas en las condiciones no mecanizadas eleva el costo por hectárea.

En las condiciones no mecanizadas se trata de un costo no monetario, lo cual explica que el campesino cultive maíz aunque los costos reales imputados estén por arriba de los precios.

b) A precios corrientes, el costo por tonelada aumenta lentamente hasta mediados de los años sesenta. A partir de 1974-1976 hay un incremento mayor en los costos, pues es cuando se agudiza la inflación. El costo por tonelada más bajo corresponde a RMFMC, seguido por TMFMC, y el más alto a TCSEP; esto significa que el costo va aumentando en las condiciones más atrasadas debido a los bajos niveles de productividad.

c) Los precios de garantía cubren los costos de producción en todas las condiciones tecnológicas hasta el año 1971.

El precio de garantía se fijó de acuerdo con un criterio según el cual se tuvo en cuenta a los productores más atrasados garantizándoles un ingreso mínimo y cubriendo la reproducción de la fuerza de trabajo. Por tanto, los productores en condiciones tecnológicas mecanizadas y con uso de insumos obtuvieron sobreganancias.

d) A partir de 1972, cambia esta situación y la evolución del índice de costos con respecto a la del precio de garantía es mayor en todas las condiciones tecnológicas.

A partir de 1972, las condiciones más atrasadas (TCFEP y TCSEP) presentan un coeficiente de utilidad (VN/C) negativo hasta 1980.

En otras palabras, a partir de este periodo el precio de garantía no permite remunerar a los agricultores campesinos en las condiciones tecnológicas más atrasadas.

e) El coeficiente de utilidad (VN/C) obtenido en el cultivo de maíz sigue la tendencia de los precios de garantía reales, con el punto más bajo en el periodo 1972-1974. El coeficiente es mayor cuanto más avanzada es la condición tecnológica. Durante el periodo de auge, el VN/C es mayor que en el periodo de estancamiento en todas las condiciones tecnológicas.

Por tanto, no se logró recuperar la rentabilidad del cultivo durante los últimos diez años. Las excepciones son TMFMC y TCFMC, que aunque no logran tasas equivalentes a los años más altos (1963-1964), en 1981-1982 sí alcanzan tasas al mismo nivel de las obtenidas en 1965-1966.

La diferencia en el coeficiente (VN/C) de utilidad por condición tecnológica da lugar a que haya sobreganancias. Esta posibilidad se mantiene en todo el periodo. Làs condiciones más favorecidas son RMF y TMFMC. La diferencia entre estas condiciones y las de otros años más atrasadas no varían, por lo que la sobreganancia guarda una relación proporcional en todo el periodo.

A partir de los años setenta, el precio de garantía se fijó a un nivel que corresponde a las condiciones tecnológicas de los campesinos en las mejores condiciones (TMFEP).[4]

Una política de alimentos baratos significa que el precio de garantía se fije a nivel de las condiciones tecnológicas más eficientes (TMFMC o RMF).

En el caso de una participación de cultivos campesinos en la oferta total, este precio puede fijarse por debajo del precio que incluye una ganancia media y una remuneración del trabajo familiar equivalente al salario mínimo, sin que estos productores se retiren del mercado. Esto se debe a que la unidad campesina, dada su lógica de subsistencia, puede cultivar y vender su producto aunque no obtenga una ganancia o un equivalente salarial. La "funcionalidad óptima" de la agricultura campesina se da por tanto cuando se alcanza el máximo nivel de productividad tecnológicamente posible. En el caso de la agricultura mexicana, el nivel óptimo sería que los productores campesinos se situaran en la condición TMFMC o TCFMC.[5]

2. Metodología para la estimación de costos de producción del maíz por condiciones tecnológicas

Para obtener la información sobre costos del cultivo del maíz para el periodo 1960-1984 se procedió de la manera siguiente:

1. Se utilizó el criterio de diferenciación por condición tecnológica elaborado por FEDA-Banrural. La información se presenta por condición tecnológica y fue la única fuente para establecer un criterio de diferenciación del tipo de productores. La condición tecnológica es entonces un criterio que permite distinguir empíricamente a los

---

[4] En el capítulo I se señaló información sobre la participación de los productores campesinos en la oferta total del maíz. Esta información no existe para poder hacer comparaciones en el periodo, mucho menos para cuantificar la composición de la oferta por condición tecnológica. Un dato es el de la encuesta de la SARH levantada para el ciclo primavera-verano de 1976, el cual señala que 40% de la producción proviene de productores de temporal sin mecanización y con uso de insumos bajos o de nivel medio (*Econotecnia Agrícola*, 1977).

[5] Para una discusión en torno a esta propuesta, eje del debate campesinista de los años setenta, véase el resumen en Appendini, 1986. De acuerdo con la encuesta de la SARH en 1976 mencionada en la nota anterior, equivaldría a 51.9% de la producción.

productores de maíz, ya que permite diferenciar el tipo de tierra, la presencia de maquinaria y uso de insumos.[6]

FEDA clasificó los costos de producción del maíz en 33 condiciones tecnológicas de acuerdo con distintas combinaciones de calidad de tierra, uso de insumos y de maquinaria. La mayoría de estas combinaciones son poco comunes, por lo cual, para los fines de este trabajo, se seleccionaron las siete más importantes en los 10 estados que son los principales productores de maíz, éstas son:

—Superficie de riego, semilla mejorada, fertilizantes, tracción mecánica — RMFMC

—Temporal, semilla mejorada, fertilizantes, tracción mecánica — TMFMC

—Temporal, semilla criolla, fertilizantes, tracción mecánica — TCFMC

—Temporal, semilla criolla, sin fertilizantes, tracción mecánica — TCSMC

—Temporal, semilla mejorada, fertilizantes, tracción no mecánica — TMFEP

—Temporal, semilla criolla, fertilizantes, tracción no mecánica — TCFEP

—Temporal, semilla criolla, sin fertilizantes, no mecanizado — TCSEP

A partir de esta clasificación, se consideró que las condiciones correspondientes a riego y tracción mecánica y las de temporal con tracción mecánica, semilla mejorada y fertilizantes corresponden a productores empresariales; temporal sin tracción mecánica corresponde a productores campesinos, y temporal con tracción mecánica pero con sólo un insumo corresponde a productores con características intermedias.

Se trabajó con información correspondiente al ciclo primavera-verano, que es el más importante en el caso del maíz, excepto en las tierras de riego donde se cultiva el ciclo otoño-invierno.

2. Se obtuvo un patrón de uso de insumos en cantidades físicas, el número de jornales y las horas-tractor para cada condición tecnoló-

---

[6] El criterio es empírico y no corresponde estrictamente al criterio teórico de diferenciación entre los campesinos y empresarios, que se refiere a las relaciones de producción; esto es, a la intervención de fuerza de trabajo asalariada en el proceso productivo. Varios estudios sobre el campesinado mexicano justifican este criterio, ya que señalan que el campesino mexicano es un productor de escasos recursos que cultiva tierras de temporal, frecuentemente marginales, trabaja sin utilizar maquinaria, y los campesinos más marginales aún no han incorporado insumos comprados a su proceso productivo.

gica. A cada coeficiente físico se multiplicó el valor monetario correspondiente a los precios de cada año, obteniéndose así el costo por condición tecnológica.[7]

Este procedimiento supone que las condiciones técnicas de producción permanecieron constantes para cada condición en el periodo estudiado. Este supuesto se justifica ya que los cambios que se dan a nivel agregado son los cambios de una condición a otra como por ejemplo la expansión del uso de fertilizantes. En cambio, dentro de una misma condición los cambios son de distinta índole como por ejemplo un mejoramiento en la calidad de fertilizantes o en la maquinaria, cambios en la densidad de la siembra que redundan en mejores rendimientos, deterioro en los rendimientos debido a la erosión del suelo, etc. Estos cambios dentro de cada condición no se pudieron tomar en cuenta.

Patrón de coeficientes técnicos por condición tecnológica

Condición	Semilla		Fertilizantes				Ins.	Trac.	Jor.
	C	M	1	2	3	4			
RMF	8	12	512	—	52	17	4.0	17.0	38
TMFMC	15	5	416	—	76	—	3.0	17.0	25
TCFMC	20	—	416	—	76	—	3.0	17.0	25
TCSMC	20	—	—	—	—	—	—	17.0	25
TMFEP	15	5	385	250	—	—	1.0	—	58
TCFEP	20	—	385	—	—	—	1.0	—	58
TCSEP	20	—	—	—	—	—	—	—	47

Fertilizante 1. Sulfato de amonio. 2. Superfosfato simple.
3. Superfosfato triple. 4. Cloruro de potasio (kg).
Fertilizantes, semillas e insecticidas (kg).
Tractor: horas tractor. Jornadas: número.
Fuente: elaboración basada en la información SARH-DGEA, 1977.

3. Los valores de los insumos se obtuvieron de fuentes oficiales:
Semilla: para la semilla criolla se utilizó el precio de garantía del maíz.
Para la semilla mejorada se obtuvieron los precios en la Productora Nacional de Semillas (Pronase).
Fertilizantes e insecticidas: se incluyeron los precios de los fertilizantes más comunes: sulfato de amonio, superfosfato simple, superfosfato triple y cloruro de potasio. Los insecticidas se consideraron en forma agregada. La fuente de información fue Fertimex.

[7] Agradezco la colaboración de Carlos Bonilla, quien realizó el trabajo de cómputo correspondiente a la información presentada.

Fuerza de trabajo: el costo se estimó con los salarios mínimos rurales de la Comisión Nacional de Salarios Mínimos.

Maquinaria y equipo: los precios de los tractores y equipo se obtuvieron de la Estadística Básica para la Planeación Agropecuaria y Forestal, de la SARH.

De 1960 a 1964, los valores de semilla, fertilizantes e insecticidas se calcularon aplicando un índice de precios, cuyo año base es 1965.

En lo que se refiere a maquinaria y equipo, para este periodo se consideró el promedio de depreciación (de 1965 a 1984). Para calcular la depreciación del tractor y equipo, se consideraron 10 000 horas de vida útil para ambos, y además una depreciación de 15% del valor residual (Vr) del tractor y de 20% para los equipos.

A la depreciación del tractor se sumó la depreciación de cada uno de los equipos, según la labor de que se trata, de la siguiente manera:

Labores	Depreciación	Tiempo de operación hr/ha
Barbecho	• Tractor + arado	3.36
Rastreo	Tractor + cultivadora	1.84
Tabloneo	Tractor	1.76
Bordeo o escarda	Tractor + bordeo	1.60
Siembra	Tractor + sembradora	1.76
Cultivos	Tractor + cultivadora	2.0
Aplicación de fertilizantes	Tractor + cultivadora	1.5
Acarreo de grano	Tractor + carro	3.2

Una vez agregada la depreciación por labores, se calculó la operación del tractor y del equipo, es decir, los gastos que se realizan en las reparaciones del tractor y equipo, el consumo de diesel y el salario del tractorista. Los gastos en reparaciones se estimaron sobre el valor de la depreciación en 55%. El consumo de diesel es de 9.6 litros, con un valor de 76 centavos el litro en 1976, mismos que representan el costo de operación del tractor y el equipo en 27%. Este porcentaje se fijó como coeficiente en todos los años. El salario del tractorista se obtuvo agregando 30% más al salario mínimo rural.

Una vez calculada la depreciación y la operación del tractor y el equipo por labores, se sumaron y se multiplicaron por el tiempo operativo de las labores por hectárea.

El resultado de multiplicar el costo de maquinaria por hora, por el tiempo en que se ocupa en realizar cada una de las actividades, dio como resultado el costo de la maquinaria por hectárea en cada una de las labores.

Costo total = costo de la semilla + fertilizantes + insecticida + jornal + maquinaria.

4. Los costos para cada condición tecnológica se estimaron, con base en el precio de garantía correpondiente a cada año y los rendimientos (FEDA).[8] Se estimaron los valores brutos de la producción (VBP), el valor neto (VN) y el coeficiente de rentabilidad (VN/C).

[8] La información sobre rendimientos abarca el periodo 1975-1985, pero debido a que se observa que los rendimientos han tendido a ser estables en los últimos diez años dentro de cada condición tecnológica, se extendió este criterio a todo el periodo, a pesar de que pudo haber cambios como los que por ejemplo se dan debido a mejoras en las técnicas de producción, y a las pérdidas en las condiciones más atrasadas por disminución de la fertilidad del suelo, etcétera.

CAPÍTULO II. ANEXO 1. (Costos de cultivo del maíz por condición tecnológica, 1960-1984)

	RMFMC[a]				TMFMC[a]				TCFMC[a]				TCSMC[a]			
	b	c	d	e	b	c	d	e	b	c	d	e	b	c	d	e
1960	290	1 128	1 975	1.7	343	928	1 231	1.3	418	920	839	0.9	370	481	558	1.1
1961	288	1 120	1 983	1.7	341	922	1 237	1.3	415	913	846	0.9	370	481	558	1.1
1962	304	1 180	1 923	1.6	355	959	1 200	1.2	431	949	810	0.8	415	540	499	0.9
1963	304	1 179	2 467	2.0	354	958	1 579	1.6	431	948	1 119	1.1	417	543	678	1.2
1964	328	1 273	2 373	1.8	377	1 019	1 518	1.4	458	1 009	1 058	1.0	472	614	607	0.9
1965	340	1 322	2 324	1.7	388	1 050	1 487	1.4	472	1 040	1 027	0.9	498	648	573	0.9
1966	376	1 461	2 185	1.4	427	1 153	1 384	1.2	519	1 143	924	0.8	558	726	495	0.6
1967	383	1 488	2 159	1.4	435	1 175	1 362	1.1	529	1 165	902	0.7	558	726	495	0.6
1968	400	1 552	2 094	1.3	446	1 205	1 332	1.1	543	1 196	871	0.7	585	760	461	0.6
1969	394	1 532	2 115	1.3	440	1 190	1 347	1.1	537	1 181	886	0.7	582	757	464	0.6
1970	437	1 396	1 951	1.1	883	1 304	1 233	0.9	586	1 290	777	0.6	669	870	351	0.4
1971	433	1 680	1 966	1.1	478	1 291	1 246	0.9	580	1 277	790	0.6	669	870	351	0.4
1972	481	1 868	1 778	0.9	526	1 420	1 117	0.7	639	1 407	660	0.4	762	991	230	0.2
1973	540	2 095	1 551	0.7	584	1 579	958	0.6	711	1 564	503	0.3	880	1 144	77	0.6
1974	628	2 440	3 379	1.3	686	1 852	2 197	1.1	833	1 832	1 467	0.8	1 037	1 348	601	0.4
1975	731	2 837	3 952	1.3	791	2 136	2 588	1.2	962	2 117	1 732	0.8	1 248	1 623	651	0.4
1976	875	3 396	3 975	1.1	939	2 537	2 592	1.0	1 141	2 511	1 668	0.6	1 475	1 918	551	0.2
1977	1 210	4 696	4 382	0.9	1 303	3 518	2 799	0.7	1 578	3 472	1 675	0.4	2 042	2 655	386	0.1
1978	1 467	5 694	5 557	0.9	1 607	4 339	3 490	0.8	1 949	4 288	2 091	0.4	2 582	3 357	412	0.1
1979	1 727	6 702	6 799	1.0	1 874	5 061	4 334	0.8	2 264	4 982	2 673	0.5	3 107	4 039	484	0.1
1980	2 067	8 022	9 243	1.1	2 227	6 013	6 001	0.9	2 698	5 937	3 852	0.6	3 805	4 946	838	0.1
1981	2 723	10 568	14 850	1.4	2 829	7 639	10 045	1.3	3 430	7 547	6 862	0.9	5 026	6 584	1 980	0.3
1982	3 666	14 226	20 111	1.4	3 760	10 154	13 740	1.3	4 551	10 013	9 456	0.9	6 812	8 855	2 649	0.2
1983	6 315	24 502	37 577	1.5	7 030	18 981	24 218	1.2	8 555	18 821	16 378	0.8	13 053	16 969	3 830	0.2
1984	10 419	40 428	57 347	1.4	10 822	29 220	38 819	1.3	13 086	28 791	26 648	0.9	19 545	25 409	7 350	0.2

	TMFEP[a]				TCFEP[a]				TCSEP[a]			
	b	c	d	e	b	c	d	e	b	c	d	e
1960	422	972	867	0.9	507	964	555	0.6	334	435	604	1.4
1961	416	958	881	0.9	499	948	571	0.6	334	435	604	1.4
1962	460	1 058	781	0.7	551	1 048	471	0.4	411	534	505	0.9
1963	459	1 057	1 104	1.0	550	1 046	739	0.7	413	537	684	1.3
1964	519	1 195	966	0.8	623	1 184	601	0.5	506	658	563	0.9
1965	549	1 264	897	0.7	659	1 253	532	0.4	554	720	501	0.7
1966	627	1 442	719	0.5	753	1 431	354	0.2	650	864	375	0.4
1967	637	1 465	696	0.5	765	1 454	331	0.2	650	846	375	0.4
1968	708	1 628	533	0.3	851	1 618	167	0.1	749	974	247	0.3
1969	696	1 601	560	0.3	837	1 591	194	0.1	749	974	247	0.3
1970	782	1 800	361	0.2	939	1 785	0.0	0.0	872	1 134	87	0.1
1971	782	1 798	363	0.2	939	1 784	1.0	0.0	872	1 134	87	0.1
1972	891	2 049	112	0.1	1 071	2 035	−249	−0.1	1 027	1 335	−113	−0.1
1973	1 018	2 342	−180	−0.1	1 224	2 326	−540	−0.2	1 210	1 573	−351	−0.2
1974	1 190	2 739	710	0.3	1 430	2 717	132	0.0	1 403	1 825	124	0.1
1975	1 404	3 230	794	0.2	1 689	3 029	115	0.0	1 711	2 225	49	0.0
1976	1 709	3 930	439	0.1	2 053	3 902	−292	−0.1	2 095	2 724	−254	−0.1
1977	2 319	5 335	46	0.0	2 782	5 287	−841	−0.2	2 830	3 679	−637	−0.2
1978	2 667	6 134	535	0.1	3 200	6 081	−571	−0.1	3 278	4 261	−491	−0.1
1979	3 149	7 242	761	0.1	3 768	7 160	−548	−0.1	3 956	5 143	−619	−0.1
1980	3 864	8 888	1 346	0.2	4 635	8 807	−352	−0.0	4 970	6 461	−676	−0.1
1981	5 142	11 827	3 237	0.3	6 124	11 635	809	0.1	6 636	8 627	−112	−0.0

CAPÍTULO II. ANEXO 1. (Conclusión)

	TMFEP [a]				TCFEP [a]				TCSEP [a]			
	b	c	d	e	b	c	d	e	b	c	d	e
1982	6 808	15 660	4 694	0.3	8 116	15 421	1 393	0.1	8 891	11 558	−53	−0.0
1983	11 000	25 301	11 498	0.5	13 153	24 992	5 407	0.2	14 422	18 749	2 050	0.1
1984	17 287	39 761	18 198	0.5	20 688	39 308	8 571	0.2	22 310	29 004	3 756	0.1

[a]
RMFMC: Riego semilla mejorada fertilizantes mecanizado.
TMFMC: Temporal semilla mejorada fertilizantes mecanizado.
TCFMC: Temporal semilla criolla fertilizantes mecanizado.
TCSMC: Temporal semilla criolla sin fertilizantes mecanizado.
TMFEP: Temporal semilla mejorada fertilizantes no mecanizado.
TSFEP: Temporal semilla criolla fertilizantes no mecanizado.
TCSEP: Temporal semilla criolla sin fertilizantes no mecanizado.

b Costo por tonelada.
c Costo total por hectárea.
d Valor neto por hectárea.
e Valor neto por ha/costo total por ha.
Fuente: Appendini, K., 1986, cuadros 11-A al 11-G.

III. LA POLÍTICA AGRÍCOLA DURANTE LA CRISIS

1. Introducción

En el mes de agosto de 1982, el gobierno mexicano suspendió temporalmente los pagos del servicio de la deuda externa. Este hecho marcó el inicio de la crisis de la década, que cambió radicalmente la situación económica del país; del auge petrolero se pasó a la peor crisis de la economía mexicana contemporánea. El deterioro de la situación económica ya se venía dando desde principios de ese mismo año. En febrero se puso en marcha una política de ajuste dirigida a disminuir el déficit público y contener la inflación, y se devaluó el tipo de cambio. Este ajuste afectó el gasto público en el sector agropecuario y por tanto la posibilidad de continuar el programa del SAM. Sin embargo, estas medidas fueron insuficientes para controlar las tendencias de la economía y sobre todo el desequilibrio externo, agravado por una fuga de capital sin precedente que se agudizó durante el verano de 1982.

La crisis pronto mostró ser mucho más profunda que un mero desequilibrio en las finanzas externas del país; se trataba en realidad de una crisis estructural cuyas causas eran múltiples y complejas. La caída de los precios del petróleo en el contexto internacional, el alza de las tasas de interés y la suspensión de préstamos se conjugaron con una economía en la que se manifestaban las contradicciones surgidas de su dependencia de las exportaciones petroleras y un aparato productivo ineficiente, más una serie de problemas derivados de un crecimiento que había fomentado la desigualdad económica y social, y cuya solución se había postergado durante una década mediante la expansión del gasto público sostenida con el endeudamiento y los ingresos petroleros.[1]

[1] En este trabajo no se pretende hacer un análisis de la crisis de México,

Por lo tanto, una vez que se desencadenó la crisis de la deuda, era evidente que su superación requería enfrentar una serie de problemas tanto coyunturales como estructurales.

Con la firma de la carta de intención con el FMI en septiembre y con el inicio de la administración del presidente De la Madrid en diciembre de 1982, quedó claro el rumbo que tomaría la política económica.

En primer lugar, se determinó que el cumplimiento de los compromisos de pago de la deuda externa y su servicio serían prioritarios. Se inició un proceso largo de negociación y restructuración de la deuda externa que hasta la fecha se ha venido realizando periódicamente. Esto significa que México ha sido un exportador neto de capital, ya que de 1983 a 1988 se exportó un monto promedio anual equivalente a 6% del producto interno bruto.[2]

En segundo lugar, se estableció una política de ajuste y estabilización macroeconómica con el fin de aminorar los desequilibrios en las finanzas públicas y en las cuentas con el exterior y para combatir la inflación. Esta política supuestamente era temporal pero hasta la fecha, casi una década después, todavía se sigue.

En tercer lugar, se emprendió una política de transformación estructural de la economía mexicana que ha significado un cambio radical de rumbo: se abandona el modelo de industrialización vía la sustitución de importaciones, para buscar la apertura al exterior y fincar el crecimiento en la industria de la exportación. Este cambio quedó formalizado en 1986 cuando México ingresó al GATT. Desde entonces, el proceso de adecuación a la apertura se ha acelerado al punto de que en la actualidad prácticamente se ha liberado la importación, los aranceles promedio son de 12.5%, y sólo en el caso de algunas importa-

---

sobre ella existe una amplia literatura. Para un análisis enfocado en los aspectos macroeconómicos, véase Ros, Jaime (1987), Ros y Lustig (1987); sobre sus repercusiones en la sociedad en general, véase González Casanova, P. y H. Aguilar Camín (1987), y también Tello, C. (coordinador) (1989).

[2] Con la renegociación de la deuda externa en 1989 se estima que se reducirán las transferencias al exterior hasta en un promedio de 2% anual del PIB en el periodo 1990-1994. Para un seguimiento de la evolución y negociaciones sobre la deuda, véase Green, R. (1988); para las negociaciones recientes Lustig, 1990a.

ciones agrícolas se requieren permisos de importación. Además, se modificó el reglamento de las inversiones extranjeras para atraer capital al país, y durante 1990 se iniciaron las gestiones para lograr un acuerdo de libre comercio con Estados Unidos de América con miras a la integración de un bloque comercial México-Estados Unidos-Canadá.

Estos cambios han tenido lugar a lo largo de la última década. Durante la administración del presidente De la Madrid (diciembre de 1982 a diciembre de 1988), los esfuerzos más bien se centraron en los ajustes macroeconómicos a corto plazo, pero a partir de 1989 con la administración del presidente Salinas, se ha acelerado el proceso formal de restructuración. Ahora, la discusión en torno a la economía mexicana se centra en las perspectivas de un nuevo modelo de crecimiento en el que la presente administración y la burguesía mexicana han vertido todo su entusiasmo y optimismo, y para el cual se ha logrado el visto bueno de la comunidad internacional.

Tal pareciera que la crisis es asunto del pasado. Pero el quehacer cotidiano de la población en sus diferentes actividades económicas y en su lucha por obtener los satisfactores básicos para vivir muestra una realidad muy diferente. Para la mayoría de la población, la crisis persiste, y para darse cuenta de ello basta revisar las cifras sobre la magnitud de la pobreza, los indicadores sobre la creciente polarización social y sobre el deterioro del ingreso real de las familias. Con respecto al agro, basta observar el deterioro que ha sufrido la capacidad productiva de los campesinos y el déficit creciente de la balanza comercial, a pesar de la recuperación de la actividad agrícola en 1990 y 1991.

Los años de crisis han afectado la oferta y el acceso a los alimentos básicos. Por el lado de la oferta, los agricultores han visto radicalmente limitados los recursos del Estado destinados al apoyo a la producción y comercialización. Además, se han enfrentado a cambios en la política de subsidios y precios que han tenido impacto en la rentabilidad y en la capacidad de producción, sobre todo en el caso del cultivo de maíz, en el que la mayoría de los productores son campesinos. La base productiva se ha visto deteriorada y se cuenta cada vez con menos recursos. Las bases mismas de las estrategias de reproducción de las unidades campesinas se han alterado. A medida que pierde rentabilidad y hay menos recursos para su producción, el maíz se convierte en un cultivo para el autoconsumo al cual se dedica una menor inversión monetaria o de fuerza de trabajo. Todo esto en conjunto, ha tenido efectos en la oferta total y en los rendimientos.

Por el lado de la demanda, la población ha sufrido una reducción de sus ingresos reales, ya sea del salario o de ingresos no salariales en los estratos bajos. Esto ha incidido en la demanda de alimentos transformando los patrones de consumo. Los alimentos básicos tienden a tener una mayor participación y el deterioro en el ingreso se agrava por el aumento de los precios al consumidor, ya que se han ido retirando los subsidios y, hasta 1988, hubo un proceso inflacionario acelerado.

El análisis de estos problemas es el objeto de los siguientes capítulos. En el presente, analizaremos las consecuencias de la crisis en la oferta de alimentos básicos, principalmente el maíz. Haremos una breve descripción de las características de la política macroeconómica en el periodo de crisis, a fin de establecer el contexto en el que se da la política agropecuaria y la política alimentaria en general. Luego, pasaremos a discutir la política de alimentos básicos centrándonos en la política agrícola y de comercialización. A lo largo de estos últimos capítulos, no sólo intentaremos hacer una descripción de las distintas políticas y su establecimiento, sino que trataremos de comprender cómo se gestaron y cómo se llevaron a cabo en un contexto de restricción presupuestal, crisis económica, cambio estructural, presiones por parte de los productores agrícolas, demandas de protección al salario por parte de la población —sobre todo urbana—, y en una coyuntura de cambios políticos.

2. La política macroeconómica y la agricultura de 1982 a 1990

La década de la crisis de la economía mexicana tuvo varias fases según el comportamiento de la economía y de la política macroeconómica. De fines de 1982 hasta fines de 1987, se siguió una política de ajuste ortodoxa de acuerdo con los lineamientos del Fondo Monetario Internacional (FMI); de 1988 hasta la fecha (mediados de 1990) se ha seguido una política de estabilización de tipo heterodoxo. Las consecuencias sobre la política alimentaria han sido diferenciales, sobre todo con respecto a la política cambiaria y comercial que han tenido un impacto sobre la política de precios agrícolas y de los alimentos.

En general, la política macroeconómica tuvo dos objetivos: uno a corto plazo a fin de lograr el ajuste de las variables macroeconómicas, y otro a mediano plazo a fin de restructurar la economía y encauzarla hacia un crecimiento basado en la apertura comercial y la privatización.

El primer programa de ajuste y estabilización comprendió los años de 1983 a 1987, era de corte ortodoxo, estaba basado en políticas monetarias y fiscales, y tuvo como objetivo corregir la inestabilidad financiera y los desequilibrios a corto plazo, bajo el diagnóstico de que los problemas macroeconómicos se originaban en el déficit público y en la distorsión de los precios relativos (tipo de cambio principalmente). Además, se consideró necesario hacer cambios estructurales a fin de lograr una economía de mercado abierta y competitiva; para esto, se propuso también modificar la política cambiaria y comercial, los mecanismos de regulación y la intervención del Estado en la economía (Lustig, 1990).

La política fiscal se centró principalmente en la reducción del déficit público mediante la elevación del ingreso del sector público y la contracción del gasto. Esto, como veremos posteriormente, tuvo un impacto severo sobre el sector agropecuario debido a sus efectos sobre la inversión sectorial, los subsidios a la producción, la actividad de las empresas paraestatales relacionadas con el agro y con el abasto, así como a los subsidios al consumo de alimentos.

La política cambiaria llevó a devaluaciones sucesivas, de manera que el peso mexicano "libre" pasó de 148 pesos por dólar a fines de 1982, a 2 227 pesos por dólar a fines de 1987. Esto obviamente contribuyó a mejorar la competitividad de las exportaciones mexicanas, a la vez que se emprendía la liberalización comercial. En general, estas medidas fueron favorables a la agricultura al promover las exportaciones y abaratar los insumos y la maquinaria agrícola importada, y debido a que los productos agrícolas siguieron siendo protegidos aun después de la entrada al GATT en 1986.

La política de precios tenía como objetivo el ajuste de los precios relativos mediante la liberación de éstos y la apertura comercial. Pero la política de precios tuvo efectos contradictorios ya que por un lado se esperaba que la política contraccionistas y la consecuente disminución de la demanda, junto con la apertura comercial, llevaran a contener la inflación. Sin embargo no fue así y la liberación de precios junto con la disminución de los subsidios resultaron en presiones inflacionarias al igual que las devaluaciones que incrementaron los costos de los bienes a través de los insumos importados.

La política salarial fue de contención como parte del ajuste vía la contracción de la demanda. Los aumentos otorgados al salario mínimo se mantuvieron por debajo de los índices de inflación, por lo que el salario perdió alrededor de 50% de su poder adquisitivo en el periodo.[3]

Dentro de los lineamientos generales de la política de ajuste, la instrumentación de las diversas políticas se modificó por la coyuntura económica. En el primer año se realizó un ajuste "de choque" con un fuerte ajuste fiscal con el fin de reducir el déficit público y disminuir la inflación. Por otro lado, se devaluó el tipo de cambio y se llevó a cabo una política salarial restrictiva. Entre 1984 y 1985 se propuso una política de ajuste más gradual (Ros y Rodríquez, 1986).

Como se observa en el cuadro III-1, los efectos en la economía fueron de una severa recesión con una contracción en la inversión y en el consumo. Aunque en 1984 hubo una ligera recuperación de la economía, a fines de 1985 la tendencia volvió a ser negativa.

En 1986, la situación de la economía mexicana fue agravada por diversos factores externos, principalmente por la caída brusca de los precios del petróleo, lo que precipitó una nueva recesión.

En 1987, la inflación se había acelerado a tasas sin precedente (159% anual). Los desequilibrios de la economía no se habían resuelto, y si bien se había logrado sanear las finanzas públicas internas, el peso del pago de la deuda seguía siendo oneroso. El costo social del ajuste, ilustrado por la contracción de los salarios reales y una redistribución del ingreso en favor del componente no salarial, era evidente; también lo eran las consecuencias recesivas sobre la economía afectada por una fuerte contracción de la demanda agregada. Las expectativas de

---

[3] Para un análisis amplio sobre la política macroeconómica de estabilización y ajuste y su interrelación con el sector agropecuario, véanse Ros y Rodríquez, 1986 y Schatan, 1987.

CUADRO III-1
La economía mexicana y el sector agropecuario durante la crisis

	1980	1981	1982	1983	1984	1985	1986	1987	1988	1989	1990
Déficit público financiero[a,d] (porcentaje PIB)	7.5	14.1	16.9	8.6	8.5	9.6	15.9	16.0	12.3	5.5	3.8
Índice de precios al consumidor (tca dic/dic/)[a]	29.8	28.7	98.8	80.8	59.2	63.7	105.7	159.2	51.7	19.7	29.7
Inversión bruta fija (tca)[b]	14.9	14.7	15.9	27.9	5.1	6.7	-11.8	-0.3	6.0	5.9	13.4
Consumo privado (tca)[b]	—	7.3	1.1	-7.5	2.5	2.1	-2.2	-0.2	2.4	6.0	5.2
Consumo público (tca)[b]	10.0	10.1	2.3	-1.3	6.8	1.3	1.5	-1.2	-0.3	-0.6	1.7
Salario mínimo anual (tca)[a]	—	1.0	-0.1	-21.9	-9.0	-1.2	-10.5	-6.3	-13.4	-6.6	—
Deuda externa (porcentaje PIB)[a,d]	29.5	31.3	49.0	62.6	54.2	52.4	76.3	73.6	59.1	48.5	41.9
PIB (tca)[c]	8.3	8.8	-0.6	-4.2	3.6	2.6	-3.8	1.7	1.4	3.1	3.9
PIB agropecuario (tca)	—	6.1	-1.9	2.0	2.7	3.7	-2.7	1.6	-3.6	-3.1	3.4
Agrícola (tca)	—	7.7	-5.1	3.1	3.1	5.5	-5.2	2.9	-4.5	-3.2	5.1
Pecuario (tca)	—	3.2	2.8	1.6	1.0	0.9	2.0	-1.9	-2.7	—	—

Fuentes: [a] Lustig, 1992: cuadros II-1 y II-4.
[b] Ros y Lustig, 1987, cuadro 2 hasta 1985. Banco de México, 1991, cuadro 4 de 1986-1990.
[c] INEGI, Producto Interno Bruto Trimestral, junio de 1990.
[d] Porcentaje del PIB.

una reconversión industrial y de un crecimiento sostenido de las exportaciones no se habían cumplido. La inversión privada no se había recuperado y el crecimiento de la economía era lento. Los flujos de capital se habían ido al circuito del sector financiero donde se remuneraba a altas tasas la especulación, que alternaba entre el manejo del tipo de cambio y la bolsa de valores. Esto terminó abruptamente en octubre de 1987 cuando, unos días después de la baja de la bolsa internacional, sobrevino la caída de la bolsa mexicana de valores. A raíz de estos acontecimientos se optó por un cambio radical en la política de estabilización.

En diciembre de 1987, se inició una nueva política de estabilización con el Pacto de Solidaridad Económica.[4] Se trata de un programa de estabilización heterodoxo que, a diferencia del programa anterior, propone además del control monetario y fiscal, el congelamiento de los precios como medida para controlar la inflación, lo cual lleva implícito un costo social menor ya que los ingresos reales no se modifican. Así, se trata de evitar los efectos recesivos de los programas ortodoxos y restablecer la confianza en la economía del país. A diferencia de la liberación de precios y la fluctuación del tipo de cambio, el nuevo programa propone el control de precios y la fijación del tipo de cambio.[5]

Con el Pacto, los distintos sectores de la economía aceptaron que se impusiera un control estricto de los precios. Además, el gobierno se comprometió a mantener el tipo de cambio estable (con un pequeño deslizamiento anual) y a seguir con la política de disminución del déficit público para contener la inflación por el lado de la demanda, así como a acelerar la apertura comercial hacia el exterior a fin de garantizar la oferta de bienes y aumentar la competencia con el propósito de reducir los precios.

Para que el programa fuera viable se contaba con un alto nivel de reservas internacionales (aproximadamente 13 mil millones de dólares) y el gobierno obtuvo el consenso de los sectores económicos más importantes. Esto sería uno de los puntos cen-

[4] El nombre se cambió posteriormente a Pacto de Estabilidad y Crecimiento Económico.

[5] Existe una literatura amplia sobre las experiencias de programas de estabilización en América Latina; para una síntesis del debate teórico y de algunos estudios de caso, véase Alberro, J.L. y D. Ibarra (comps.) (1987).

trales en la continuación y renovación del Pacto en los dos años siguientes. El sector empresarial, el sector obrero y campesino y el gobierno, acordaron el compromiso de cumplir con los requerimientos del Pacto: el sector empresarial no aumentaría los precios; el sector obrero representado por el sindicalismo afiliado al PRI —principalmente la CTM (Confederación de Trabajadores Mexicanos)— acordó contener demandas salariales; los campesinos —a través de la CNC (Confederación Nacional Campesina)— y los pequeños propietarios afiliados a la CNPP (Confederación Nacional de la Pequeña Propiedad), aceptaron no presionar por el aumento de los precios de garantía, mientras que el gobierno, por su parte, se comprometió a mantener el control de precios sobre los bienes y servicios públicos, así como de los precios de básicos sujetos al régimen de control de precios de la Secofi. Hasta fines del año de 1991, estos acuerdos han sido periódicamente renovados por los tres sectores, lo que ha dado un aparente consenso a la política de estabilización.

El éxito del programa de estabilización ha sido evidente en cuanto a que alcanzó sus objetivos: la inflación fue de 52% en 1988 y de 19.7% en 1989.

La economía creció 1.4% en 1988, 3.1% en 1989 y 3.9% en 1990, no obstante, a inicios de este último año ya se manifestaron algunos problemas, en particular el deterioro de la balanza comercial debido a la política cambiaria y comercial. Así, en 1990 el déficit de la cuenta corriente fue de 5.2 mil millones de dólares en comparación con un déficit de 2.4 mil millones en 1988. El costo del programa también se reflejó en que para 1989 las reservas del Banco de México eran de 6.8 mil millones de dólares (Banco de México, 1990). A la vez, el salario mínimo tuvo un deterioro de 18% en los dos últimos años. Para 1990, la inflación volvió a repuntar al ser del 30% anual.

A diferencia del primer periodo (1982 a 1987), los elementos clave del programa —deslizamiento del tipo de cambio controlado, precios controlados y apertura comercial— así como la continuación de la política fiscal restrictiva, tuvieron efectos negativos sobre la agricultura en los dos primeros años.

Es evidente que desde 1982 la política agrícola fue restringida y determinada por la política macroeconómica a que se sometió la economía bajo los programas de estabilización y ajuste. El sector agropecuario ha recibido los impactos de las medidas globales de estos programas, en particular en lo que se refiere a la reducción de recursos públicos destinados al sector, así como a las consecuencias de la reducción de subsidios. Los efectos de la contracción del gasto fueron el denominador común a lo largo de todo el periodo, mientras que la política de precios cambió radicalmente al pasar del programa ortodoxo al heterodoxo, como consecuencia del control de precios, de la política cambiaria y de la apertura comercial.

Además, se han transformado los alcances de la política agropecuaria al plantear objetivos que rebasan el corto plazo y que van en el sentido de la restructuración económica y la reducción de la intervención de las agencias gubernamentales en el sector.

Veamos a continuación cada uno de los rubros de la política agropecuaria a fin de relacionarlos con su impacto en la actividad agrícola. Las consecuencias de estas políticas obviamente fueron diferentes en cada uno de los distintos grupos de cultivos y tipos de productores. Nos interesá destacar los efectos en la producción de alimentos básicos tradicionales y sus productores.

3. LA POLÍTICA AGRÍCOLA DURANTE EL PERIODO DE ESTABILIZACIÓN Y AJUSTE ECONÓMICO

La política agrícola durante el gobierno de De la Madrid fue vacilante y poco definida al inicio. A pesar de que el Programa Nacional Alimentario correspondiente al sexenio (1983-1988) reiteró las metas de aumentar la producción de básicos y apoyar a los productores temporaleros, no hubo acciones encaminadas a lograrlas. La ejecución de la política se restringió a las medidas de austeridad. Un cambio importante en el concepto de la política alimentaria fue que se sustituyó la meta de "autosuficiencia" por la de "soberanía" alimentaria. En otras palabras, esto significa que no es necesario producir los alimentos requeridos, sino tener la capacidad para comprarlos en el exterior con exportaciones agropecuarias. Este objetivo tampoco se logró, pues la balanza agrícola fue negativa en cuatro de los seis años del periodo.

Las medidas dirigidas a lograr cambios estructurales tales como la restructuración de la SARH y de las empresas paraestatales, la reducción de las barreras al comercio, la liberación de los precios agrícolas, etc., no se realizaron durante los primeros años de ese sexenio. Fue hasta 1986 cuando se definieron objetivos más precisos para la restructuración del sector,[6] y sólo hasta la administración del gobierno de Salinas de Gortari se formuló una política de restructuración más profunda, en la que intervienen aspectos como la liberación de los precios agrícolas, la flexibilización de las importaciones, la restructuración de las paraestatales Conasupo, Banrural y ANAGSA, la reducción de la SARH, etc. Estos cambios todavía están en proceso de realizarse.

El recorte del gasto público destinado al sector agropecuario fue el denominador común de la política fiscal durante todo el periodo de ajuste, tanto con el programa ortodoxo, como con el heterodoxo instrumentado a partir de 1988.

En cambio, la política de comercio exterior, la cambiaria y de precios, modificaron el contexto macroeconómico de la política sectorial y tuvieron impactos distintos en el periodo 1982-1987 y en el correspondiente al Pacto. Paulatinamente, los lineamientos macroeconómicos de dicha política fueron entrelazándose con los objetivos del nuevo modelo de la economía mexicana hacia la apertura.

La liberación comercial fue un proceso lento para los bienes agrícolas en el primer periodo, ya que en 1985 92.5% de las importaciones agrícolas seguían sujetas a permisos de importa-

---

[6] La política de restructuración está asociada a las recomendaciones del Banco Mundial. Desde 1983 hubo pláticas con el Banco Mundial con respecto a la política agropecuaria, y se firmaron varios acuerdos durante los años posteriores. En 1986, el Banco hizo varias sugerencias con respecto a los cambios en la política agrícola tales como reformas en la comercialización, la reducción de subsidios, la desregularización de precios y del mercado, y sobre la inversión y gasto público en la agricultura. Estas recomendaciones se dieron en el contexto de una serie de negociaciones con el Banco Mundial a fin de obtener varios préstamos para el sector agropecuario. Los cambios estructurales recomendados por el Banco Mundial van en el sentido de "reducir el papel del gobierno mexicano, en la comercialización, almacenamiento y procesamiento de productos agropecuarios y depender más de los mercados, los precios internacionales y de la iniciativa privada en la agricultura y la agroindustria [...] además de que el gobierno mexicano incremente sus actividades en la infraestructura agrícola básica, en la educación rural, en la salud y en la nutrición, a fin de aliviar la pobreza rural mediante el desarrollo del capital humano y de la infraestructura rural, y mejorar la transferencia de tecnología." BM, 1989: 1. Véase también Schatan, 1987.

ción, pero a partir de 1988 también se aceleró el proceso de apertura comercial. En 1988, 53% de la producción primaria no minera y de la agroindustria se sujetaba a permisos previos; en 1990 el arancel medio para la importación de productos agropecuarios fue de 5% y entre los principales productos agrícolas sólo el maíz, el frijol y el trigo estuvieron sujetos a permisos de importación (Banamex, enero de 1991).

En cambio, desde el inicio, la política comercial benefició la agricultura al liberarse la importación de insumos y maquinaria agrícolas. Así, en el primer periodo, la política cambiaria y comercial favoreció en general a los agricultores con posibilidad de exportar, tanto por los precios como por la reducción de algunos costos (Ros y Rodríquez, 1986).

Los efectos de la política cambiaria sobre los precios relativos internos agrícolas fueron positivos de 1982 a 1985, ya que las fuertes devaluaciones hicieron más competitivos los productos agrícolas mexicanos en el exterior, y las exportaciones se debieron a renglones "nuevos" como legumbres, hortalizas y frutas. Sin embargo, las exportaciones totales no rebasaron los niveles alcanzados en el periodo 1980/81, porque el efecto de la política cambiaria fue neutralizado debido a que los precios internacionales de las exportaciones agrícolas mexicanas se redujeron 28% entre 1981 y 1985. Con respecto a los precios internos, la política tuvo como objetivo reducir la relación entre los precios agrícolas internos y los externos, por lo cual se mantuvieron bajos los precios de garantía, sobre todo en los años 1982 y 1983.

La política hetorodoxa ha vuelto a imponer un sesgo antiagrícola a la política macroeconómica. El mantenimiento de un tipo de cambio que se deslizó sólo 8.0% anual en los tres primeros años del Pacto, repercutió desfavorablemente en la competitividad de las exportaciones agrícolas, a la vez que abarató las importaciones. Además las tasas de interés reales, más altas en México que en Estados Unidos incrementaron los costos financieros del crédito, almacenamiento y transporte frente a la opción de importar. Si a esto se agrega que México disfruta de una línea de crédito preferencial para la importación de productos alimentarios desde Estados Unidos, es obvio que desde el punto de vista de las finanzas públicas, resulta ventajoso importar el grano.[7]

---

[7] Los Programas GMS 102 y 103 del gobierno norteamericano proporcio-

La política implícita del Pacto muestra una tendencia a obtener los alimentos baratos por la vía de las importaciones, que ha sido reforzada con la apertura a productos agrícolas en los últimos años, incluyendo el fin del monopolio que tenía Conasupo para la importación de básicos, y permitiendo una mayor flexibilidad en la importación de bienes aún sujetos a permisos de importación como es el caso del maíz. En consecuencia, fue posible sostener una política de precios de garantía con precios reales fijos.

Veamos ahora la manera en que incidió la política macroeconómica sobre las condiciones productivas del maíz y sobre los productores campesinos.

La reducción del déficit público tuvo un impacto en la política fiscal y sobre la política agropecuaria al recortar los recursos públicos destinados al agro (véase cuadro III-1). El gasto público programado para el sector se redujo de 12.0% en 1980 a 9.6% del total en 1983, y su participación continuó descendiendo; en 1989 representó menos de 6.0% del gasto total, el porcentaje más bajo en los últimos veinte años (véase cuadro III-2).

En consecuencia, de 1983 a 1989 el presupuesto de la SARH disminuyó 70% en términos reales. También se redujo el presupuesto de la Secretaría de Programación y Presupuesto destinado a desarrollo rural (6% de 1983 a 1987), particularmente el dirigido a infraestructura en zonas deprimidas.[8]

En consecuencia, la inversión en el sector agropecuario, que ha dependido fundamentalmente de la inversión pública, fue totalmente relegada en los años ochenta. La inversión sectorial se redujo de 10.3% de la inversión pública federal total en 1980, a 6.0% en 1988 y 1989.

Entre 1980 y 1988, la inversión agropecuaria disminuyó en términos reales 85%, mientras que la inversión pública federal bajó 52%. En los dos últimos años se registró la contracción

---

naron 1.5 billones de dólares para importaciones de productos alimentarios en 1989 y 1990.
   [8] Datos del Banco Mundial, 1989. Parte del gasto público en el agro está destinado a gastos administrativos y no llega a beneficiar directamente a los productores. La participación de gastos administrativos representó en promedio 18% del presupuesto de la SARH entre 1982 y 1987, el porcentaje de los gastos en salarios totales eran 28%, los fondos para inversión en capital disminuyeron su participación de 50% a 45% en los mismos años (BM, 1989: cuadro 7.1:41).

más severa, pues la inversión sectorial en 1988 fue la mitad que la correspondiente a 1986 (véase cuadro III-3).

CUADRO III-2
Gasto público en el sector agropecuario
(Millones de pesos de 1978)

Año	Gasto público programable (A)	Gasto programable en desarrollo rural[a] (B)	% (B/A)
1980	7 767.5	935.0	12.04
1981	9 436.9	1 003.6	10.64
1982	8 705.9	822.8	9.45
1983	6 927.8	662.8	9.61
1984	4 983.7	596.4	8.47
1985	6 609.1	535.6	8.10
1986	5 757.3	473.6	8.21
1987	5 679.0	362.1	6.38
1988	5 017.9	270.6	5.39
1989	4 972.9	271.6	5.46
1990	5 209.6	303.9	5.86

[a] Comprende SARH, SRA, Banrural, ANAGSA y otras empresas paraestatales. Deflactando con INPC base 1978.
Fuente: Segundo Informe de Gobierno de Carlos Salinas de Gortari, 1990.

CUADRO III-3
Inversión Pública
(Millones de pesos de 1970)

Año	Total	Agropecuario	%
1980	94 594	17 858	18.9
1981	117 108	13 108	11.2
1982	97 200	9 700	10.0
1983	67 400	6 000	8.9
1984	68 800	6 700	9.7
1985	60 643	5 424	8.9
1986	54 974	5 959	10.8
1987	49 015	3 478	7.1
1988	45 843	2 756	6.0
1989	43 537	3 339	6.4
1990	52 320	3 976	7.6
TCMA			
1980-1982	1.4	−26.3	
1982-1990	−8.6	−11.9	

Fuente: SARH. Subsecretaría de Política Sectorial y Concertación, 1990.

En consecuencia, los principales programas de la SARH fueron recortados a la mitad en 1983 con respecto a 1981 y de nuevo en 1986, lo cual tuvo más impacto en los renglones de inversión más importantes como fueron las obras de pequeño y de gran riego, pero la tendencia fue igual en programas de asistencia técnica, extensión agrícola, programas de habilitación y de investigación, etcétera.[9]

El monto de crédito otorgado al sector agropecuario también se contrajo, y de forma más severa que en otros sectores productivos. El crédito agrícola pasó de 10.1% del total otorgado en 1985, a sólo 6.3% en el último trimestre de 1987. Esta tendencia se revierte y en 1988 recupera la participación (10.2%) (SARH, Subsecretaría de Política Sectorial y Concertación, 1990:94).

En cifras reales, el crédito al sector se contrajo 78% entre 1981 y 1988. La reducción se acentuó de 1986 en adelante. El crédito otorgado por Banrural tuvo una tendencia descendente en toda la década, pero se desplomó en 1989 cuando esta institución cambió su política crediticia.[10] En ese año, Banrural anunció que ya no otorgaría crédito a los campesinos con cartera vencida que no restructuraran sus adeudos. Esta disposición dio lugar a una gran incertidumbre en el agro y en la primavera de 1990 estuvo a punto de paralizarse el sistema crediticio para el financiamiento del ciclo primavera-verano, pues alrededor de 70% de los clientes del Banco se encontraban en cartera vencida. En consecuencia, se anunció que se revisaría la cartera vencida anterior a 1988 para dar acceso al crédito a aquellos productores que hubieran saldado sus cuentas del ciclo 1989. Aún así para agosto de 1990 faltaba ejercer el crédito disponible para 22% de la superficie (*La Jornada*, 19/8/90).[11]

Mientras que el monto de crédito ha disminuido, la superficie acreditada por Banrural mostró una evolución creciente hasta el año de 1987. La tendencia ha sido la de otorgar crédito a un mayor número de productores pero con un monto menor por hectárea.

[9] En 1986 el componente no salarial del presupuesto de la SARH para grandes obras de riego era 31% del correspondiente a 1981, y el correspondiente a obras de pequeño riego era 24% (Banco Mundial, 1989: cuadro 7.1: 41).

[10] Las instituciones que financian el agro son Banrural y la banca comercializada. FIRA y Fideicomiso de Crédito en Áreas de Riego y Temporal (FICART) también otorgan crédito como instituciones de segundo piso.

[11] También se modificó el seguro agrícola que era obligatorio para todos

Esto se debe a que el crédito se concentró en el de avío con respecto al refraccionario, al aumentar su participación relativa en 10% entre 1982 y 1989. El crédito otorgado por FIRA también descendió en 1986 y 1987, pero el número de beneficiarios se incrementó.[12]

Entre 1989 y 1990, la superficie acreditada por Banrural decayó fuertemente, y en este último año fue 5.2 millones de hectáreas menor que en 1988.

La tendencia del crédito en los cultivos principales fue similar. La superficie acreditada por Banrural fue en aumento hasta 1985-1986, para luego disminuir. En el caso del maíz, la superficie acreditada bajó a partir de 1988, y en 1990 fue 2.7 millones de hectáreas menor que en 1988. También ha bajado la participación de la superficie de maíz acreditada con respecto a la total (véase cuadro III-4).[13]

El subsidio al crédito se ha ido retirando. Las tasas de interés de Banrural y FIRA han aumentado constantemente hasta alcanzar en 1990 el costo promedio porcentual del dinero. Por ejemplo, en enero de 1987, los intereses para los productores de bajo ingreso equivalían a 67% de la tasa pagada en la banca comercial, para noviembre del mismo año, la tasa preferencial era de 76% y un año después, noviembre de 1988, de 97% (Heath, 1989:21). Para fines de 1990 no hubo tasas preferenciales pero las tasas nominales de interés habían bajado a 27.9% (véase cuadro III-5).

Así, los productores han sido presionados por dos lados: uno, por un menor acceso al crédito y dos, por la reducción de los subsidios al crédito. Como veremos más adelante, esta situación fue parcialmente enfrentada por otro tipo de recursos gubernamentales a partir de 1990, en particular los programas productivos de Pronasol.

Pero los cambios en la política crediticia sí han tenido efectos positivos en las cuentas macroeconómicas. El subsidio que

---

los clientes de Banrural. Se cerró la aseguradora oficial ANAGSA, y meses más tarde fue remplazada por Agrosemex.

[12] En 1981 hubo 510 000 beneficiarios y en 1986, 905 000 (Swaminathan, 1991:cuadro 1C:2).

[13] FIRA ha otorgado crédito al maíz, y de acuerdo con Myhre (1989) cubrió 11% en 1986. En 1990, parte de la clientela de Banrural pasó a la banca comercial y otros al programa Pronasol.

se otorgaba a la actividad agropecuaria mediante las tasas preferenciales era 0.51% del PIB en 1986, mientras que en 1987 bajó a 0.29, en 1988 a 0.13 y a 0.09 en 1989 (BM, 1989:20).

Los cambios en la instrumentación del crédito y la contracción de los subsidios explican el por qué del estancamiento del uso de insumos por primera vez desde que se inició la "revolución verde".

CUADRO III-4
Crédito Banrural

Año	Total (Miles de ha)	Maíz	%	Cuota P-V[b] Maíz	Frijol[a]
	(A)	(B)	(B/A)		
1983	6 043	2 424	28.00	30 094	858
1984	5 723	2 422	29.30	34 670	691
1985	7 174	3 069	35.60	22 261	861
1986	7 240	3 173	37.70	25 341	1 036
1987	7 446	3 297	39.60	115 875	1 114
1988	7 234	3 231	39.30	286 326	1 124
1989	5 534	2 048	32.10	—	—
1990	1 958	501	25.50	—	—
TCMA					
1983-1985	8.90	12.52			
1983-1990	−14.90	−20.16			

[a] Fenaprom, 1989, cuadro 5.1.
[b] Pesos por hectárea.
Fuentes: Banrural, Información básica, Informe 5-90, cuadro II.2 y II.7; Tercer Informe de Gobierno de Carlos Salinas de Gortari, 1991.

La oferta de insumos siguió estando principalmente a cargo de las empresas paraestatales Fertimex y Pronase. La producción nacional de los principales fertilizantes se ha estancado durante la crisis, y desde 1988 disminuyeron las ventas. La superficie de maíz con fertilizante bajó un promedio de 5.7% anual entre 1985 y 1987 (véase cuadro III-6).

La producción de semilla certificada fue la mitad en 1983 que en 1982 y descendió de nuevo en 1990. Las ventas tuvieron una tendencia similar.

CUADRO III-5
Tasas de interés nominales de Banrural

Año	Intereses		CPP [c]
1982	28.0		40.4
1983	37.4		56.7
1984	38.1		51.1
1985	53.0		56.1
1986	71.7		71.8
1987	n.d.		104.3
1988	84.3[a]		117.0
1989	49.9[a]		46.9
1990	43.5[a]	48[b]	46.9
Diciembre	27.9[a]		29.2

[a] Productores de bajo ingreso.
[b] Cultivos básicos.
[c] Costo porcentual promedio.
Fuentes: Ros y Rodríguez, 1986, de 1982 a 1986.
  Banco de México, 1988 y 1989.

El índice de precios de las materias primas al productor agrícola (IPMP) registró un aumento significativo entre 1981 y 1989, por encima del índice de los precios agrícolas y de garantía. A partir de 1985 aumentó la brecha en el caso del maíz y la diferencia se ha venido acentuando desde 1987 (véase cuadro III-7).

Pero la evolución de los precios de los distintos insumos no ha sido uniforme. En el primer periodo analizado, los efectos del retiro de subsidios dieron lugar al alza de precios del diesel, la gasolina, la energía eléctrica y el agua (véase cuadro III-8) lo cual debió haber afectado sobre todo a la agricultura más tecnificada.[14]

Los precios de los fertilizantes y las semillas tuvieron incrementos menores hasta 1987, y en términos reales eran inferiores a 1983, pero con el Pacto se ajustaron en 1988, lo cual tuvo un impacto sobre los productores de maíz justo cuando se congelaron los precios reales de garantía, como veremos más adelante.

[14] El subsidio al agua tradicionalmente ha sido muy elevado; en 1985 fue equivalente a 0.05% del PIB.

Así, en 1990 los precios reales de los fertilizantes eran superiores que en 1983 (véase cuadro III-9).

No obstante que las políticas restrictivas del crédito y el aumento de los precios a los insumos han obligado a los campesinos a utilizar menos insumos en el proceso de cultivo —lo cual también explica el estancamiento de los rendimientos observados en la década—, a fines de 1989 hubo fuertes argumentos para retirar aún más los subsidios a los costos de cultivo. Así, el

CUADRO III-6
Maíz: utilización de insumos, 1985-1987
(Hectáreas)

Año	Ciclo	Superficie con fertilizantes		
		Riego	Temporal	Total
1985	O-I	184 200	49 515	233 715
	P-V	601 172	4 514 573	5 115 745
	ANUAL	785 372	4 564 088	5 349 460
1986	O-I	228 026	51 075	277 098
	P-V	589 591	4 060 789	4 650 380
	ANUAL	815 614	4 111 864	4 927 478
1987	O-I	171 580	46 675	218 175
	P-V	520 716	4 021 670	4 542 386
	ANUAL	692 212	4 068 345	4 760 561

Año	Ciclo	Superficie con semilla mejorada		
		Riego	Temporal	Total
1985	O-I	217 493	55 756	273 249
	P-V	374 189	1 009 270	1 383 459
	ANUAL	591 682	1 065 026	1 656 708
1986	O-I	225 722	43 820	269 342
	P-V	432 436	1 388 583	1 821 019
	ANUAL	658 158	1 432 203	2 090 361
1987	O-I	217 151	59 577	276 728
	P-V	357 948	1 598 535	1 956 483
	ANUAL	575 099	1 658 112	2 233 211

Fuente: SARH, Dirección General de Política Agrícola.

Banco Mundial recomendó la reducción de los subsidios y que los precios de los insumos alcancen los niveles internacionales. Este argumento tiene peso frente a las cifras agregadas: en 1985, las transferencias que Fertimex recibió del gobierno fueron equivalentes a 0.3% del PIB; además de haber tenido transferencias de Pemex equivalentes a 0.1% (BM, 1989:18).[15]

Ante la contracción del gasto público, la política de precios de garantía permaneció como el principal instrumento de la política sectorial para fomentar la producción. Pero la política de precios ha sido controvertida pues, a la vez que pretende ser un incentivo a la producción, también ha tenido que negociarse en el contexto de los cambios estructurales, de las fuertes presiones por parte de la apertura comercial y de la consecuente necesidad de alinear los precios internos con los externos.

La tendencia de los precios agrícolas se ha ido cambiando durante el periodo analizado, de acuerdo con los objetivos perseguidos: modificación de los precios relativos de los productos agrícolas, reducción de subsidios a la distribución de alimentos y control de la inflación.

Con respecto a los precios agrícolas en general, Ros y Rodríquez (1986), señalan que durante el primer periodo de la crisis, las devaluaciones debieron haber tenido un impacto favorable sobre los precios agrícolas al beneficiar a los bienes comerciables. Sin embargo, esta tendencia fue contrarrestada, como ya se señaló, debido a que los precios de las exportaciones agrícolas se deterioraron en los mercados internacionales, y a que se siguió una política de precios antiinflacionaria con respecto a los precios internos. Así, durante los primeros años de la crisis, los precios de garantía tuvieron un comportamiento que contrastaba con la tendencia de los precios en general.

Mediante el manejo de los precios de garantía, los precios agrícolas, aumentaron en general, menos que el índice inflacionario entre 1982 y 1983. Los precios de garantía se recuperaron frente a los demás precios agrícolas entre 1984 y 1985, pero de 1986 en adelante en general quedaron rezagados frente al resto de los precios agrícolas, así como frente a los precios de los insu-

---

[15] El Banco Mundial (1989) señala que los precios de los fertilizantes siguen estando muy subsidiados. En 1988, los precios nacionales del nitrógeno y del fosfato estaban 25% por debajo de los internacionales.

CUADRO III-7
Índice de precios en general y precios agrícolas
(Base 1980=100)

Año	Índice de precios de la canasta básica	Índice de precios productor	INPP agropecuario	Índice de precios agrícolas al productor	Índice de precios de garantía	Índice precios maíz	IPMP agricultor
1980	108.2[a]	100.0	100.0	100.0	100.0	100.0	100.0
1981	132.5	125.5	137.0	132.0	136.8	147.2	121.9
1982	292.7	197.7	186.7	177.0	184.8	198.9	189.8
1983	511.1	394.1	380.7	352.3	330.2	431.4	435.2
1984	827.3	644.8	624.9	611.8	651.8	751.6	712.8
1985	1 334.3	1 001.0	987.8	962.8	1 042.6	1 197.7	1 097.4
1986	3 006.7	1 796.7	1 925.9	1 847.2	1 674.5	2 115.3	2 118.9
1987	7 693.6	4 407.2	4 550.8	4 423.8	3 420.5	5 505.6	5 006.7
1988	10 913.4	8 783.7	9 119.8	9 417.0	6 476.1	8 314.6	11 241.2
1989	12 336.5	9 904.8	12 429.1	13 131.7	7 855.5	9 775.2	14 796.8
1990[b]	12 568.5	11 193.6	16 705.5	17 242.5	n.d.	11 910.0	14 771.0

[a] Diciembre de 1980.
[b] Febrero.
Fuente: Banco de México, Indicadores Económicos.

CUADRO III-8
Incremento en los precios de maíz y en los insumos
(Porcentaje)

Año	INPC	Maíz	Fertilizantes			Semilla certificada	Diesel	Gasolina	Diesel
			(a)	(b)	(c)				
1983-84	59.2	74.2	61.0	80.5	62.2	35.0	58.7	33	85
1984-85	63.7	59.3	38.1	47.8	39.7	33.8	134.0	112	134
1985-86	105.0	80.1	96.1	69.0	95.1	71.4	129.0	82	129
1986-87	159.0	155.2	118.0	89.2	116.1	123.3	217.0	218	217
1987-88	51.0	51.0	184.4	163.0	188.0	222.3	0.0	—	0
1988-89	19.7	17.5	0.0	0.0	0.0	4.1	0.0	—	0
1989-90	30.0	21.8[b]	59.3	56.4	79.8	6.3	—	—	—
		46.2[e]							

(a) Sulfato de amonio (b) Urea (c) Superfosfato simple
[d] blanco [e] no blanco.
Fuente: Segundo Informe de Gobierno de Carlos Salinas de Gortari, 1990, Anexo.

CUADRO III-9
Precios nominales y reales de los insumos agrícolas

Año	Fertilizantes (Miles de pesos por toneladas)								Semillas maíz certificadas		Gasolina Nova por litro	
	(a)	*	(b)	*	(c)	*	(d)	*		*		*
1983	4.7	7.6	10.3	16.8	4.5	7.3	12.1	19.7	77.5	126.4	30	48.9
1984	7.6	7.4	18.6	18.3	7.3	7.1	21.9	21.6	105.0	103.5	40	39.4
1985	10.5	6.5	27.5	17.2	10.2	6.3	32.0	20.0	140.5	87.8	85	53.1
1986	20.6	6.9	46.5	15.6	19.9	6.7	54.0	18.1	240.7	80.8	155	52.0
1987	45.0	6.5	88.0	12.7	43.0	6.2	103.0	14.9	536.5	77.6	493	71.4
1988	128.0	8.6	232.0	15.7	124.0	8.4	281.0	19.0	1 728.0	116.8	—	—
1989	128.0	7.2	232.0	13.0	124.0	6.9	281.0	15.8	1 800.1	101.4	—	—
1990	204.0	9.0	363.0	16.1	223.0	9.9	486.0	21.6	1 915.4	85.2	—	—

(a) Sulfato de amonio. (b) Urea. (c) Superfosfato simple. (d) Superfosfato.
* Deflactado índice nacional precios al consumidor base 1978.
Fuentes : SARH, Dirección General de Política y Evaluación Sectorial
Segundo Informe de Gobierno de Carlos Salinas de Gortari, 1990.

CUADRO III-10
Oferta de insumos agrícolas

| Año | Fertilizantes | | | | Consumo de fosfatados | Semilla Producción (Miles de toneladas) |
| | Venta total | Producción (Miles de toneladas) | | | | |
	(a)	(b)	(c)	(d)		
1980	3 640	1 069	401	275	114	110.23	23.1
1981	3 957	1 402	513	366	149	66.69	37.1
1982	4 469	1 671	829	383	120	76.9	50.0
1983	3 778	1 290	972	301	260	66.4	21.3
1984	4 563	1 504	1 048	228	248	99.9	19.8
1985	4 673	1 615	1 366	313	253	110.9	6.3
1986	4 735	1 479	1 288	219	217	93.6	11.7
1987	4 830	1 297	1 383	223	231	n.d.	10.6
1988	4 515	1 339	1 301	253	235	n.d.	10.1
1989	4 285	1 346	1 493	275	218	n.d.	6.5
1990	4 164	1 171	1 519	350	233	n.d.	10.7

(a) Sulfato de amonio. (b) Urea. (c) Superfosfato simple. (d) Superfosfato.
Fuente: Servicio Nacional de Inspección y Certificación de Semillas SARH/ONU/CEPAL, 1987, tomo X, cuadro 16: 137.
Segundo Informe de Gobierno de Carlos Salinas de Gortari, 1990.

mos utilizados en la agricultura. Esta tendencia se acentuó durante 1988 y 1989 con el Pacto (cuadro III-7).

De esta manera, las decisiones con respecto a la política de precios se tomaron a partir de la base de aminorar la presión inflacionaria de los precios agrícolas sobre la tasa de inflación en general y, al mismo tiempo, de disminuir la diferencia entre los precios internos de los cultivos y los externos. Por ejemplo, la relación entre los precios internos y externos del maíz se redujo, entre 1981 y 1985, de 2.03 a 1.30, mientras que, para 1988, fue de 1.26; en el caso del trigo, el sorgo y la soya esta relación también disminuyó (véase cuadro III-11a).

CUADRO III-11a
Relación de precios al productor
México/Estados Unidos, 1980-1989

Año	Maíz	Trigo	Sorgo	Soya
1980	1.23	0.91	0.79	1.07
1981	2.03	1.25	1.26	1.65
1982	1.12	1.04	0.66	1.26
1983	0.88	0.80	0.60	0.74
1984	1.35	0.98	1.04	1.24
1985	1.30	1.21	0.89	1.28
1986	1.37	0.89	1.05	1.00
1987	1.35	0.79	0.98	1.05
1988	1.26	0.93	1.10	1.23
1989	1.39	0.81	1.23	1.58

Fuente: Martínez, Fernando, 1990, cuadro, 2: 942.

CUADRO III-11b
Coeficiente de protección de maíz 1980/1988

	Sin ajuste			Con ajuste[a]		
	M1	M2	M3	M1	M2	M3
Nominal	1.40	1.40	1.40	1.12	1.12	1.12
Nominal insumos	0.82	0.84	0.70	0.82	0.84	0.70
Efectiva	1.71	1.97	1.64	1.24	1.31	1.23

[a] Con ajuste se considera el precio internacional multiplicado por 1.25 (diferencial con el precio de maíz amarillo).
Maíz 1: Riego maquinaria, insumos; maíz 2: Temporal maquinaria insumos, Maíz 3: Temporal sin maquinaria e insumos.
Fuente: Matus y Puente, 1990: cuadro 1:1183.

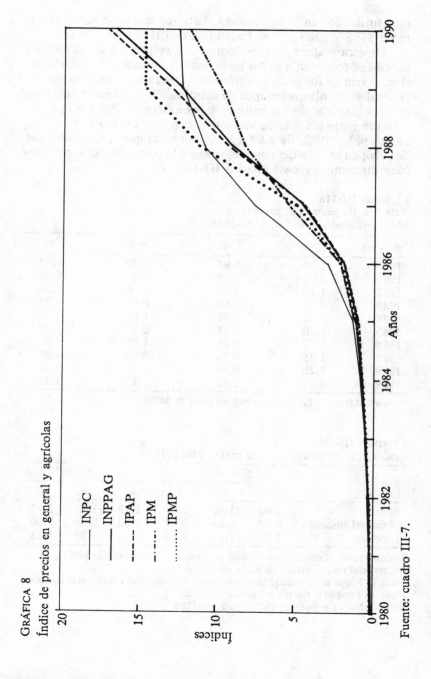

GRÁFICA 8
Índice de precios en general y agrícolas

INPC
INPPAG
IPAP
IPM
IPMP

Índices

Años

Fuente: cuadro III-7.

La política de precios de garantía ha determinado modificaciones en la estructura de los precios relativos. Entre 1983 y 1985 se favorecieron los cultivos no básicos, en relación con los años 1980 y 1981 (Ros y Rodríquez, 1986:88). Esta tendencia continuó hasta 1989. Entre 1986 y ese año, los forrajes y las frutas mostraron mayores incrementos de precios que los cereales:

CUADRO III-12
Incremento de los precios reales, 1986/1987-1988/1989

Agricultura:	17.5
Cereales	12.5
Forrajes	101.1
Cultivos industriales	−4.5
Legumbres	−1.8
Frutas	36.3

Precios al productor. Deflactados con el INPP.
Fuente: SARH, Subsecretaría de Política y Concertación, 1990:87-89. Basado en datos del Banco de México.

La relación entre los precios de los cultivos básicos: maíz, frijol, trigo y sorgo mostró cambios durante el periodo. En la gráfica se muestran las tendencias de los índices de los precios reales. Excepto en 1982, cuando los precios disminuyeron en los cuatro cultivos, y 1985, en que estuvieron por encima del año inicial (1980), las tendencias son distintas para cada cultivo hasta el periodo 1988-1989 en que los precios del maíz y el frijol bajaron con respecto a los demás.

El precio real del maíz disminuyó en 1982-1983 con respecto a los años anteriores y luego aumentó hasta 1987. A partir del Pacto, el alza del precio de garantía ha seguido el índice inflacionario, que fue de 51% en 1988, y 2 puntos inferior en 1989. En términos reales, este precio disminuyó 20.9% entre 1987 y 1989 (cuadro anexo-6).

Finalmente, en 1990 el proceso de apertura y desregularización determinó un cambio radical en la política de precios.

GRÁFICA 9
Índice de precios (Cultivos principales)

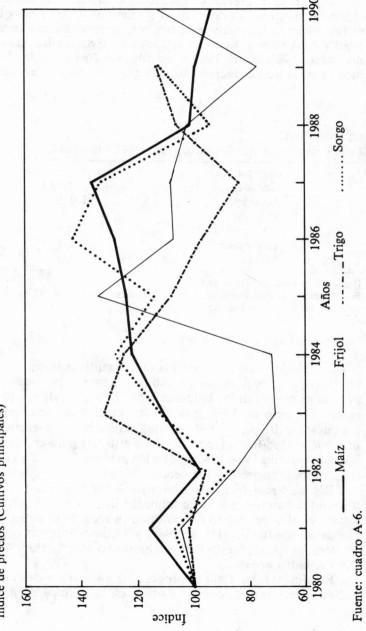

Fuente: cuadro A-6.

Primero se abolió el régimen de precios de garantía para todos los cultivos, con excepción del maíz y el frijol.[16]

Al inicio del año, se anunciaron precios diferenciales para el maíz blanco y no blanco —600 000 y 500 000 pesos por tonelada respectivamente—, los cuales entraron en vigor en julio; para la cosecha primavera-verano de ese año aumentaron a 636 000 y 530 000 pesos respectivamente. Esto significó un aumento de 21% para el maíz no blanco y de 46% para el blanco, un incremento sustancial según las estimaciones oficiales, pero que llegó con un año de rezago de acuerdo con las demandas de los productores. En 1991, los precios anunciados para la cosecha primavera-verano de ese año fueron 715 000 pesos para maíz blanco y 595 000 pesos para el no blanco, un incremento del 12% en ambos casos; dos puntos debajo de la inflación estimada.

La relación entre los precios de garantía y los costos de los insumos principales empleados para el cultivo de maíz —fertilizantes y semillas mejoradas— se observan en los cuadros III-8 y III-9.

Hasta 1987, el precio de garantía del maíz tuvo incrementos mayores que los precios de los fertilizantes y de las semillas certificadas —el precio real de maíz se incrementó 13% entre 1983 y 1987 mientras que el precio de los cuatro fertilizantes señalados disminuyó 14%, 24%, 15% y 24% y las semillas 38%. A partir de 1988 esta relación se invierte; primero, los fertilizantes y las semillas proporcionados en su mayor parte por empresas paraestatales tuvieron fuertes alzas al ajustarse los precios en la etapa previa a su congelación (fines de 1987, principios de 1988). De 1988 a 1989, los precios de los fertilizantes se congelaron y se ajustaron en 1990, o sea que entre 1987 y 1990, los precios reales de los principales fertilizantes se incrementaron 38%, 26%, 59% y 45% y las semillas 9.7%, frente a una disminución del precio real de garantía de maíz de 20.5 por ciento.

La política de precios de garantía de maíz ha sido una de las más controvertidas en el debate sobre la política agrícola y uno de los principales ejes de las demandas campesinas, como veremos en el capítulo 4.

Desde el punto de vista de un instrumento de fomento a la

---

[16] Al inicio del periodo estudiado, 12 cultivos tenían precios de garantía: maíz, frijol, arroz palay, trigo, cebada maltera, soya, sorgo, cártamo, semilla de algodón, ajonjolí, copra y girasol.

producción, la dificultad esencial ha sido siempre la gran disparidad en la productividad de las distintas regiones y tipos de productores, a fin de asegurar la rentabilidad para la mayor parte de los productores, o por lo menos lo suficiente para sostener la oferta requerida por la sociedad.

Por ejemplo, de acuerdo con una encuesta de costos, en 1985 los productores de tierras de riego (10.2% del total) lograron rendimientos de 3.4 ton/ha, mientras que la mayoría (81.4%) con tierras en temporal y sin uso de semilla mejorada tuvieron rendimientos de 1.2 ton/ha (Andrade, 1988, cuadro 1.5.1). De allí que el costo por tonelada de maíz fue aproximadamente 100% mayor en la condición de temporal que en riego (datos 1983/1984, cuadro del anexo-capítulo II).

De acuerdo con los datos proporcionados por una encuesta de costos de la SARH, una parte importante del cultivo de maíz en el país se realiza con resultados económicos negativos. Esto significa que el costo por tonelada es superior al precio de garantía: así en 1986, 52% de la superficie cosechada y 26% de la producción se estimó con rentabilidad negativa. En 1987 las estimaciones eran de 34.2% para la superficie cosechada y 15% para la producción, y en 1988 se duplicó la proporción, ya que el 61% de la superficie cosechada y el 38.2% del maíz cultivado tuvieron una rentabilidad negativa. Los resultados negativos inciden en la producción de temporal, fundamentalmente cuando no se utilizan fertilizantes y semillas mejoradas.[17]

La brecha entre los costos de cultivo y el precio de garantía, subraya la magnitud del problema que enfrenta la agricultura maicera ante la actual tendencia de la política de precios de garantía, pues a pesar de que se ha tratado especialmente al maíz y al frijol con respecto a la apertura de importaciones agrícolas —en 1990 y 1991— , el criterio de costo/precio se ha descartado en la formulación de la política de precios. La tendencia a que

---

[17] Información de la Encuesta Nacional de Costos de Producción, Coeficientes Técnicos y Rendimientos de la Producción Agrícola. Estas encuestas fueron levantadas por la SARH para los principales cultivos en los años 1985-1989. Para la encuesta correspondiente al ciclo primavera-verano de 1985 se cubrió el 62% de la superficie cultivada de maíz. Con respecto a las cifras sobre costos, se ha criticado señalando que los productores sobrevalúan los costos de producción. La información debe interpretarse como una tendencia, que por el orden de magnitud de las cifras negativas, apunta a un problema de rentabilidad en el cultivo.

los precios de estos dos cultivos se ajusten a los internacionales, y el criterio de que la productividad debe ajustarse para que la producción sea rentable, sólo corresponde a los que producen en riego y buen temporal, y descalifica a la mayor parte de los productores.

Distintas estimaciones entre los precios de garantía y el precio del maíz en el mercado internacional, señalan que durante la década de los ochenta los precios de garantía han sido superiores. Pero la diferencia varía de acuerdo a la calidad de maíz, las estimaciones sobre el costo de importación y las estimaciones sobre la protección real, dados los subsidios otorgados a los productores de grano norteamericanos.

El precio de referencia para el maíz importado es el grano amarillo de tipo US2, el de calidad más baja en el mercado internacional, y el maíz blanco en Estados Unidos se cotiza 25 y 30% arriba del amarillo (Matus y Puente, 1990).

Se estima que en 1987, la transferencia vía subsidio al productor agrícola en la unión norteamericana representó 40% del ingreso total de los productores, y el equivalente de subsidio al cultivo del maíz fue de 10 mil millones de dólares anuales (Gavaldón y Ceceñas, 1990: 1210).

Si se toman en cuenta los subsidios a los precios del maíz y de los insumos en Estados Unidos, así como el costo de transporte y traslado, resulta que el diferencial de precios disminuye. Esto se observa en el cuadro III-11b en que se toma en cuenta un ajuste para maíz blanco y los subsidios.

4. LA OFERTA DE ALIMENTOS BÁSICOS

Durante los ochenta, se distinguen dos periodos en la evolución de la agricultura: en el primer quinquenio —después de un receso en 1982 (-1.9%) debido a un mal año climatológico y a la contracción de los recursos de apoyo estatal a mediados del año—, el PIB sectorial creció a una tasa anual de 3.2% de 1983 a 1985, la agricultura 4.3%, la producción de básicos 7.0% y la de maíz 3.2%, mientras que el frijol disminuyó 15.6%. La agricultura mostró una evolución mejor que el sector pecuario, excepto en 1986.

El PIB sectorial alcanzó su máximo valor en 1985 y luego disminuyó. En ese año, la producción de los diez cultivos principales alcanzó la cifra más alta registrada en la década, 29.5 millones de toneladas, y los granos básicos alcanzaron 20.9 millones de toneladas.[18]

Como vimos en el apartado anterior, este periodo coincidió con los primeros años de la crisis y con una política macroeconómica ortodoxa que restringió los recursos al sector, pero cuya política comercial y monetaria fue favorable. Es probable que este sector haya resistido mejor que otros el impacto negativo de la crisis, debido a que la demanda de alimentos es menos elástica que por ejemplo la de bienes manufacturados, y a que la agricultura campesina pudo aislarse más de los efectos de la crisis al no depender totalmente de ingresos monetarios (Ros y Rodríquez, 1986).

El segundo periodo, de 1986 en adelante, se caracterizó por una nueva baja en la producción agrícola provocada por malos años climatológicos, por la contracción del gasto público sectorial de los años anteriores y, con el inicio del Pacto, por un contexto macroeconómico (esto es, la política cambiaria y comercial) desfavorable y una política de precios agrícolas adversa. La disminución en el PIB se registró además en el sector pecuario, el cual fue severamente afectado por la caída en la demanda.

De 1987 a 1989, la tasa de crecimiento del PIB sectorial fue negativa. Esta tendencia se debió tanto a la agricultura como al producto pecuario (véase gráfica).

La superficie agrícola sembrada llegó a su punto máximo histórico (23.9 millones de hectáreas) en 1983, para luego disminuir en 3.6 millones de hectáreas entre ese año y 1988. Los cuatro cultivos alimentarios básicos (maíz, frijol, trigo y arroz) tuvieron una tendencia decreciente, de manera que la superficie sembrada respectiva se redujo en 1.2 millones de hectáreas entre 1983 y 1989.

Como consecuencia, la producción de estos alimentos bajó de 19.6 millones de toneladas en 1981, a 16.0 millones en 1989, afectando la disponibilidad interna.

La producción de maíz fue creciente de 1980 a 1985, luego hubo una tendencia a la baja, y en 1988-1989 la producción así

---

[18] Arroz palay, frijol, maíz, trigo, ajonjolí, semilla de algodón, cártamo, soya, cebada y sorgo (SARH, Dirección General de Política Agrícola, 1990).

GRÁFICA 10

PIB agropecuario (Tasas de crecimiento)

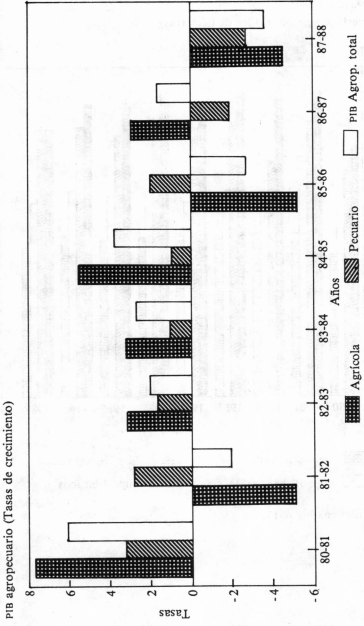

Fuente: cuadro III-1.

GRÁFICA 11
Superficie agrícola (Miles de hectáreas)

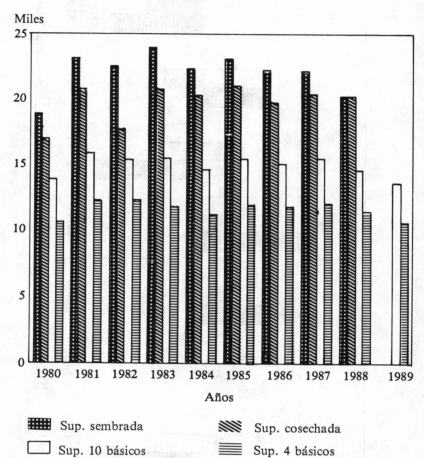

Fuente: cuadro A-13.

como la superficie sembrada fue la menor de la década; la superficie de maíz se redujo en 1.0 millones de hectáreas en 1989 con respecto a 1981, y la del frijol, 675 000 (véanse cuadros III-13 y III-14). La evolución de la superficie cosechada es similar a la de la producción de maíz.

A partir de 1986, se registraron altos índices de pérdidas de cosechas debido a causas climáticas. La comparación entre superficie sembrada y cosechada señala un aumento en esos índices. Además, los rendimientos del maíz se estancaron y, a partir de 1987, bajaron; lo mismo sucedió con el frijol.

Con la tendencia decreciente de la producción de los básicos tradicionales ante una demanda de 14 millones de toneladas de maíz y 1.3 millones de toneladas de frijol, las importaciones han ido en aumento (Conasupo, 1989).

En promedio, se han importado 7.5 millones de toneladas de productos agrícolas alimentarios al año, de los cuales 3.3 han correspondido a los cuatro cultivos básicos. En cuanto al maíz, se han importado 3 millones de toneladas anuales en promedio, es decir, 22% de la demanda total, y los requerimientos de importación se han duplicado entre 1986 y 1989.

En síntesis, entre 1985 y 1989 la producción agrícola y de básicos disminuyó, mientras que la demanda siguió creciendo y los requerimientos se satisfacían con importaciones crecientes. Sólo así fue posible instrumentar los cambios en la política agrícola sin afectar el abasto de maíz, el cual se obtenía más barato en el exterior.

La disminución de la oferta nacional de maíz fue resultado de la política de desestímulo a la producción, y a este impacto negativo se agregaron las condiciones climatológicas malas, en particular en 1986 y 1989, que afectaron principalmente a los agricultores de temporal los cuales habían aportado 77% de la producción de maíz entre los años 1983 y 1989.

Para finales de la década, más de la mitad de la producción de maíz no era rentable, los apoyos a la producción se habían desmantelado y la apertura comercial anunciaba que los productores deberían ser competitivos, eficientes —ahora a niveles internacionales— y dejar de depender de los subsidios estatales. Se inició entonces una nueva etapa en la modernización de la agricultura mexicana.

Pero, ¿qué ha pasado con los propios productores? ¿Cuál ha sido la respuesta de éstos a los cambios descritos anterior-

CUADRO III-13
La oferta de maíz

	(Miles de ha)			(Millones de ton)		Rendimiento (ton/ha)
	Superficie sembrada	Superficie cosechada	Diferencia (%)	Producción	Importación	
1983-1985	8 249	7 300	11.3	13.3	3.1	1.82
1986	8 172	6 417	27.3	11.7	1.6	1.82
1987	8 414	6 802	23.7	11.6	2.5	1.70
1988	8 205	6 596	24.4	10.6	3.3	1.61
1989	7 524	6 468	16.3	10.9	3.6	1.63
1990	7 918	7 339	7.8	14.6	4.1	1.90
TCMA						
1983-1985	-0.5	1.1		3.2	-30.8	2.2
1985-1989	-14.1	-3.9		-6.1	3.8	-5.3
1989-1990	5.2	13.2		33.9	13.8	18.7

	Superficie cosechada (miles de ha)		Producción (miles de ton)	
	Riego	Temporal	Riego	Temporal
1983-1985	937	6 354	2 936	10 423
1986	961	5 603	3 045	8 767
1987	898	5 489	2 806	8 812
1988	826	5 230	2 634	7 975
1989	915	5 530	2 697	8 248
1990	1 091	6 248	3 600	11 035
TCMA				
1983-1985	-1.7	1.0	9.5	1.9
1985-1989	-1.6	-4.3	-4.7	-6.4
1989-1990	19.2	12.9	33.4	33.7

Fuente: cuadro Anexo 1.

Cuadro III-14
Otros cultivos principales
(Miles)

	Frijol		Trigo		Sorgo	
	Superficie cosechada	Producción	Superficie cosechada	Producción	Superficie cosechada	Producción
1983-1985	1 806	1 042	1 036	4 394	1 676	5 501
1986	1 820	1 085	1 201	4 770	1 533	4 833
1987	1 787	1 024	988	4 415	1 853	6 298
1988	1 947	857	912	3 665	1 800	5 892
1989	1 313	586	1 145	4 374	1 524	4 806
1990	2 094	1 287	933	3 931	1 820	5 978

Fuente: Tercer Informe de Gobierno de Carlos Salinas de Gortari, 1991.

mente, y cuáles han sido las diferencias de respuesta entre distintos tipos de productores?

Sólo una pequeña parte de los productores de maíz se ubican en el grupo de productividad rentable, y la mayoría pertenece al de los que tienen tierras de riego, que de 1983 a 1990, aportaron en promedio 23% de la producción de maíz. El cultivo de maíz en el sistema de riego es mecanizado, utiliza semillas mejoradas y fertilizantes, y en él se obtienen los rendimientos más altos (véase anexo capítulo II). Aproximadamente una tercera parte de la producción con riego proviene del ciclo otoño-invierno, donde el maíz se alterna con otro cultivo. El estado de Tamaulipas es el mayor productor de maíz en estas condiciones y produce alrededor de 500 mil toneladas al año, 84% de ellas durante el ciclo otoño-invierno.[19]

La producción en estas condiciones la efectúan en su mayoría productores empresariales que se guían por la rentabilidad de los cultivos.[20] A diferencia del productor de tierras de temporal, el que posee tierras con riego, tiene múltiples opciones de cultivo, por lo cual hay una tendencia a que la producción de maíz se asocia con el precio de garantía, y explica la baja en la superficie cultivada y en la producción de maíz a finales de los años ochenta.

En las tierras de buen temporal se ubica un estrato de productores que también pueden clasificarse como agricultores que producen fundamentalmente para el mercado; se asocian a aquellos que tienen sus labores mecanizadas, utilizan insumos químicos y en general disponen de mayores superficies. De acuerdo a la encuesta de la SARH, en 1985 les correspondían aproximadamente 7% de los predios con 20% de la producción de maíz.

En el otro extremo se encuentra la gran cantidad de campesinos minifundistas que cultivan maíz en tierras marginales, con tracción animal y con bajo uso de insumos químicos. Desde el

---

[19] De acuerdo con la encuesta señalada de SARH, en el ciclo otoño/invierno 1987-1988, 6.8% de la producción no era rentable y para el ciclo 1988-1989 era 9% (SARH, 1989).

[20] También hay productores campesinos que tienen riego, como es el caso de algunas comunidades del Estado de México donde se cultiva maíz bajo el sistema de medio riego; sin embargo, este cultivo se diferencia del empresarial por las condiciones tecnológicas del proceso y porque es un cultivo anual en el ciclo primavera-verano.

punto de vista del criterio de condición tecnológica, el estrato más tradicional es aquel en el que se cultiva en tierras de temporal sin utilizar ningún insumo (TCS). Se estima que este grupo representaba alrededor de 30% del total de productores en 1985, a los que correspondió 23% de la superficie cosechada de maíz y 19% de la producción total.

En el cuadro III-15, basado en la encuesta de la SARH, se observa que los productores de maíz son en su mayoría minifundistas: del total de predios en la encuesta, 65% eran terrenos de hasta 2.5 hectáreas, abarcaban 30% de la superficie cosechada y de ellos se obtuvo 34% de la producción total y 17% del volumen de maíz comercializado.

Los datos anteriores señalan que alrededor de una tercera parte de la superficie cosechada y entre 20 y 34% de la producción de maíz, proviene de una agricultura campesina "tradicional" en la que el maíz se produce principalmente para el autoconsumo y es el eje de las múltiples actividades para la sobrevivencia de la unidad familiar campesina. Durante la crisis, esta agricultura se ha mantenido a pesar de los cambios en la política agrícola, pues es la que menos acceso tiene a los apoyos para la producción y comercialización. Sin embargo, esto no significa que es ajena a la política agrícola. Como veremos más adelante, en el capítulo 4, los precios y subsidios afectan las decisiones de los productores de subsistencia en cuanto a sus posibilidades de producción, a la asignación de sus recursos y de su fuerza de trabajo al cultivo o a otras actividades dentro y fuera de la unidad familiar campesina, así como en lo que respecta al monto de recursos que habrán de destinarse a los cultivos de autoconsumo y a la venta e incluso a la compra de maíz para consumo.

La mayor parte de los productores que aportan la oferta nacional de maíz, la conforman campesinos medios de tierras de temporal que, de acuerdo a los criterios aportados por la encuesta de SARH, utilizan por lo menos un insumo. En 1985 eran 51% de los productores, contribuían con 55% de la superficie cosechada de maíz y con 46% de la producción.[21]

De acuerdo al criterio de tamaño de predio, estos producto-

---

[21] En los años 1986 a 1988, la participación en la superficie cosechada y en la producción es similar de acuerdo a las encuestas de costos realizados por la SARH.

CUADRO III-15
Cultivo de maíz por tamaño de superficie sembrada
Ciclo primavera-verano 1985 (Participación porcentual)

Tamaño de superficie (ha)	Predios	Superficie sembrada	Superficie cosechada	Producción	Ventas
Hasta 2.5	65.0	29.8	30.5	34.4	17.3
De 2.51 a 5.0	25.7	34.2	35.1	30.3	31.3
De 5.1 a 10.0	7.1	19.5	20.1	20.6	26.1
Más de 10.0	2.2	16.5	14.3	14.7	25.3
Total	100.0	100.0	100.0	100.0	100.0

Fuentes: Andrade, 1988, cuadros 1.2.1 y 3.2.1.

res se ubican sobre todo entre los que cultivan entre 2.5 y 10.0 hectáreas, y que en 1985 cosecharon 55% de la superficie cultivada con maíz y aportaron 50.9% de la producción, así como 57.4% de la producción comercializada.[22]

Los productores del estrato "medio" son los que más han dependido de las instituciones gubernamentales para el crédito y la compra de insumos, y de Conasupo para la venta del grano. Al contraerse los subsidios, muchos de estos pequeños y medianos productores vieron mermados sus recursos —crédito e insumos—, lo cual repercutió en los rendimientos de sus cultivos, a la vez que en muchos casos perdieron la capacidad de llevar a cabo prácticas tradicionales de cultivo, como fue el caso del Estado de México, donde la reconversión al cultivo de maíz en los años setenta con base en programas de crédito y asistencia técnica, junto con el sistema de acceso al agua, ha modificado de manera irreversible el patrón de actividades agropecuarias.

En conclusión, los datos anteriores señalan la importancia del sector campesino desde el punto de vista de la producción, pues los agricultores minifundistas que cultivaban maíz en tierras de temporal y con tecnología no moderna, aportaron alrededor de dos terceras partes de la oferta nacional. Tampoco es insignificante el aporte que hacen los productores al mercado,

[22] Otros datos de la encuesta indican que 73.5% de los productores de maíz de temporal correspondían a campesinos de tierras ejidales o comunales, quienes sembraron 69.6% de la superficie cultivada y aportaron 70.7% de la producción.

como es común pensar. Los productores medianos, así como los excedentes eventuales o de venta forzada de miles de productores de maíz, representan aproximadamente la mitad de la oferta comercializable del ciclo primavera-verano.

Si tomamos el tamaño de superficie sembrada por predio como indicador del tipo de productores, resulta que por lo menos una tercera parte del maíz es aportado por campesinos minifundistas, la mitad es producido por campesinos con predios de tamaño medio y el resto, entre 15% y 20%, proviene de predios grandes.

Gran parte del maíz producido se destina al autoconsumo, tanto humano como para alimento de los animales, sobre todo en los predios pequeños donde la proporción del cultivo retenido en el predio se estimó en 51% en 1985 (Andrade, 1989:3). Sin embargo, como se observa en el cuadro anterior, los predios minifundistas sí hacen una aportación a la oferta comercializada.

En el cuadro III-16, se observa la participación en la comercialización de maíz por tamaño de superficie cultivada por predio. Los productores de hasta 2.5 hectáreas cosechadas aportaron 17.3% de las ventas totales; los de 2.51 a 5.0 hectáreas, 31.3%; los de 5.01 a 10 hectáreas, 26.1%, y los de 10 hectáreas en adelante, 25%. Cabe subrayar de nuevo la participación de todos los productores en la oferta comercializable, así como el hecho de que sólo 25% de ésta proviene de predios grandes. De manera que poco más de la mitad de la oferta (57.4%) proviene de productores que cosechan entre 2.5 y 10 hectáreas.

CUADRO III-16
Venta de maíz por tipo de productor y vendedor
(Participación porcentual)

Tamaño de superficie cosechada	Productores que venden	Volumen	Conasupo	Particulares
Hasta 1.0	19.6	5.8	1.8	22.3
de 1.1 a 2.5	25.2	11.5	6.8	28.2
2.51 a 5.0	39.5	31.4	25.4	39.9
5.1 a 10.0	10.6	26.2	36.3	6.2
10.0 y más	5.1	25.1	29.7	3.4
Total	100.0	100.0	100.0	100.0

Fuente: Andrade, 1988, cuadro 3.2.1

De la información anterior también se desprende que las compras de Conasupo provienen de los productores medianos y grandes, mientras que el grano que se canaliza por el mercado privado proviene de los productores pequeños y de aquellos que cultivan entre 2.5 y 5.0 hectáreas.[23]

El mercado nacional funciona principalmente a través de los canales privados pues Conasupo participa, en promedio, sólo con 16% de las compras nacionales de maíz.[24]

En el esquema III-1 se observa la estructura del mercado de grano de maíz.

El mercado privado está formado por amplias redes de intermediación que se extienden desde las pequeñas localidades hasta las grandes regiones consumidoras. Los comerciantes se entrelazan con transportistas, bodegueros, prestamistas, etc. Por medio del mercado privado se provee principalmente a la industria de derivados de maíz y al mercado de grano en áreas rurales y ciudades pequeñas, tanto para consumo humano como para el pecuario. También se provee a la industria de harina-masa-tortilla para complementar los requerimientos de grano no dotados por Conasupo. Esto se da principalmente en las ciudades fuera de la zona metropolitana.

Durante los ochenta hubo varios cambios en la política de comercialización que afectaron el mercado del maíz, principalmente la creciente participación de las importaciones en la oferta, el fin del monopolio de Conasupo para la importación, la restructuración de esta empresa y su menor intervención en el acopio nacional.

La participación de las importaciones en la oferta ha ido en aumento hasta llegar a representar alrededor de 20% de la oferta total. Esto se asocia a la participación del sector privado en las importaciones desde 1986, y a que para 1990 constituían ya una tercera parte de las mismas.

---

[23] Esto se ha confirmado en el caso del Estado de México, en el cual se observó que los pequeños productores venden a los intermediarios locales que a su vez venden a la bodega local de Boruconsa, mientras que los productores medianos y grandes venden directamente a Conasupo (Appendini, 1988 y 1988a).

[24] Las estimaciones respecto al autoconsumo varían, pues mientras que la Encuesta de Costos señala que los productores guardan 51.7% del maíz producido (Andrade, 1988:3), Conasupo maneja la cifra de 20% (Conasupo, 1990), y la SHCP estimó un 30% en 1983 (SHCP, 1985).

ESQUEMA III-1
El mercado de maíz

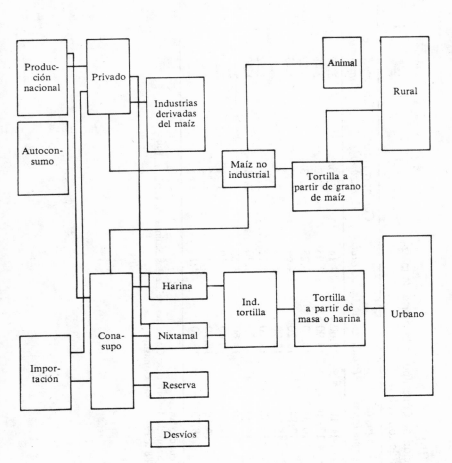

Oferta   Acopio   Transformación   Distribución   Consumo

Fuente: Conasupo, febrero de 1990.

CUADRO III-17
Participación de Conasupo en la oferta de maíz
(Millones de toncladas)

Año	Oferta nacional	Producción[a]	Total	Compras Nales. Conasupo[b]	Importaciones[b] Conasupo	Importaciones industria privada[c]
1980	16.18	12.00	4.18	0.86	3.17	
1981	17.80	14.90	2.95	2.90	2.48	
1982	10.35	10.10	0.25	3.23	0.22	
1983	17.84	13.20	4.64	1.61	4.13	
1984	15.33	12.90	2.43	2.44	2.39	
1985	16.32	14.10	2.22	2.11	1.62	0.1
1986	13.40	11.70	1.70	2.41	1.20	0.5
1987	15.20	11.60	3.60	1.79	2.17	1.4
1988	13.90	10.60	3.30	1.77	2.3	0.2
1989	14.50	10.90	3.60	1.72	2.0	1.6
1990	18.70	13.60	4.10	1.88	2.2	1.8

Fuentes: [a] cuadro anexo 1.
[b] Segundo Informe de Gobierno de Carlos Salinas de Gortari, 1990.
1988 a 1990 cifras Conasupo.

El sector privado acude a la obtención de permisos de importación mediante el régimen de concurrencia, esto es, demostrando que ha acudido al mercado nacional y que requiere la importación para abastecerse de grano. La industria almidonera y la harinera son las que importan maíz principalmente. Por otro lado, la industria de molinos y masa nixtamalizada para la tortilla no se ha incluido en este régimen.[25] Por ello, Conasupo sigue siendo el principal agente importador de grano al tener como fin abastecer con precios mínimos la industria de molinos de nixtamal, las tortillerías y la industria de la harina. La venta de maíz en grano tiene una participación pequeña y se hace a través de Diconsa.

Conasupo fue una de las primeras empresas paraestatales vinculadas al sector agropecuario que se restructuró a fines de 1989. En cuanto a las funciones de compra a los productores agrícolas, la empresa se retiró del acopio de todos los cultivos con excepción de maíz y frijol y se comprometió a ser más eficiente tanto en el acopio como en el pronto pago, así como a ampliar el programa PACE. En ese año las compras de maíz por parte de Conasupo fueron de 1.8 millones de toneladas; fue un año de baja producción y de altas importaciones y el primer año en que la industria privada hizo importaciones cuantiosas, esta tendencia siguió en el año siguiente a pesar de un buen año agrícola en 1990.

Al iniciarse la década de los noventa, las condiciones del agro y la política agrícola estaban cambiando rápidamente, se estaban preparando las reglas del juego para la restructuración del sector y del funcionamiento del sistema alimentario en el nuevo escenario de la apertura comercial.

5. LA RESTRUCTURACIÓN DEL AGRO, 1990: LA TRANSICIÓN AL LIBRE COMERCIO

En 1990 hubo un incremento importante en la producción agrícola que cambió la tendencia de los años anteriores. En la cosecha correspondiente al ciclo primavera-verano se cosechó 13.2 millones de toneladas y en el de otoño-invierno 1.2 millones de toneladas; también se logró una cosecha de 1.4 millones de tone-

[25] Como veremos en el capítulo 5, esto se debe a que no sería posible el

ladas de frijol. El éxito de esta cosecha fue en gran parte gracias a las abundantes lluvias después de varios años de escasez. La relación entre superficie sembrada y cosechada en 1990 señala que la pérdida del cultivo de maíz fue menor que en los años anteriores. Pero el aumento también se atribuye a los cambios que hubo en la política agrícola, en especial, a la mayor rentabilidad del maíz frente a otros cultivos, en particular debido al incremento real del precio de garantía para el maíz blanco, y el otorgamiento del crédito de Pronasol a los productores marginales en tierras de temporal.

Para la siembra de maíz correspondiente al ciclo primavera-verano de 1990, se estaban instrumentando una serie de reformas en la política agropecuaria cuyo impacto era bastante incierto; en particular se temía que el retiro masivo del crédito de Banrural al campo, tendría efectos negativos sobre la producción. Sin embargo, los resultados de la cosecha de maíz señalan que los efectos fueron contradictorios y quizá compensatorios en el caso de los productores campesinos.

Los lineamientos de la restructuración de la política agropecuaria están plasmados en el Programa Nacional de Modernización del Campo, 1990-1994 (SARH, 1990).[26] Pero para entender 1990 habrá que dar atención a las medidas coyunturales que contrarrestaron los cambios de dicha política, éstos fueron principalmente el precio de garantía para maíz blanco y el crédito a la producción otorgado por Pronasol.

En el programa mencionado anteriormente se plantean como objetivos principales "incrementar la producción y la productividad en el campo y elevar el nivel de vida de la familia rural" (SARH, 1990). Estos dos objetivos se separan en dos vertientes políticas: una enfocada a lo productivo, cuyas metas deben lograrse mediante una asignación eficiente de recursos a fin de "asegurar el abasto y la soberanía alimentarios dentro de un programa de apertura comercial...", y otra de gasto social encaminada a proporcionar mejores condiciones en cuanto a salud, vivienda, educación, empleo, etc., a la población rural más

---

control de la importación por parte de Secofi, lo cual terminaría con la protección al cultivo y significaría la liberación del mercado.

[26] Periodo que abarca hasta el final del gobierno de Carlos Salinas de Gortari.

marginada. Queda pues claramente establecido que se separan los apoyos productivos de los apoyos al bienestar de la población.[27] Uno de los fines primordiales subrayados en el Programa es que para incrementar la oferta agrícola y la productividad es necesario terminar con las distorsiones que han significado los subsidios indiscriminados y en general la intervención excesiva del gobierno en el agro, de allí que en los lineamientos para la instrumentación de la política agropecuaria son un denominador común la racionalización de los subsidios y la restructuración de las agencias estatales vinculadas al sector.

Con respecto a los productos básicos, el Programa plantea una serie de apoyos a fin de lograr aumentos en la productividad a través de la utilización del paquete tecnológico "moderno-ortodoxo".[28] Estos apoyos serán restringidos a un sector de productores que se considera con potencial productivo. En 1989 ya se había puesto en marcha el Programa de Estímulos Regionales a la Producción, el cual se amplió en 1990 para los cultivos de maíz y frijol en áreas de temporal.[29] En 1989 se propuso beneficiar a 3.3 millones de hectáreas de maíz; para el ciclo primavera-verano de 1990 se programaron 1.1 millones de hectáreas para maíz y frijol, sin embargo las metas iniciales fueron disminuidas y para julio de ese año solamente se habían cubierto 369 mil hectáreas.[30] También se promovió el

[27] Esta recomendación se encuentra entre las propuestas del Banco Mundial, véase BM, 1989.

[28] Véase García Barrios y García Barrios, 1991. Se refiere al uso de insumos agrícolas (fertilizantes, semillas mejoradas) mediante el crédito y asistencia técnica.

[29] El Programa es apoyado por la SARH, Banrural, Firco (Fideicomiso de Riesgo Compartido) y representantes del Congreso Agrario Permanente. Los productores sujetos al programa son: "el conjunto de productores primarios de bajos ingresos que dispone de potencial productivo regional [...] que con estímulos temporales encaminados a modificar las formas o condiciones de producción prevalecientes o el uso vigente de los recursos, pueden elevar su productividad y convertir en unidades rentables sus unidades de producción." Se otorgaron bonos de "estímulo" a los productores que en cada región alcanzaron los niveles de productividad previamente establecidos. (SARH, Programa de Estímulos Regionales a la producción de cultivos básicos, octubre de 1989:9.)

[30] Esta disminución fue debido a que no se podía integrar a los productores que tenían adeudos con Banrural en el ciclo primavera-verano 1989. (Firco, 1990.)

Programa Nacional de Maíz de Alta Tecnología (Pronamat).[31]
A fin de facilitar el acceso a los insumos industrializados se
liberalizó la importación de éstos. En cuanto a los fertilizantes,
se plantea eliminar los subsidios y desincorporar la producción
de los mismos, dejando a Fertimex con la función de comercializadora. También se señala que se liberalizará la importación de
semilla y se desregularizará al sector a fin de propiciar la participación de capital social y privado en la producción de semillas.

Los campesinos de bajo ingreso y bajos niveles de productividad ya no serán sujetos de apoyos productivos, y éstos
pasarán a ser responsabilidad de Pronasol a fin de promover e
inducir alternativas de producción ... "mediante la realización
de estudios que identifiquen, formulen y ejecuten proyectos in-
tegrados de desarrollo" (SARH, 1990: 1005). Los programas de
Pronasol en áreas rurales son de dos tipos: de gasto social y programas productivos para cultivos de maíz y frijol.[32] La creación de estos últimos obedeció a la restructuración de la política
crediticia, en particular de Banrural.

La política de crédito también se restructuró de acuerdo al
principio general de diferenciar a los productores de acuerdo a
su viabilidad productiva. En consecuencia, el Programa Nacional de Modernización del Campo señala que se dará un "tratamiento diferencial a los productores dependiendo de su ingreso
y potencial productivo. Con este fin se ha tipificado a los productores y se han redefinido las funciones de las instituciones
que conforman al sector financiero rural en tres grandes estratos: productores de zonas marginadas, productores con potencial productivo y productores que actúan dentro de la agricultura comercial" (SARH, 1990: 996).

---

[31] Bajo este Programa se pretende compactar extensiones de tierra en
unidades de producción de mínimo 25 hectáreas y los cultivos están directamente vigilados por un ingeniero agrónomo. (García Barrios y García Barrios,
1991.)

[32] "Está enfocado a las regiones rurales y a las zonas marginadas urbanas
con niveles de vida más deprimidos. La población objetivo se conforma por los
grupos indígenas, los campesinos de escasos recursos y de difíciles condiciones
naturales para realizar su trabajo, así como los grupos populares urbanos."
Los proyectos para atender a la población son en las áreas de alimentación, salud, vivienda popular, procuración de justicia social, educación. Véase: SPP,
Programa Nacional de Solidaridad, febrero de 1989; SPP, Diario Oficial, 6 de
diciembre de 1988.

El último estrato será atendido por la banca comercial.[33] Banrural y FIRA atenderán a los productores de bajo ingreso, pero con potencial productivo. En este grupo se ubican los campesinos maiceros excedentarios —quienes han presionado por mejores condiciones de producción y de precios, como veremos en el siguiente capítulo—, y serán ellos los responsables de aumentar la oferta interna de maíz.

En 1989, Banrural había disminuido el monto de crédito de avío un 15% respecto al año anterior. Con la depuración de la cartera del Banco en 1990, este porcentaje disminuyó 49% más, y la superficie que cubrió fue de 3.5 millones de hectáreas menos.

Para el estrato conformado por los campesinos "pobres" se ha planeado lo siguiente: "El apoyo a los productores de zonas marginadas, con bajo potencial productivo, se dará a través de Pronasol, vinculando el otorgamiento de recursos a un proceso de conversión productiva." (SARH, 1990: 996).[34]

El apoyo dentro del programa productivo de Pronasol se canalizará a los productores de maíz y frijol en zonas de temporal. Podrán solicitar apoyo aquellos que contaron con crédito de Banrural en 1989, pero que quedaron en cartera vencida en 1990 al no haber podido cumplir con los requerimientos para ser sujetos de crédito. En 1990, cada productor de maíz recibió un apoyo equivalente a 300 000 pesos por hectárea, y el programa compensó el retiro de Banrural, ya que 600 000 productores en 1.8 millones de hectáreas recibieron este apoyo.[35] En cambio, Banrural excluyó a 231 000 productores de bajo potencial productivo en 1.6 millones de hectáreas. Además, 5 600 productores se transfirieron a la banca comercial.

---

[33] Coordinado por FIRA, Nacional Financiera, el Fondo para el Desarrollo Comercial (Fidec) y el Banco Nacional de Comercio Exterior (SARH, 1990: 996).

[34] Continúa la cita: "Para que los productores de las zonas marginadas no sufran perjuicios por el retiro de Banrural, se crearán fondos estatales de reconversión productiva que deberán financiar a aquellos productores que no son sujetos del financiamiento normal y apoyarlos con estímulos. Una vez que estos productores se capitalicen podrán tener acceso al esquema formal de financiamiento" (p. 25).

[35] La amplitud del financiamiento será de acuerdo con el apoyo o aportación dada por cada gobierno estatal. Por ejemplo, en el Estado de México se acreditan hasta dos hectáreas mientras que en Tamaulipas se financian

En resumen, desde el punto de vista del crédito, se ha adoptado una política que distingue cuatro grupos de productores: los empresariales, atendidos por la banca privada; los campesinos con potencial productivo, que son los que sostienen la producción interna de maíz para el mercado y serán atendidos por Banrural; los campesinos "pobres" que producen maíz con fines de autoconsumo, y que van a recibir un subsidio disfrazado al consumo vía Pronasol, y los sobrevivientes rurales restantes, quienes pueden ingresar a los programas sociales de Pronasol. De esta manera se traza la línea divisoria entre los campesinos que van a participar en la política agropecuaria y los que no lo harán.

La política de precios agrícolas será diseñada en el contexto del mercado internacional, con un margen de protección para el cultivo.[36] Para el maíz y el frijol, se prevé que continuarán bajo el régimen de precios de garantía, debido a su importancia económica y social. La renovación del Pacto, en noviembre de 1990, señala que los precios del maíz, frijol y trigo serán ajustados con base en el deslizamiento del tipo de cambio y la inflación de los principales socios comerciales (externos). Los precios de garantía para maíz y frijol efectivamente se han mantenido vigentes hasta fines de 1991.

La instrumentación de los precios de garantía continúa con los programas de compra de Conasupo a través de Boruconsa, y en las zonas temporaleras ha seguido el programa PACE.[37] Se

---

hasta cinco hectáreas. El fondo se maneja administrativamente por medio del sistema municipal. No hay obligación de rembolso, pero el pago del bono se destinará a un fondo comunitario para obras de la propia comunidad. El apoyo se otorga de manera individual y fuera del ámbito de las organizaciones ejidales, comunales, etcétera.

[36] De acuerdo con la nueva estrategia, los productores conocerán los precios con anticipación, aplicando una metodología automática que tome como referencia los precios internacionales con un grado de protección adecuada que promueva el dinamismo del sector y compense los subsidios otorgados en otros países. Para ello, entrará en vigor un programa de difusión permanente que informará sobre la evolución reciente y la situación actual de los precios en los distintos mercados (SARH, 1990: 1002). Además se señala que se establecerá un arancel fijo para proteger los cultivos contra distorsiones bruscas en los precios internacionales.

[37] Para la comercialización de los demás cultivos, a principios de 1991 se creó una nueva empresa comercializadora: Apoyo y Servicios a la Comercialización Agropecuaria (Aserca) con funciones de bolsa agropecuaria.

señala además que se propiciará el desarrollo de mercados regionales a fin de mejorar el abasto regional, se apoyará la organización de los productores para la comercialización, se otorgará crédito para la comercialización, y se ampliará la cobertura geográfica de Boruconsa al ofrecer sus servicios también a los productores organizados.

Como se señaló al inicio de este apartado, la producción de maíz en 1990 fue 34% mayor que en el año anterior. El maíz se recuperó principalmente debido a la cosecha que se obtuvo en el Estado de México, Jalisco y Chiapas, los principales estados maiceros en los años ochenta, y se expandió en regiones que no habían sido maiceras.

La expansión del cultivo de maíz se debió a que en 1990 resultó la mejor opción para muchos agricultores comerciales que en años anteriores habían cultivado sorgo, soya e incluso trigo. Esto debido a que los precios de estos cultivos bajaron a causa de la liberación comercial junto con el retiro de Conasupo del acopio.[38]

En el caso de los campesinos "pobres", el programa productivo de Pronasol fue un apoyo adicional, y seguramente suplió el retiro de Banrural para muchos productores. De hecho, este programa cubrió un número de hectáreas más o menos equivalente a las excluidas del crédito Banrural para el maíz.

Además, el retiro de los apoyos institucionales no fue generalizado, los programas de estímulo a la producción significaron que los productores con potencialidad de rendimientos altos siguieron recibiendo crédito y por tanto acceso a insumos y asistencia técnica en los programas piloto como por ejemplo el Pronamat.

Un ejemplo ilustrativo de que el apoyo a los productores sigue siendo un eje fundamental entre sectores de los campesinos y el gobierno, es el del Estado de México. En 1990 se obtuvo una cosecha de 2.3 millones de toneladas, 44% más que el promedio 1983-1987, y se lograron rendimientos de 6 toneladas en promedio en 35 750 hectáreas en donde se aplicaron paquetes tecnológicos adecuados a distintas regiones, desarrollados en varios centros de investigación agrícola del país. (Appendini y Cebada, 1991.)

El éxito de la cosecha de maíz y frijol, así como el crecimien-

---

[38] El caso de la soya en 1990.

to de la agricultura en general (3.4% en 1990) resucitó el concepto de autosuficiencia en el discurso oficial. No obstante, en 1990 se importaron 4.1 millones de toneladas de maíz, de las cuales más de una tercera parte fueron realizadas directamente por el sector privado.

6. CONCLUSIÓN

La agricultura subsidiada que se fue creando desde la década de los setenta y que culminó con el SAM ha enfrentado cambios de política que han dejado al productor en una situación sumamente difícil. Durante los años ochenta, la política macroeconómica fue adversa y no pudo ser contrarrestada por una política sectorial de apoyo.

Para "modernizarse" en el contexto que plantea el programa oficial, el agricultor requiere capital para invertir y cubrir los costos productivos, y esto es un proyecto caro y de largo alcance. Los productores de básicos siguen necesitando una política que fomente el cultivo del maíz al no disponer de recursos propios y al no tener otras alternativas de organización de los procesos productivos dentro de la economía de mercado predominante. Esta situación explica en parte que en 1990 el gobierno reformuló la política agropecuaria y se comprometió con un sector de productores para apoyar los cultivos de maíz y frijol mediante los precios diferenciales por variedades de cultivo y estímulos a la producción. Aunque se ha reducido el margen de maniobra, y por tanto el número de productores que puede atender, tampoco se ha podido desatender al productor marginal y se ha regresado a él con Pronasol.[39]

Si las declaraciones oficiales en favor de reactivar la producción de alimentos básicos obedecen a una visión productiva o a una preocupación por las consecuencias sociales y políticas que traería el no reactivarla, y si se trata de una política de transición en el camino de la apertura comercial, es difícil de decir, pues esto depende no sólo de los programas de política agropecuaria sino de la evolución y respuesta de los propios agentes productivos: los campesinos.

[39] Sin embargo el programa tiene características administrativas y de or-

La protección al maíz, el acceso a subsidios, el apoyo a la creación de uniones de crédito y de comercialización son hoy día las demandas esenciales de los productores campesinos. El Estado sigue siendo el interlocutor de estas demandas, pues las reglas de juego de la desregularización aún no son claras en su instrumentación cotidiana desde el punto de vista del productor, y tampoco lo son los recursos necesarios para enfrentar estos cambios.[40]

ganización totalmente distintas al crédito Banrural, pues se otorga individualmente y a través de la administración municipal y no es parte de programas productivos integrales, ni va acompañada de ninguna asistencia técnica, etc.

[40] A fines de 1991, junto con la iniciativa presidencial de reformas a la legislación agraria —artículo 27 constitucional— se anunció un programa de inversión rural y de apoyo al campo.

IV. LA LUCHA POR LOS PRECIOS DE GARANTÍA

1. Introducción

A partir del establecimiento del Pacto, se eliminaron paulatinamente los precios de garantía y los permisos de importación para todos los cultivos con excepción del maíz y el frijol; en consecuencia, los precios agrícolas tendieron a alinearse con los precios internacionales. En el marco de la reducción de la intervención del Estado en la economía, se está en *proceso de restructuración de las empresas paraestatales relacionadas con el sector como son Banrural y Conasupo, y se ha formulado la política agropecuaria para el periodo 1990-1994. Como hemos visto, estos cambios están teniendo un impacto directo sobre la oferta de alimentos básicos.

El maíz y el frijol son los únicos que han quedado fuera de la política de desregulación, debido a la importancia que tienen dentro de la agricultura nacional por constituir la base de los cultivos campesinos, y a que se ha visto la necesidad de otorgarles un margen de protección dados los bajos niveles de productividad de la mayoría de los productores. No obstante, ésta es también una medida transitoria.

La liberación de precios, la privatización de los mercados, apertura comercial y la restructuración de las agencias estatales, establecidas por la política agropecuaria, han llevado a los productores de cultivos básicos a una situación difícil. A pesar del trato de excepción de que son objeto, el maíz y el frijol han resentido los efectos de los cambios en la política productiva al igual que los otros cultivos. Como ya vimos en el capítulo anterior, los productores de maíz también se han enfrentado al retiro de subsidios, al establecimiento de precios tope y a una apertura parcial de las importaciones.

Como veremos en el capítulo siguiente, la política de precios y subsidios que ha afectado a los productores está muy relacionada con la restructuración de los subsidios al consumo. La disminución de los subsidios a los alimentos básicos se ha hecho a todo lo largo de la cadena producción-consumo. En el caso del maíz-tortilla, el resultado ha sido costoso para ambos extremos, pues los precios al productor han bajado en términos reales y los consumidores han tenido que pagar más por la tortilla.

¿Cómo se han realizado estos cambios que afectan a toda la población pero en particular a los campesinos y a los consumidores más pobres? ¿Cómo ha sido posible que el Estado mexicano haya logrado modificar los montos y mecanismos de subsidios a los alimentos básicos en tan pocos años? ¿Cuál ha sido la participación y la reacción de la población afectada? ¿Ha habido consenso en las decisiones sobre los precios? Para responder a estas preguntas volvamos al caso del maíz.

Hasta 1988, las decisiones sobre los precios de garantía se guíaban por instancias formales e informales; dentro de las primeras, el eje central lo constituían la SARH, Secofi y Conasupo, las que a su vez eran apoyadas por las demás instituciones relacionados con el sector, como Banrural, y por los lineamientos de la política macroeconómica originados en la Secretaría de Hacienda y Crédito Público (SHCP) y la Secretaría de Programación y Presupuesto (SPP). Por su parte, a los productores los representaban las organizaciones campesinas oficiales, la Confederación Nacional Campesina y la Confederación Nacional de Pequeños Propietarios (CNC y CNPP).[1]

Formalmente, las decisiones sobre la política de precios a seguir se discutían en el Gabinete Agropecuario;[2] sin embargo, desde que entró en vigencia el Pacto, estas decisiones se han venido tomando en la subcomisión de concertación de los precios agropecuarios, que forma parte de la comisión de seguimiento del Pacto.

En las instancias informales, se incluyen los diversos grupos organizados que resienten los efectos de tales decisiones, a sa-

---

[1] Las demás organizaciones campesinas son consultadas pero no han participado en el Gabinete Agropecuario ni firman el Pacto.

[2] Es una instancia consultiva que forma parte del gabinete económico de la Presidencia de la República. Está formado por un grupo técnico encabezado por un secretario técnico. La toma de decisiones la encabeza la SARH, junto con las secretarías e instituciones involucradas en el problema a tratar. Para fijar los precios de garantía participaban SARH, Secofi, Conasupo, SHCP, SPP y Banrural.

ber: los campesinos, los propietarios de molinos de nixtamal y de tortillerías, la industria harinera, los consumidores que ejercen su presión mediante demandas dirigidas a los canales de distribución como son las tiendas Conasupo y Diconsa, los organismos como los sindicatos, que distribuían cupones para la tortilla subsidiada, y a los programas de diversas organizaciones relacionadas con el abasto de básicos. En suma, dentro de todo el sistema se han hecho presentes diversas presiones y conflictos que han ido variando a lo largo de los ocho años que abarca el periodo considerado. Iniciaremos ahora el análisis de la conformación de la política y de la participación y respuestas de los distintos agentes involucrados por el lado de la oferta, esto es: los productores y las instituciones sectoriales.

2. LA DETERMINACIÓN DEL PRECIO DE GARANTÍA DEL MAÍZ

Hemos visto que durante el gobierno de De la Madrid, el precio de garantía del maíz tuvo incrementos por encima de la tasa de inflación entre 1983 y 1984, mientras que en los años siguientes, hasta 1987 cuando la inflación se agudizó, estos precios crecieron a tasas menores que ella. Esto fue contrarrestado por los precios de los insumos agrícolas que aumentaron a una tasa inferior hasta 1986. Los precios de garantía se sostuvieron prácticamente como la única medida de política agrícola que contrarrestó la contracción del gasto público y el retiro de los subsidios en general. Los precios se convirtieron en un asunto espinoso para la SARH, que por un lado tenía fuertes presiones debido al compromiso de liberar precios, que contrajo con el Banco Mundial al gestionar préstamos sectoriales, y por otro, veía en constante ascenso los movimientos campesinos en demanda de mejores precios.[3]

Desde 1982, los precios de garantía comenzaron a fijarse cada ciclo agrícola y a darse a conocer al inicio de las siembras primavera-verano y otoño-invierno.[4] En 1984, se decidió además anunciar los llamados precios de "referencia", los cuales ajustaban los precios de garantía a mediados del ciclo; sin em-

---

[3] Véase documento de SARH-Gabinete Agropecuario, Secretaría Técnica, 1988; BM, 1989; Presidencia de la República, 1988.
[4] Doce cultivos estaban bajo régimen de precios de garantía.

bargo, en 1987 y a raíz del Pacto, se eliminaron estos precios de referencia por considerarlos inflacionarios.

El problema central en la determinación de los precios de garantía por parte de los agricultores ha sido siempre el de las diferenciales en la productividad, ya que los procesos productivos varían considerablemente según el tipo de productor de que se trate, como se señaló en el capítulo anterior.[5]

El que los precios se determinen con base en los costos de producción ha sido una de las principales demandas de los productores. A principios de los años ochenta, la relación precio-costo se estableció como el argumento principal para fijar el precio de garantía por parte de la SARH, mientras que los representantes de las secretarías encargadas de determinar la política macro estaban preocupados por la tasa de inflación y los precios internacionales. Por su parte las organizaciones campesinas presentaban datos sobre costos de cultivo para apoyar sus demandas y a partir del año de 1985 la SARH inició el levantamiento de encuestas sobre los costos de producción de los principales cultivos.[6]

Durante todo el periodo hubo presiones por parte de los productores para obtener mejores precios de garantía. A lo largo de los años ochenta, los movimientos campesinos en demanda de mejores condiciones para la producción fueron en ascenso. Esto significó un cambio con respecto a las luchas tradicionales por la tierra y el reparto agrario, ya que ahora las organizaciones campesinas formulaban sus demandas en torno a mejores condiciones de crédito y comercialización, a la vez que exigían a las agencias gubernamentales como Banrural y Conasupo, que cumplieran adecuadamente sus servicios, esto es, que entregaran oportunamente los créditos e insumos, y

[5] La encuesta realizada por la SARH en 1985, registró rendimientos medios que iban desde 678 kg/ha en el estrato que producía menos de 2.5 toneladas por ciclo agrícola, hasta 2.3 toneladas por hectárea en promedio para los que producen más de 10 toneladas (Andrade, 1988:1-2). En el cuadro anexo del capítulo II, hemos visto que hay un diferencial de costo entre las distintas condiciones tecnológicas; en 1984, el costo por tonelada en las condiciones de temporal no mecanizadas era 100% superior al correspondiente al maíz en riego, mecanizado y con insumos.

[6] SARH, Encuesta Nacional de costos, coeficientes técnicos y rendimientos de la producción agrícola. Los cultivos son: maíz, frijol, arroz, trigo, cártamo, soya, sorgo y cebada. (Andrade, 1988.)

liquidaran rápido los pagos por la cosecha. También se formularon demandas en torno a una mayor autonomía de las organizaciones para la formación de uniones de crédito, y de asociaciones para la compra de insumos y la comercialización de productos. Estos movimientos fueron encabezados por organizaciones campesinas independientes o nuevas —como la UNORCA (Unión Nacional de Organizaciones Regionales Campesinas) que se constituyó en 1985— que tenían sus bases en las regiones de cultivos comerciales, principalmente en el noroeste y en el norte del país.

Estas organizaciones campesinas se formaron sobre todo en regiones de productores comerciales como son Chihuahua, Jalisco, Nayarit y Chiapas, por lo que la mayoría de los campesinos maiceros, diseminada por todo el territorio nacional, quedaron fuera de ellas. En contraste, en zonas como el Estado de México donde la CNC tiene el predominio, no se registraron movilizaciones de esta clase.[7]

Otra forma de lucha por los precios ha sido la participación en foros, debates, y concertaciones específicas con el Estado. En este tipo de gestión también estuvieron presentes las organizaciones campesinas oficiales como la CNC, en donde los productores maiceros estuvieron representados por la Federación Nacional de Productores de Maíz (Fenaprom).

3. LAS MOVILIZACIONES CAMPESINAS POR LOS PRECIOS

Las primeras movilizaciones para presionar por el alza de los precios se iniciaron a fines de 1982, durante el periodo de la cosecha primavera-verano. Entre diciembre de 1982 y enero de 1983, la Unión de Ejidos Lázaro Cárdenas de Ahuacatlán, Nayarit, lanzó una huelga de productores de maíz para pedir un aumento de 100% en el precio de garantía. Los productores rehusaban entregar las cosechas a Conasupo a los precios vigentes. La movilización pronto se propagó por todo el estado. En otras regiones del país, los productores también se movilizaron: la Alianza Campesina del Noroeste de Chihuahua tomó bodegas

---

[7] Sobre los movimientos campesinos y los cambios que se dieron en la lucha y en las demandas, véase Flores, 1988; Gordillo, 1988; Fox y Gordillo, 1989.

de Conasupo, bloqueó carreteras y llegó hasta a tomar el Palacio de Gobierno de Chihuahua. Esta movilización se extendió a la región cercana de Jalisco al incorporarse la Unión de Ejidos Ex Laguna de Magdalena, que tuvo una rápida respuesta pues en dos días se unieron 60 ejidos. Las Ligas de Comunidades Agrarias, encabezadas por la CNC, decidieron no adherirse al movimiento.

De acuerdo con la prensa, en ese periodo, campesinos de nueve estados (Estado de México, Jalisco, Nayarit, Michoacán, San Luis Potosí, Durango, Tamaulipas, Chihuahua y Oaxaca) decidieron no entregar sus granos a Conasupo mientras no aumentara el precio de garantía. En Jalisco se informó que la mitad del maíz estaba sin cosechar en espera de mejores precios; en el Estado de México, los intermediarios habían comprado más de la mitad de la cosecha pues ofrecían mejores precios. En Morelia, los representantes de la organización campesina CIOAC y de la CNC, informaron que los campesinos abandonaban sus tierras pues preferían emigrar; lo mismo se decía en San Luis Potosí (Costa, 1989, cita a *Unomásuno*, enero 24, 1983).

Era un comienzo difícil para el nuevo gobierno de De la Madrid que enfrentaba a los productores que habían sido privilegiados en los años anteriores. Pero pronto cambiaría la situación de los campesinos.

La respuesta del gobierno federal a estas demandas fue lenta y se dio mediante negociaciones complejas y fragmentadas entre sus representantes, los gobiernos estatales y las organizaciones campesinas, donde el último recurso consistía en acudir a las instancias de alto nivel dentro de la SARH en la ciudad de México. La respuesta no fue la misma para todas las regiones, sino negociada en cada caso. Por ejemplo, los campesinos de Chihuahua fueron los que obtuvieron las mejores condiciones al lograr, en 1983, un aumento de 15% sobre el precio de garantía del maíz, a la vez que un pago retroactivo para los productores que ya habían vendido a Conasupo (Costa, 1989:178).

En 1983 también se iniciaron los primeros encuentros campesinos tendientes a buscar formas conjuntas de presión para elevar los precios de garantía de los granos. En septiembre y octubre de 1983, se realizaron dos encuentros nacionales de campesinos en los que se debatieron los problemas relacionados con la política agropecuaria[8] y en 1984 también se llevaron a cabo varios encuentros nacionales (Costa, 1989:151-152). A partir de entonces, en diversos foros, documentos, manifiestos y declaraciones, las demandas relacionadas con los precios se han referido principalmente a precios rentables que no descapitalicen al sector agropecuario; precios móviles de acuerdo con los costos de producción; precios diferenciales de acuerdo con el tipo de productor, y una política que vaya acompañada de apoyos para la producción y comercialización. Las organizaciones independientes han añadido a estas demandas la de contar con representación en el Gabinete Agropecuario, el foro en donde se tomaban las decisiones sobre los precios (Costa, 1989).

Excepto por estos foros, en los años iniciales de lucha no se logró un frente común de presión, puesto que las gestiones y movilizaciones efectivas fueron regionales, y las demandas de mejores precios iban acompañadas de peticiones concretas referentes a la problemática de las organizaciones en cada región. Sin embargo, estas movilizaciones fueron haciendo conciencia de la fuerza potencial con que contaban estas agrupaciones en algunas regiones productoras de maíz.

Los campesinos de Chihuahua emprendieron nuevos movimientos en los años siguientes y hasta 1987. Para la cosecha del ciclo 1984 obtuvieron otro aumento de precios; a partir de 1985 los incrementos de precios fueron sustituidos por estímulos a la producción o a la comercialización, para evitar el contrabando de grano proveniente de otros estados.[9]

En 1986 se dieron las luchas más fuertes por los precios de garantía en el país. El movimiento se inició en enero de ese año, cuando los productores de Nayarit, a iniciativa de la Liga de Comunidades Agrarias (perteneciente a la CNC) y apoyados por la Unión de Ejidos Lázaro Cárdenas, ocuparon bodegas de Conasupo en demanda de un nuevo precio de 95 000 pesos para la to-

[8] Se proponía ejercer una presión sobre el Gabinete Agropecuario con el fin de solicitar un aumento y llegar a 35 000 pesos por tonelada. Se lograron obtener 19 200 pesos por tonelada (Costa, 1989; véase también Hernández, 1992).

[9] El establecimiento de precios diferenciales de ninguna manera fue una solución generalizada, sino una concesión particular y temporal sólo en los casos mencionados. Justamente para evitar presiones en este sentido, así como el transporte innecesario de grano de un estado a otro, se cambió este mecanismo por ciertos bonos que se les daban a los productores, llamados estímulos a la producción o a la comercialización.

nelada de maíz (el precio vigente en ese momento era de 53 000 pesos y correspondía a la cosecha primavera-verano de 1985) así como la regularización de los pagos que Conasupo había retrasado por más de un mes debido a falta de liquidez de la empresa.[10] A las demandas dirigidas a Conasupo, la Unión agregó otras en el pliego petitorio: la suspensión de los intereses moratorios para aquellos productores que se encontraban en cartera vencida; la disminución de las tasas de interés a 29% para el crédito de avío; 3 000 pesos por tonelada por compensación para la construcción de obras de caminos; un subsidio de 30% a los fertilizantes y asociar el pago del crédito de viviendas al precio de garantía. Esto último, en virtud de que la Unión había logrado emprender un programa de vivienda rural para sus miembros (Hernández, 1992).

Los campesinos aumentaron la presión ocupando las oficinas de la SARH y bloqueando la carretera Panamericana; el desenlace de este movimiento emprendido por los productores nayaritas es un buen ejemplo de las dificultades a las que se enfrentaron los campesinos del país. Sin embargo, la CNC estatal dio marcha atrás al ver que el movimiento había rebasado sus perspectivas iniciales y se limitó a negociar con las autoridades un aumento de 6 000 pesos por tonelada. Por otro lado, el programa para el desarrollo regional presentado por la Unión de Ejidos Lázaro Cárdenas, que comprendía la inversión de 205 millones de pesos para diversos proyectos agropecuarios y de infraestructura, tuvo como respuesta sólo promesas por parte del gobierno, pues los convenios nunca llegaron a formalizarse; ante esto la Unión "se cobró" no pagando los créditos a la vivienda (Hernández, 1992).

En ese año, la Unión de Ejidos del Noroeste de Chihuahua también se movilizó.[11] Se llegaron a tomar 62 bodegas de Conasupo en toda la región. Además de un aumento al precio del maíz, se incluía una serie de peticiones, entre ellas, la entrega anticipada al ciclo agrícola y en una sola partida del crédito de

---

[10] En el Estado de México hasta los comerciantes se quejaron de esta situación pues ellos mismos no tenían dinero para comprar maíz a los campesinos, ya que Conasupo no pagaba.

[11] Se movilizaron 60 ejidos en 11 municipios en demanda por un precio mejor, disminución de la maquila prestada por el programa de mecanización del Estado, crédito oportuno y reducción de las tasas de interés (Costa, 1989:201).

Banrural y subsidios a los insumos. Los campesinos lograron un aumento del precio del maíz de 53 300 a 70 000 pesos por tonelada, más 5 000 pesos como estímulo a la producción. (Costa, 1989).

Para la cosecha del año siguiente, los productores de Chihuahua lograron un nuevo aumento de 25 000 pesos sobre el precio de la cosecha (96 000 pesos), además de otros 25 000 en bonos canjeables por servicios relacionados con la maquila de labores, por lo que el nuevo precio por tonelada quedó en 146 000 pesos. En cambio a los productores de Nayarit que habían vuelto a movilizarse —esta vez organizados en la Alianza de Productores de Maíz del Sur de Nayarit—, se les ofreció únicamente 129 000 pesos por tonelada más 5 000 pesos vía PACE (de los cuales sólo se pagaron 1 388 pesos). De nueva cuenta se reiteró el acuerdo de realizar un programa de desarrollo rural. (Costa, 1989: 194-195).

Los campesinos de Chiapas también participaron en el movimiento de 1986, aunque ellos sostuvieron una lucha más prolongada. En enero de 1986, habían tomado la mayoría de las bodegas de Conasupo en protesta por el retraso en los pagos y en demanda de un aumento al precio de garantía. La lucha se inició en la región de la Frailesca, una de las más importantes regiones maiceras del país y en la cual se habían obtenido los rendimientos más altos del cultivo. El movimiento pronto se extendió al resto del estado. Se llegaron a tomar 110 bodegas en las que se almacenaban alrededor de 320 mil toneladas de maíz, equivalentes a entre 60 y 70% de la producción estatal destinada a la comercialización. Los productores de Chiapas pedían un precio igual al conseguido por los campesinos de Chihuahua. Las negociaciones se prolongaron con el desgastante peregrinaje por las oficinas de autoridades estatales y federales que caracteriza a todas las negociaciones conflictivas con el aparato estatal. A raíz de un plantón de 8 000 campesinos frente al Palacio de Gobierno del estado en Tuxtla Gutiérrez, en el mes de abril se esperó llegar a un acuerdo, pero no fue así. No fue sino hasta el mes de mayo cuando los productores de Chiapas recibieron la respuesta del gobierno a sus demandas: el ejército desalojó a los campesinos que bloqueaban la carretera Panamericana y siete de sus líderes fueron encarcelados durante varios años.[12]

El año 1987 fue el último año en que se movilizaron los cam-

---

[12] Notas de entrevistas a líderes, fotocopias, sin autor.

pesinos de Chihuahua, ya que en 1988 y 1989 no se empendió ningún movimiento porque 80% de la cosecha se perdió a causa de las condiciones climatológicas.

Es difícil decidir si estas movilizaciones tuvieron una influencia directa en las decisiones sobre el nivel de los precios del maíz en general. Lo cierto es que la SARH se mostró bastante preocupada por la opinión pública y las manifestaciones en contra de la política de precios.[13]

Sin embargo, el gobierno sí respondió a las demandas regionales. Esto es claro en el caso de Chihuahua, aunque no cabe duda de que la buena disposición por parte del gobierno, tuvo que ver con coyunturas electorales dentro del estado en esos años y con la fuerza que había adquirido el partido opositor, el PAN. Los movimientos campesinos habían coincidido con importantes movilizaciones de la población civil en favor del respeto al voto en las elecciones estatales (Hernández, 1992; Mestries, 1990).

El hecho es que las exigencias por lograr mejores precios de garantía siempre iban asociadas a un conjunto de demandas como eran el mejoramiento de los servicios de Banrural y Conasupo, el otorgamiento de subsidios y otras inversiones a nivel de la comunidad, con lo que se daba la posibilidad de que las respuestas por parte del Estado fueran distintas en cada caso.[14]

Otras organizaciones como la Unión de Ejidos de la Ex Laguna Magdalena de Jalisco, comenzaron a buscar otros mecanismos para lograr mejores precios, por ejemplo mediante nue-

---

[13] Por ejemplo, durante 1986 la SARH organizó varias reuniones en las que intervinieron todos los sectores relacionados con el agro, para legitimar la política agropecuaria. El precio de garantía era un punto delicado, esto se vio curiosamente por la actitud de preocupación por la prensa que tuvo el propio secretario Pesqueira en una entrevista personal en mayo de 1986.

[14] Por ejemplo en 1986 la Alianza Campesina del Noroeste de Chihuahua demandó además del alza de precio de garantía, que no se incrementaran los costos de maquila para algunas labores agrícolas proporcionadas por el gobierno del estado, que se fortalecieran las centrales de maquinaria con la participación de los campesinos en la toma de decisiones al respecto, que el crédito de Banrural se entregara en una sola partida, que se redujeran las tasas de interés para los productores temporaleros y que se dieran subsidios para los fertilizantes, insecticidas y semillas. Los campesinos de la Unión de Ejidos Lázaro Cárdenas de Nayarit demandaron una serie de medidas compensatorias al precio de garantía tales como servicios de salud y asistencia financiera para desarrollos comunitarios. Además se pidió que el crédito fuera otorgado por FIRA en vez de Banrural (Costa, 1989:211-214).

vas formas de comercialización conjunta. Así, en 1986 la Unión comenzó con la venta conjunta de 6 000 toneladas de maíz que dobló a 12 000 toneladas para 1988. Se desplazó de la región a dos de los tres intermediarios de granos y se obtuvieron mejores precios para los productores. Se vendió el maíz directamente a la industria privada establecida en el estado, logrando precios superiores a los pagados por Conasupo. Por ejemplo, en 1987 se vendió maíz a 250 000, 275 000 y hasta 300 000 pesos la tonelada cuando el precio de garantía era de 245 000 pesos. En 1988 también se logró un convenio de retrocompra con Conasupo, que cubrió 20 000 toneladas de maíz, y en 1989 la Unión obtuvo un apoyo mediante el programa PACE que significó un aumento de 29 000 pesos por tonelada adicional al precio de garantía.[15]

Las luchas por los precios de garantía, surgidas de dinámicas regionales propias, demostraron la potencialidad de la presión de los productores.[16] En ciertos momentos lograron éstos trascender los ámbitos regionales así como las afiliaciones partidistas de las organizaciones.

Sin embargo la respuesta a la presión por parte de los productores, no fue el aumento generalizado de los precios de garantía.

El Estado negoció en forma individual con las organizaciones según las condiciones particulares de cada una de ellas y de cada región. Las soluciones dadas a cada caso tuvieron mucho que ver con las coyunturas políticas del momento, sobre todo a nivel estatal, y las luchas por el poder local tanto en los gobiernos como en los municipios y aun dentro de las mismas organizaciones de productores (Hernández, 1992).

Algunos campesinos como los de Chihuahua, consiguieron los mayores beneficios en los precios; otros como los de la Unión de la Ex Laguna Magdalena, lograron pequeños apoyos a la comercialización; mientras que otros, como los de Chiapas, no obtuvieron más que represión.

Esta forma de respuesta por parte del Estado, permitió sa-

[15] Es frecuente que se asocie el logro de convenios favorables con una coyuntura política. Por ejemplo, 1988 fue un año de campaña para elecciones estatales.

[16] La mayor organización campesina, la CNC, no participó como tal en las movilizaciones por mejores precios a pesar de agrupar a la mayoría de los productores maiceros. Si algunos de éstos participaron, fue incorporándose individualmente a los movimientos regionales antes señalados.

tisfacer las demandas de manera parcial y fragmentada. Esto, visto en retrospectiva, por un lado debilitó un movimiento nacional que demandaba mejores precios y por tanto permitió sostener una política de precios de acuerdo con los objetivos de la política antiinflacionaria y de apertura, pero por el otro amplió los espacios de negociación de las organizaciones campesinas frente al Estado y dio lugar a cierto optimismo en cuanto a la capacidad de gestión autónoma de las organizaciones campesinas. Como señaló Gordillo:

> Estas movilizaciones de inicios de sexenio son el preludio a un conjunto de movilizaciones que se van a presentar año con año, y que adquirirán una inusitada amplitud, particularmente entre 1985-1986 y 1986-1987. Teniendo como demanda aglutinante el aumento de los precios de garantía, las luchas de 1985-1986 presentan nuevas características. Por un lado, aun cuando siguieron presentándose en el terreno regional, su amplitud fue mayor a los años anteriores porque logró movilizar a otros agrupamientos campesinos de las mismas regiones. Por otra parte, estas convergencias cruzaron las centrales campesinas en una misma región: lo mismo se movilizaron conjuntamente organizaciones independientes que otras enmarcadas en centrales oficiales o de oposición... comenzaron a desarrollarse relaciones horizontales entre las organizaciones campesinas de una misma región... De la exclusiva demanda de aumento de precios de garantía se avanzó hacia propuestas que implicaron ligar el aumento a los precios de garantía con recursos fiscales para infraestructura rural e incentivos en los insumos agrícolas o en los costos implicados en el levantamiento de la cosecha (Gordillo, 1989, en Tello:53-54).

La política de estabilización instituida con el Pacto significó un cambio en la toma de decisiones y el optimismo anterior fue cediendo a la transformación de las relaciones de fuerza ante la restructuración económica. La negociación de los precios de garantía, al igual que la de todos los precios, se turnó a las comisiones de precios correspondientes al Pacto.[17]

La lucha contra la inflación se planteó como la gran priori-

---

[17] Los productos agrícolas se determinan en la Subcomisión de Concertación de Productos Agropecuarios, que es presidida por el secretario de la SHCP y participan SARH, Secofi, SPP, la CNC, CNPP y la Concamin (Confederación de Cámaras Industriales), esta última es representada por la rama industrial que compete a los cultivos en discusión.

dad nacional en la que deberían comprometerse todos los sectores de la sociedad. Quizá las movilizaciones campesinas se aplacaron ante las expectativas de un cambio en las reglas del juego, o quizas porque intervinieron otros factores como una secuencia de malos años agrícolas iniciada en 1986 que ocasionó la pérdida de cosechas, o el desgaste de los productores que buscaban otras alternativas, etc. Lo cierto es que a nivel nacional, el sector campesino, representado por las organizaciones oficiales CNC y CNPP, se comprometió al igual que el sector obrero, el empresarial y el gobierno, a no demandar aumentos a los precios a partir de la·fecha acordada para el congelamiento de los mismos y durante el periodo comprendido por este primer acuerdo.

Con la vigencia del Pacto se abandonó el criterio de costos y los precios se fijaron de acuerdo con índices de precio. Esto no fue un cambio fácil; al inicio de 1988 se hicieron múltiples comisiones, reuniones, propuestas y discusiones con el fin de determinar la metodología conveniente para fijar los precios de garantía. Fue una discusión clave, pues correspondía a la primera fase del Pacto en la cual se estaban ajustando los precios relativos. De ella salieron perjudicados los productores de maíz, en parte por la falta de participación de las organizaciones independientes más fuertes.

Eran los meses de febrero-marzo de 1988. El gobierno había ajustado precios rezagados de los bienes y servicios proporcionados y cada uno de los sectores luchaba por una mejor posición antes de iniciar la etapa de congelamiento de los precios.

Con respecto al maíz había dos puntos a considerar: uno, el ajuste del precio de garantía en el mes de enero de 1988, y el otro, el criterio con que se haría este ajuste —es decir, si se tomaría como punto de partida los costos o distintos índices de precios y en este último caso qué índices se utilizarían. El debate en realidad era una discusión entre dos posiciones claras dentro del gobierno, por un lado los representantes del sector, principalmente la SARH, y por el otro, los representantes de la política macroeconómica. Los primeros defendían precios que fueran estímulos para la producción y por tanto la relación precio-costo, mientras que los segundos, SPP, Secofi y SHCP, defendían la estabilidad de precios.

En enero de 1988, Conasupo estaba comprando todavía la cosecha correspondiente al ciclo 1987 a 245 000 pesos por tonelada y la discusión giraba en torno a los precios para esta cosecha. Pero la decisión se pospuso hasta el 4 de marzo de 1988, periodo que ya correspondía al ciclo otoño-invierno y a la siembra de la primavera-verano de 1988. Se estableció el precio del maíz en 310 000 pesos por tonelada, lo que representó un incremento de 26.5% con respecto al anterior. Este nuevo precio era inferior al propuesto por la SARH de 409 000 pesos, pero superior al formulado por Secofi de 286 000. Los precios de los fertilizantes proporcionados por Fertimex se habían ajustado 85% igual que el combustible, mientras que las semillas mejoradas no tuvieron un aumento. Por todo lo anterior, los productores de maíz sintieron que habían entrado al Pacto con precios rezagados.

Los productores del grano manifestaron su inconformidad en diversos foros celebrados con anticipación a la cosecha primavera-verano de 1988. En septiembre de 1988, varias organizaciones participaron en un foro nacional convocado por UNORCA en el cual se hizo un llamado para la constitución de un frente nacional agropecuario que influyera en la definición de la política agropecuaria y en el diseño de un marco macroeconómico que favoreciera al sector. Se señaló que el costo promedio de una tonelada de maíz era de 349 000 pesos, pero que la mayoría de los productores tenían costos más altos, por lo cual se insistió en instrumentos diferenciados por tipo de productor (Costa, 1989: 349-350). Algunas organizaciones lograron concertaciones para recibir estímulos a la producción y apoyos al crédito, tal fue el caso de nuevo de las agrupaciones más combativas: las de Chihuahua, Nayarit y Chiapas (Hernández, 1992).

En el marco del Pacto, los precios serían formalmente establecidos mediante la concertación entre los sectores, pero en realidad pasaron a ser un problema de la comisión de precios en la evaluación y seguimiento del Pacto, y las organizaciones campesinas fueron relegadas de la toma de decisiones.

A fines de septiembre de 1988 se acordaron precios de garantía sólo para el maíz, frijol, arroz, sorgo y soya. En septiembre de ese mismo año, se anunció que el precio del maíz sería de 370 000 pesos; la protesta de las organizaciones fue inmediata la Unión de Productores de Maíz de Chiapas, por ejemplo, exigió 630 417 pesos por tonelada. UNORCA publicó un desplegado dirigido a la Cámara de Diputados y al Gabinete Agropecuario firmado por 103 organizaciones regionales, el 24 de noviembre de 1988. Demandaban un precio de 773 000 pesos por tonelada de maíz, a la vez que manifestaban su desacuerdo con la

GRÁFICA 12

Precios del maíz e insumos
(Incremento porcentual)

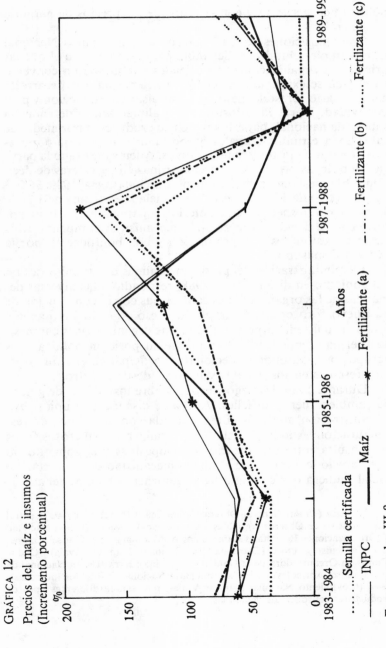

Fuente: cuadro III-8

política agropecuaria y con el retiro de los precios de garantía en general. Estas posiciones se reafirmaron en el Encuentro Nacional Campesino celebrado en diciembre del mismo año en el que las principales organizaciones no oficiales publicaron un convenio en el cual se exigía una inversión suficiente para el desarrollo agropecuario forestal y pesquero, impulsar la producción y productividad, lograr la autosuficiencia alimentaria y defender la soberanía nacional, bajar los costos de producción por medio de subsidios y estímulos fiscales, y continuar con la lucha por precios de garantía justos y remunerativos. Además se exigió la participación de las organizaciones campesinas en las esferas de decisión sobre cuestiones agrarias y de producción (Costa, 1989: 362).[18]

El precio de 370 000 pesos por tonelada equivalía a 51% de aumento con respecto al año anterior, y para aminorar la inconformidad se decidió otorgar otros mecanismos compensatorios como los estímulos a la producción y una bonificación por la venta a Conasupo.

La administración del presidente Salinas que tomó posesión del gobierno en diciembre de 1988, respondió a las diversas demandas de las organizaciones campesinas con la constitución de un nuevo foro de consulta, el Congreso Agrario Permanente (CAP) al cual se incorporaron todas las organizaciones campesinas del país, independientemente de su posición política. Las agrupaciones autónomas decidieron participar en él a fin de estar presentes en los debates y luchar "desde adentro".

Durante 1989, las negociaciones sobre los precios de garantía también fueron difíciles. Ahora se discutía con una nueva administración aún más comprometida con la política de restructuración. A lo largo del año, se realizaron numerosos foros de consulta entre organizaciones campesinas y el gobierno, lo que pareció legitimar que el nuevo mecanismo de concertación social pudiera dar cabida a las organizaciones en el debate.

---

[18] UGOCP (Unión General Obrera Campesina y Popular); CIOAC (Central Independiente de Obreros Agrícolas y Campesinos); UNORCA (Unión Nacional de Organizaciones Regionales Campesinas Autónomas); CCC (Central Campesina Cardenista); CNPA (Coordinadora Nacional Plan de Ayala); Coduc (Comisión Organizadora de la Unidad Campesina); UNTA (Unión Nacional de Trabajadores Agrícolas); CNPI (Coordinadora Nacional de Pueblos Indígenas); MNPA (Movimiento Nacional Plan de Ayala), representan diferentes tipos de productores con distintas demandas.

Las organizaciones campesinas demandaban un precio de entre 600 y 700 mil pesos, ya que en los mercados rurales era el precio al que se comercializaba el maíz. Una modalidad nueva en la demanda era el establecimiento de precios diferenciales para el maíz blanco y el no blanco. Esto beneficiaría a la mayor parte de los productores, y diferenciaría el producto nacional del maíz amarrillo importado, que es de menor calidad para la tortilla.[19]

Estas demandas fueron acompañadas por otras, como una política de apoyo diferencial a los productores y mejores condiciones de comercialización por parte de Conasupo. Cabe señalar que no se cuestionaba la presencia de esta institución en el agro ni la fijación de precios de garantía.

A lo largo de 1989, no se registraron movilizaciones en torno a los precios como había sucedido en años anteriores. Algunos productores atribuyen esto a que en 1988 y 1989 había bajado tanto la cosecha a causa de las sequías, que los campesinos no tenían producto con qué negociar.[20] Probablemente, esto también se debió a que surgieron otras expectativas ante la política agrícola del nuevo gobierno, que había abierto los canales de debate y consulta a través del CAP.

Aparentemente, fue la dificultad en las negociaciones lo que atrasó el anuncio del precio de garantía, el cual se dio la última semana de octubre cuando ya estaba avanzada la cosecha del maíz en las regiones de temporal. Esto significó que Conasupo aplazara sus programas de compra con lo cual el descontento entre los productores se hizo patente.

El precio de garantía del maíz se fijó en 435 000 pesos por tonelada, concediéndose un aumento de 17% respecto del precio de un año anterior, porcentaje cercano a la tasa de inflación (19.7%). El Pacto había tenido éxito y era evidente que el nuevo gobierno no estaba dispuesto a ceder en la política antiinflacionaria. El apoyo al sector agropecuario no sería entonces por el

---

[19] El maíz producido por la mayor parte de los campesinos es "blanco" definido por Conasupo como aquel que presente como mínimo el 85% de granos blancos, el 15% restante podrá contener otros colores tales como amarillo y oscuros (azules, morados y rojos) (Conasupo, 1990:25).

[20] La disminución de la oferta interna fue compensada por la importación. El precio de garantía y la presencia de Conasupo permitieron mantener el precio al productor, aunque cabe decir que los precios del mercado rural intermediario estuvieron por encima de los precios de garantía.

lado de los precios agrícolas, pero para fines de 1989 todavía no quedaba claro de qué manera se formularía ese apoyo. Fue un año de transición en el que se fueron gestionando los cambios estructurales con miras hacia el largo plazo: la restructuración del crédito en Banrural, la restructuración de Conasupo y de la propia SARH, así como una mayor apertura comercial para incluir a los productos agrícolas destinados al mercado interno. La respuesta de los productores organizados fue inmediata. Un diagnóstico elaborado en 1989 subraya que "la imposición de un precio de garantía que no corresponde a los precios reales afectará a miles de productores maiceros de temporal... sólo aquellos productores que obtengan rendimientos unitarios superiores a 2.5-3.0 toneladas por hectárea podrán continuar generando excedentes, lo cual reducirá la disponibilidad interna y agravará las condiciones de desigualdad social y pobreza del campo..." (CNC: 40).

Las organizaciones introdujeron también otro elemento a la discusión, el referente a los bajos niveles de ingreso de la población en general que impiden aumentar los precios agrícolas; por lo tanto, es necesario aumentar los salarios a un nivel que permita a los trabajadores adquirir los alimentos para poder incrementar los precios agrícolas. Las demandas de la Fenaprom se resumen en los siguientes puntos: fijación de precios justos y operativos, esto es, reconociendo al costo de producción de la mayoría; subsidios selectivos a los productores; estímulos a la producción; eliminación de los subsidios al consumo; aumento de los salarios mínimos; apoyo a la comercialización, y modernización de los servicios de Conasupo. Es obvio que estas demandas no se inscriben en el contexto de la política antiinflacionaria a la que la propia CNC se suscribió. Evidentemente la cúpula de la organización fue agrandando el vacío de legitimidad entre sus bases.

En 1990 hubo cambios importantes en la política de precios de garantía. Era el año en el que habría de determinarse la política agropecuaria para el periodo correspondiente a la administración del presidente Salinas. Una de las primeras declaraciones hechas en el mes de enero por el nuevo secretario de la SARH, Hank González, fue con respecto a los precios de garantía: éstos se abolían para todos los cultivos excepto para el maíz y el frijol. Habría precios diferenciales para el maíz blanco y el no blanco, y los precios se darían a conocer con anticipación a las siembras. En enero de ese año se anunciaron dos ajustes para los precios de garantía, uno que entraría en vigor a partir de julio y el otro en la fecha de levantamiento de la cosecha primavera-verano que se inicia en septiembre-octubre; los precios para el maíz blanco correspondientes a estas dos fechas se fijaron en 600 000 y 636 000 pesos por tonelada, y para el no blanco en 500 000 y 530 000 pesos.

El aumento al precio del maíz no blanco (21.8%) para el ciclo primavera-verano 1990 correspondía a la inflación esperada para ese año pero resultó inferior a la real, que fue de 30%. El maíz blanco tuvo un aumento superior, 46.2%. Con este aumento, que beneficiaría a la mayoría de los productores, el gobierno consideró que se había dado un incentivo a la producción de maíz. Los productores no opinaron igual, pues el precio real era inferior al vigente antes del Pacto y los precios de los insumos habían aumentado 60% desde la siembra de 1990.

El Pacto se ha renovado periódicamente desde 1988 y el último acuerdo se firmó en noviembre de 1991 para continuar con la política de estabilización por un año más. Desde el inicio, las organizaciones campesinas firmantes, la CNC y la CNPP, subordinaron sus demandas sectoriales en materia de precios a la política macroeconómica, no obstante la inconformidad con los precios vigentes. Para finales de 1990, la demanda por mejores precios había sido totalmente debilitada; por un lado se había logrado un aumento sustancial en la producción nacional, apoyado por el incremento del precio para maíz blanco; y por otro, era claro que con la apertura comercial, se anunciaría que el precio de los cultivos con precios de garantía —maíz y frijol— se sujetarían a la regla de "ajustar estos precios con base en el deslizamiento del tipo de cambio y la inflación de nuestros principales socios comerciales" (Comercio Exterior, 1991, sección nacional: 1060).

Las organizaciones campesinas han buscado nuevas vías de acción y han reformulado sus demandas productivas en torno a cuestiones más acordes con la política de modernización del presente gobierno: el aumento de la productividad y las condiciones de comercialización.

Por parte de las organizaciones campesinas autónomas, la lucha por los precios de garantía también disminuyó. A lo largo de 1990 fueron otros los problemas inmediatos a que tuvieron que enfrentarse los productores. Primero, las renegociaciones para obtener crédito debido a que una parte importante de los productores, aquellos con cartera vencida, quedarían excluidos del nuevo crédito como consecuencia del cambio de la política crediticia de Banrural. Posteriormente, se presentaron problemas de comercialización que trascendieron al ámbito nacional: la huelga de cañeros que exigían un alza de precios para la caña, y el desplome de los precios de las oleaginosas a raíz de la apertura comercial en la época de cosecha.

El año de 1990 fue en el que se definió la nueva política hacia el campo, y es evidente que desde entonces las organizaciones han tenido una posición cada vez más difícil frente al gobierno debido al debilitamiento de sus condiciones como productores y por tanto como negociadores. En el otoño de 1990 se llevó a cabo una nueva movilización que involucró a campesinos de todo el país. Las organizaciones pertenecientes al CAP emprendieron en conjunto una marcha desde sus distintas regiones hacia la ciudad de México. Las demandas presentadas eran amplias, desde la libertad de presos políticos, la petición de tierras y de su regularización, hasta de convenios de comercialización.[21]

Con respecto a lo productivo, se solicitaba que no se retiraran de manera drástica los instrumentos y políticas de fomento al campo, que éstos se definieran conjuntamente entre el gobierno y las organizaciones campesinas, que se estableciera una política de desarrollo financiero, que la distribución de insumos quedara en manos de los productores y... "que se fijen políticas selectivas de protección a la agricultura, con precios rentables y donde el ritmo de esta apertura sea decidido en forma consensada con las organizaciones campesinas" (UNORCA, desplegado en *La Jornada*, 21 de septiembre de 1990).

El movimiento obligó a una serie de reuniones con las entidades gubernamentales responsables de la política agropecuaria: SARH, Secofi, SRA y Conasupo. De nuevo, las pláticas fueron con cada uno de los grupos interesados y sobre problemas específicos. Con respecto a los precios de garantía, se reiteró que sólo se mantendrían para el maíz y el frijol, y no se estable-

---

[21] Los campesinos marcharon de los estados de Sonora, Sinaloa, Nayarit, Zacatecas, Durango, Jalisco, Michoacán, Guanajuato, Veracruz, Guerrero, Chiapas y la Huasteca hidalguense (*La Jornada*, 28/9/90).

ció nada sobre el nivel de estos precios (*La Jornada*, 28 de septiembre de 1990).

Hubo una marcha cuya meta era la ciudad de México, pero se dispersó antes de llegar a ella. Desde el punto de vista de las organizaciones, la movilización no había logrado sus metas globales: demostrar una fuerza de presión real e influir en el sentido general de la política agropecuaria.

En febrero de 1991, se realizó el Cuarto Encuentro Campesino organizado por UNORCA. De nuevo se reiteraron las demandas manifestadas en la movilización del año anterior, pero la atención también fue centrada en un nuevo elemento que afectará profundamente a la vida rural y a la organización productiva: el Tratado de Libre Comercio con Estados Unidos y Canadá. En general, la posición de las organizaciones campesinas, en su mayoría volcadas a cultivos para el mercado interno —con excepción del café—, era en contra de que los cultivos básicos entraran al acuerdo sobre libre comercio.

Ante el conjunto de problemas que enfrenta el sector y con la restructuración de Conasupo —y con la perspectiva de su retiro paulatino del acopio— el precio de garantía fue un tema cada vez menos relevante y la alternativa para los productores se centró cada vez más en la comercialización.[22] La posibilidad de realizar por cuenta propia la venta de sus cosechas era parte de los objetivos para lograr una mayor apropiación del excedente producido, además de plantearse como una forma de compensar los bajos precios de garantía. Por otra parte, ante la tendencia a la privatización de los mercados, parecía ser la única alternativa para enfrentar el intermediarismo comercial y el reforzamiento de prácticas usureras y de clientelismo.

---

[22] En agosto de 1990, las mayores instalaciones de almacenamiento de grano pertenecientes a ANDSA, del sistema Conasupo, fueron puestas en venta al sector privado (*El Financiero*, agosto 16, 1990). En enero de 1991 se plantean nuevos cambios en Conasupo y el presidente Salinas anunció una nueva comercializadora de productos agrícolas para todos los productos con excepción de maíz y frijol (*El Financiero*, enero 7, 1991).

4. LA LUCHA POR LA APROPIACIÓN DE LA COMERCIALIZACIÓN

Hay pocas experiencias por parte de las organizaciones de productores maiceros en la comercialización de su producto. El mercado se estructuró en torno a la acción de Conasupo como agente regulador del precio y, aunque la mayor parte de la oferta comercializada se canalizaba a través del mercado privado, en las regiones importantes de cultivo comercial, Conasupo era un comprador seguro. Como hemos visto, esta agencia benefició a los productores medianos y grandes, mientras que los pequeños seguían sujetos al intermediarismo local y regional.

Frente a la reorganización de Conasupo, se propuso la formación de organizaciones campesinas para la comercialización a nivel de ejidos y comunidades, a fin de que los productores pudieran realizar en forma conjunta la venta de su grano a la industria o a otros mercados regionales. Para ello, una de las demandas de los productores es que se transfieran las instalaciones de Boruconsa a las agrupaciones de productores y que el Estado otorgue apoyos financieros para enfrentar los gastos financieros y adminstrativos de las operaciones.

La CNC lanzó una propuesta en este sentido a inicios de 1990, a fin de que se organizara un sistema de abasto regional y así reactivar los mercados rurales. De esta manera se acabaría con el traslado irracional del grano que se da actualmente, ya que Buroconsa (comprador) y Diconsa (distribuidor) no coordinan sus funciones a nivel regional. También propuso organizar un conjunto de circuitos regionales para la compra y distribución de insumos y de productos básicos. Ya en la reunión constitutiva de UNORCA en 1985, se había discutido ampliamente la idea de crear circuitos de abasto regional, y se formó una comisión de abasto para promover que las organizaciones incidieran en la regulación de los precios con la participación directa de los consumidores. Se propuso también establecer convenios de comercialización directa entre las organizaciones campesinas de UNORCA y los consejos comunitarios de abasto regional (Costa, 1989: 50).

En el caso del maíz, los convenios de compra directa no han sido muy frecuentes; sin embargo, ya hemos visto un caso que ilustra el éxito logrado por los productores para organizar la comercialización de este grano por parte de la Unión de Ejidos de la Ex Laguna Magdalena, en Jalisco.

La Unión continuó realizando el acopio y venta conjunta de grano en 1990. Para seguir sosteniendo esta actividad, el problema principal era disponer de los medios financieros para realizar las compras de maíz y almacenar el grano mientras se lograba la venta. Para ello consiguió en ese mismo año un préstamo de Pronasol. Sin embargo, a principios de enero de 1991, la Unión se enfrentó a dificultades para concertar ventas a la industria, pues el comprador regional más importante, la industria de derivados de maíz, importaba el grano a un precio inferior.[23] Sin embargo la Unión logró un convenio de venta conjunta a Boruconsa; actualmente cuenta con 2 250 socios, maneja alrededor de 15 mil toneladas de maíz al año y tiene siete centros de acopio de Boruconsa en comodato.

Otro caso, aunque menos exitoso, fue el de la Unión de Ejidos Vicente Guerrero, en el Estado de Guerrero en el cual se realizaron ventas de maíz directamente a los comerciantes de Cuernavaca, Morelos, en 1987, 1988 y 1989 a un precio de 390 000 pesos por tonelada (20 000 más que el precio de garantía). El acopio y almacenamiento fue financiado por Banrural, pero esta labor no se continuó debido a la falta de participación de los productores.[24]

Los productores de maíz en el Estado de México han tenido otra experiencia; cuarenta y siete organizaciones formaron una empresa (Ipamex) con el objetivo de distribuir insumos y comercializar el maíz. La empresa funcionó con éxito durante varios años logrando ventas directas a la industria de derivados del maíz, pero en 1987 tuvo dificultades para financiar un crédito de cinco mil millones de pesos para la compra de fertilizantes.

Las propuestas y experiencias de las organizaciones de transferir el proceso de comercialización del Estado a las agrupaciones campesinas, son una opción que encaja en la política de desregularización a la vez que es una alternativa a la privatización.

[23] En abril de 1990, cuando se realizó la entrevista a la Unión, los ejidatarios, igual que los intermediarios privados, esperaban que el precio del maíz aumentara en el periodo precosecha, en donde las expectativas del precio en el mercado libre se situaban 33% por arriba del precio de garantía anunciado para julio de 1990.

[24] Se trata de un pequeño volumen de maíz en una zona que es también productora de ajonjolí y melón. Este último cultivo lo realizan grandes empresas agrícolas que rentan tierras (entrevista personal, mayo de 1990).

De allí que la propia Conasupo haya apoyado este proceso y fomentado la organización de Comités Regionales de Organización, Producción y Comercialización Rural (CROPCR) encargados del acopio entre sus socios y de establecer convenios de comercialización ya sea en el mercado libre o con Boruconsa. En 1990 se establecieron nuevas modalidades de venta, como son la entrega de bodegas en comodato para su manejo por parte de los comités, y la entrega de la bonificación del PACE en una boleta colectiva para que la organización maneje los fondos para la costalera y el desgranado. Para 1991 se habían formado 37 organizaciones de productores de maíz en catorce estados del país, y se realizaron dos encuentros sobre las experiencias y alternativas para la comercialización de maíz.

No obstante estos avances, las dificultades para que los productores comercialicen el grano son múltiples, pues carecen de infraestructura de almacenamiento, de transportes, así como de capacidad financiera para realizar el acopio y solventar los demás costos de operación.

También encuentran graves problemas para realizar ventas directas a los demandantes privados, éstos van desde la concertación sobre el precio hasta la dificultad de surtir grandes volúmenes de maíz a ciertas industrias.[25]

Por lo tanto, la mayoría de los CROPCR han vendido a Boruconsa el 80% de la producción proveniente del acopio correspondiente al ciclo primavera-verano de 1990. De hecho, con esta modalidad, lo que se ha logrado es desplazar al comerciante que compra al productor pequeño y revende a Conasupo, y así garantizar al productor el precio de garantía. Asimismo sus demandas en cuanto a capacitación, apoyo financiero, infraestructura, etc., siguen dirigiéndose a las agencias estatales.[26]

Durante 1991, los problemas de comercialización se agudizaron debido a una sobreoferta de maíz dada la alta cosecha de 1991. En vísperas de la cosecha de maíz correspondiente al ciclo primavera-verano de 1991, las bodegas de Boruconsa tenían

[25] Por ejemplo, en Jalisco una empresa productora de derivados de maíz demanda 11 000 toneladas diarias, poco menos del volumen de grano comercializado anualmente por la Unión de Ejidos de la Ex Laguna de Magdalena.

[26] La información anterior proviene de las memorias de los dos encuentros campesinos realizados en junio y septiembre de 1991. Véase Boruconsa, 1991 y Comisión de Seguimiento, 1991.

30% de su capacidad almacenada con grano del año anterior, lo cual plantea un serio problema para la apertura del programa de compra que se inicia el primero de octubre de cada año. En el segundo encuentro de las organizaciones miembros de CROPCR, éstas se mostraban muy preocupadas por presionar a Conasupo para que efectivamente cumpliera un programa ilimitado de compras y que no se entorpecieran los mecanismos de acopio.

El recuento anterior de la lucha organizada por mejores precios de garantía (ya sea mediante las movilizaciones campesinas en las·distintas regiones del país, ya a través de las gestiones institucionales), involucra una minoría de los productores maiceros. La mayor parte de ellos no participa en estas luchas y ha tenido otros mecanismos para enfrentar las consecuencias de la política de precios.

5. LAS ESTRATEGIAS CAMPESINAS ANTE EL DETERIORO DE LOS PRECIOS

Hasta 1990, muchos campesinos habían optado por sustituir el maíz por otros cultivos u otras actividades más redituables y entre 1987 y 1989, la superficie destinada al cultivo de este grano se redujo en 890 mil hectáreas. Por ejemplo, los campesinos maiceros de la región noroeste de Chihuahua introdujeron el cultivo de la papa y la ganadería, mientras que en la región donde se ubica la Unión de Ejidos Ex Laguna de Magdalena, Jalisco, sólo 60% de los productores cultivaban maíz en 1989, cuando hace cuatro años 80% de los productores lo hacían; también muchos sustituyeron el cultivo por el de caña de azúcar.

En el ciclo primavera-verano de 1990, se dio un proceso inverso, el maíz resultó ser más rentable que otros cultivos competitivos y muchos productores optaron por la siembra de maíz, lo cual ocasionó una sobreoferta de grano en 1991.

Pero la mayoría de los productores maiceros no se encuentra en condiciones de cambiar cultivos, sino que adopta una estrategia de sobrevivencia para enfrentar el deterioro de los precios y el alza de los costos, la cual consiste en cultivar sólo lo necesario para el consumo familiar y en disminuir la inversión monetaria y de trabajo en el cultivo, aunque esto repercuta en los rendimientos.

Así, durante el último quinquenio se ha reducido la producción y probablemente la oferta comercializable de miles de pequeños productores que, aparentemente, aportan individualmente sólo cantidades insignificantes y que además producen maíz "caro", pero que, según algunas estimaciones, cubren 65% de la oferta nacional y 48% de la oferta comercializada (Andrade, 1988). Las experiencias de diferentes regiones, comunidades y grupos de campesinos, permiten afirmar categóricamente lo anterior.[27]

Un ejemplo dramático es el de los productores incorporados al Plan Puebla que habían logrado incrementar la producción del maíz mediante la aplicación de insumos y procesos de trabajo recomendados por el programa de dicho Plan.[28] En 1976, los productores maiceros habían conseguido aumentar los rendimientos de la región a hasta 3 toneladas promedio por hectárea. Hoy, los rendimientos han bajado a 2.5 toneladas debido principalmente a que los productores han disminuido el uso de los fertilizantes y abandonado ciertas prácticas de cultivo como la conservación de la humedad. También ha disminuido la superficie cultivada. Si antes los campesinos de la región obtenían excedentes de maíz, ahora han ajustado la producción a sus necesidades de autoconsumo. Este cambio se ha dado paulatinamente desde 1982 y la pérdida de rentabilidad ha sido el principal motivo, como lo demuestra el hecho de que en 1989 se necesitaban 474 kilogramos del grano para comprar los insumos necesarios recomendados por el programa, mientras que en 1981 sólo se necesitaban 364 kilogramos.

En el caso de Morelos, hay una evidencia empírica clara de que el campesino, al no disponer de crédito, redujo la superficie cultivada al mínimo necesario para la subsistencia. Al mismo tiempo, adoptó el cultivo al llamado "proceso de labranza mínima": bajó los costos monetarios del proceso productivo sustituyendo los insumos químicos por abono natural, el tractor por la yunta y la semilla híbrida por la semilla criolla; incrementó

---

[27] Para el análisis de la reacción de los campesinos frente a los precios en distintos casos véanse los artículos en Hewitt de Alcántara, C., 1992.

[28] Véase Díaz, 1992. El programa se inició en 1967 instrumentado por el Colegio de Posgrado de Chapingo y el Centro Internacional de Mejoramiento de Maíz y Trigo (CIMMYT).

la inversión de mano de obra para lograr bajar los costos monetarios aunque con ello también bajaron los rendimientos. En la actualidad, el costo de cultivo real es prácticamente el doble que el precio de garantía; sin embargo, de esta manera el campesino ha podido garantizar la alimentación familiar (Oswald, 1990).

Este proceso tecnológico regresivo también se puede ver en el caso de una pequeña región de la Mixteca en donde la escasez de mano de obra ha dado lugar a cambios en los procesos de cultivo del maíz, que han afectado los rendimientos y contribuido al deterioro ecológico (García y García, 1992). En este caso ha sido un proceso a largo plazo que se dio como consecuencia de la migración de la fuerza de trabajo. Contrario al caso señalado para Morelos, aquí el recurso escaso es la fuerza de trabajo y el proceso de cultivo se ha adaptado a ello mediante prácticas de cultivo que minimizan la inversión en trabajo.

En el caso de El Mante, Tamaulipas, los productores de riego y de temporal han tenido que ajustar sus prácticas agrícolas a sus recursos y sólo han conservado las labores mínimas que permitan obtener la producción requerida para el autoconsumo. Por ejemplo, si tenían que realizar las labores de barbecho, cruza y rastra en la preparación del suelo, ahora hacen una selección de las labores en función de la disponibilidad de crédito. Si tienen crédito, hacen el barbecho y la rastra pero no la cruza, en cambio, si no tienen crédito, no hacen el barbecho pero sí la rastra. El fertilizante es en todo caso indispensable (Cebada, 1990).

En el noroeste del Estado de México, el cultivo de maíz no permite la reducción de la inversión en insumos y labores, pero se ha convertido cada vez más en un cultivo de autoconsumo financiado por los salarios de los miembros de la familia semiproletarizada.

6. Conclusiones

Las respuestas de los productores ante la política agrícola establecida durante la crisis de los años ochenta fueron diversas y se adaptaron a múltiples estrategias, desde la lucha abierta y la movilización, hasta las estrategias de sobrevivencia a nivel de la unidad campesina.

La lucha organizada, ya sea en forma de movilizaciones o mediante la participación en los foros y otros canales institucionales, correspondió a los productores que cultivan para el mercado y que disponen de mejores recursos. En este estrato también se encuentran aquellos productores que tienen capacidad para emprender otros cultivos pues ocupan las mejores tierras. Durante los ochenta, éstos tuvieron una mejor posición para negociar con las instituciones estatales de apoyo al sector, pero no obstante, hemos visto que esta posición se ha ido debilitando con el tiempo.

Los campesinos pobres han tenido menos capacidad de organizarse, se ubican en tierras marginales, dispersas, y si acaso llegan a obtener excedentes sobre su consumo, éstos son pequeños y eventuales. Es más, muchos de estos campesinos son compradores de maíz, ya sea porque no cultivan lo suficiente para cubrir sus propios requerimientos o porque tienen que vender parte de su cosecha durante el año para cubrir otras necesidades. De modo que su posición frente a los precios es ambigua, pues juegan tanto el papel de productores-vendedores como el de consumidores. Por ello, no tienen incentivos para emprender una lucha por mejorar los precios, que además difícilmente se les pagan ya que venden a los intermediarios locales. Esto no significa que no vayan a ser beneficiados con mejores precios si pueden recuperar su posición como productores de maíz. Sin embargo, la tendencia de las últimas décadas ha sido que la mayor parte de los campesinos pobres se encuentra en un proceso de perder su capacidad productiva y se ha convertido en un comprador neto de maíz, una situación que la política agrícola de los últimos años esta agravando.

Con el programa de modernización agrícola para 1990-1994, se establece como objetivo principal lograr una mayor eficiencia productiva en el campo con miras a incrementar la oferta y a tener una mayor competitividad con respecto al mercado mundial.

Ya hemos visto que el apoyo a la producción se dará de manera diferenciada y dirigida a los campesinos con potencial productivo. En el caso del maíz, esto significa una parte pequeña de los productores. Por ejemplo, una estimación gruesa, basada en los datos de 1985, señala que sólo 9% de los campesinos de la muestra cumplirían con los requisitos de "productividad", definidos a partir de rendimientos en el cultivo que fueran su-

periores a la media (1.3 ton/ha en ese año) (Andrade, 1989).
El retiro de los subsidios a una parte de los productores de
estratos medios, señala evidentemente el rompimiento de la
alianza entre el Estado y el campesinado, dada primero por
la promesa agraria, y después mediante la "alianza productiva"
con una agricultura altamente subsidiada.

Los productores marginales tienen cabida en los programas
de asistencia a la pobreza, Pronasol, vía el apoyo a la producción de maíz y frijol en zonas de temporal. En el primer año de
su ejecución (1990) se benefició a 600 000 productores en 1.8
millones de hectáreas. La cuota correspondiente a 1990 (300 000
pesos por hectárea) de hecho significa un subsidio al consumo
de las familias campesinas. La "alianza productiva" es ahora
remplazada por la "solidaridad" ¿con la pobreza?

Así, en torno al debate por los precios de garantía de maíz,
fueron cambiando las reglas del juego y fue imponiéndose la política macroeconómica de estabilización. Las organizaciones
campesinas optaron por presentar nuevas demandas y por participar en los nuevos canales de negociación, mientras que los
campesinos ajenos a ellas han dejado de producir maíz o han
disminuido la inversión en su cultivo.

Con base en las experiencias de estos años, se fue gestando
la política agropecuaria a mediano y largo plazo, así como el
programa de modernización agropecuario en el que converge la
política macroeconómica: apertura, alimentos baratos y, cambio en la relación del Estado con el agro.

En esta etapa se cierra definitivamente un proyecto "campesinista" ya que se excluye al productor marginal y semiproleta-
rio. Con el programa de modernización pareciera que aún se
conservaba un espacio para el campesinado medio que es el que
también ha estado vinculado a las organizaciones de productores dentro del sector social. Así, la modernización en su mejor
versión concuerda con las demandas de un sector dinámico de
productores, en su mayoría ejidales. Esta vía fue duramente
puesta a prueba durante 1991. Las políticas de estabilización y
restructuración han dado un contexto económico mucho más
difícil a estos productores. Al no tener recursos propios, sus gestiones necesariamente pasan por la intermediación del Estado
para lograr los recursos de apoyo a través de programas específicos y subsidios dirigidos. A ellos estarán dirigidos los estímulos a la producción, el crédito canalizado (hasta ahora) de

Banrural, etc. Pero si en un momento la viabilidad de un proyecto campesino basado en los estratos medios del sector social pareciera depender de su capacidad de gestión y lucha, los procesos que se vislumbran a fines de 1991 plantean un contexto macroeconómico y de lineamientos de política sectorial mucho más difícil.

V. EL ACCESO A LOS ALIMENTOS BÁSICOS: EL SISTEMA MAÍZ-TORTILLA

1. INTRODUCCIÓN

De 1982 a 1989 el salario mínimo real disminuyó 50% y la participación de los salarios en el ingreso nacional pasó de 35% a 15%, mientras que las utilidades y rentas aumentaron de 46% a 56%.[1] A fines de la década, 41 millones de personas vivían en condiciones de pobreza y 17 millones de ellas, en extrema pobreza.

La caída del ingreso real de las familias mexicanas tuvo consecuencias sobre la demanda de los bienes básicos, y el acceso de la población a los alimentos se convirtió en un problema central de la política alimentaria. Había que asegurar la disponibilidad de maíz y tortilla y el acceso de una creciente población empobrecida a ellos. Al mismo tiempo, la crisis financiera y los compromisos con las instituciones prestamistas obligaban a reducir el gasto público, incluyendo por supuesto los subsidios a la alimentación. El dilema de los precios se planteó entonces en un contexto de maniobra mucho más reducido: ¿cómo repartir a lo largo del eje producción-consumo el costo del retiro de los subsidios?

En el marco de la crisis y ajuste de la economía mexicana, las posiciones con respecto a la política alimentaria han cambiado radicalmente. Primero, el recorte presupuestal ha obligado a

[1] Datos de INEGI citados por *El Financiero*, 9/4/91. El sector externo junto con el sector financiero han sido los beneficiados en la redistribución del ingreso nacional, pues el sector externo aumentó su participación en el PIB de 2.3% a 8.5% entre 1981 y 1985, mientras que los intereses aumentaron de 4.2% en 1980 a 13.5% en 1985 (Martínez, 1989: 400). Otros indicadores más recientes confirman que la tendencia a la concentración se ha agudizado. En 1990, 100 empresas controlaban 80% del valor de las acciones en la Bolsa de Valores mexicana, y 9 500 cuentahabientes (0.08% del total) tienen 51% del valor de los depósitos del sistema bancario mexicano (*La Jornada*, junio 13, 1989).

disminuir el gasto y por tanto los subsidios a lo largo de la cadena de abasto alimentario. Segundo, el nuevo modelo de economía abierta ha cambiado la correlación de fuerzas dentro del aparato estatal, ya que el Estado ha ido retirando su participación en la economía, para enfocar sus funciones hacia "la justicia y la equidad social" esto es, hacia el lado distributivo. Como consecuencia, en el eje institucional "producción-consumo" se han fortalecido los agentes que gestionan el abasto por el lado del consumo, en particular la Secretaría de Comercio (Secofi), que fija los precios intermedios y finales de los productos básicos, y Conasupo-Diconsa que los distribuye. Al mismo tiempo, la población organizada, tanto rural como urbana, ha adquirido experiencia en la lucha por mejorar el abasto a sus comunidades.

Durante el gobierno de De la Madrid, el abasto se convirtió en una preocupación central de la política alimentaria. El diagnóstico de la situación alimentaria, así como los objetivos de la población en la materia, están plasmados en el Plan Nacional de la Alimentación, donde se señalan como metas la soberanía alimentaria nacional y la seguridad alimentaria a la población, definida ésta en terminos de suficiencia, disponibilidad y acceso (Conal, 1989). El principio radica en que es responsabilidad del Estado mexicano la provisión de los servicios sociales básicos y por lo tanto de la alimentación, componente fundamental del bienestar social.[2] En cuanto a la seguridad, el programa subraya la necesidad de aumentar la oferta de alimentos mediante el apoyo a la producción interna, y de garantizar la disponibilidad de éstos junto con la estabilidad en los precios, manteniendo especial interés en los canales de distribución encargados de la población marginada, tanto rural como urbana.

Ya hemos visto cuál ha sido la política de apoyo a la producción y las tendencias que existen actualmente en el contexto de la restructuración de la política agrícola. El objetivo de este capítulo es analizar la segunda parte de esta propuesta: ¿se ha logrado la distribución de alimentos a la población marginada con estabilidad de precios? y si no, ¿hasta dónde se ha avanzado en estos objetivos?

La política de distribución de alimentos se ha llevado a cabo

---

[2] Este principio es una garantía constitucional y está plasmado en los artículos 25 a 28 y 73 de la Constitución referentes a la acción reguladora del Estado.

dentro de los márgenes de dos ejes de presión contradictorios: por un lado, la reducción del monto de los subsidios al consumo como consecuencia del ajuste presupuestal, y por el otro, la creciente exigencia por parte de los consumidores de un mejor abasto de productos básicos a precios bajos, a través de los canales de distribución del Estado.

En lo que se refiere a los subisidios, los otorgados por Conasupo efectivamente disminuyeron entre 1983 y 1987 al pasar de 1.01% del PIB a 0.18%; en 1988, como consecuencia de la política de congelamiento de precios, volvieron a aumentar y llegaron a 0.57% del PIB (BM, 1989).

La reducción de subsidios se logró principalmente mediante la restructuración de los mismos. Por una parte, Conasupo disminuyó el número de productos subsidiados, de manera que hoy sólo quedan el maíz y la leche en polvo, y por otra, redujo los subsidios otorgados a la industria de alimentos y los dirigió directamente a los consumidores, sustituyendo los subsidios generalizados por los directos a fin de beneficiar a la población de más bajos ingresos, sobre todo en el ámbito urbano.

Esto significó un manejo político hábil hacia aquellos sectores de la sociedad más afectados por la crisis que han podido ejercer una presión organizada, tales como los sindicatos y las organizaciones populares. Al inicio de la crisis, el movimiento obrero oficial tuvo un papel en la gestión de la nueva estrategia de abasto: a cambio de apoyar la política de austeridad aunada al ajuste y la estabilización, y de contener las demandas salariales, formuló sus requerimientos en torno a la "defensa del salario" asociándolo al abasto y control de precios y, por tanto, al subsidio. Las organizaciones de consumidores también desarrollaron su poder de gestión y participación en los diversos mecanismos de abasto. En el ámbito urbano, estas organizaciones surgieron como una fuerza importante en la lucha por el abasto de las tiendas del sistema Conasupo, y por programas como Liconsa y el de distribución de cupones para tortilla subsidiada. Así, durante la crisis, como señalan Martín del Campo y Calderón, el subsidio... "se convierte en un objeto de regateo social y su proceso de canalización adquiere inevitable e irreversiblemente un alto contenido político" (1990: 86).

En relación con lo anterior, es claro que ha habido una atención particular a la población consumidora concentrada en el área metropolitana de la ciudad de México, a fin de minimizar el riesgo de protesta social. El acceso a los alimentos baratos ha sido un mecanismo fundamental en esa estrategia. En 1983, el gobierno del D.F. se responsabilizó del abasto a la capital al crear la Coordinadora General de Abasto y Distribución del DDF (Rello y Sordi, 1989).

En el ámbito rural, las organizaciones campesinas han incorporado la lucha por el abasto a sus demandas en torno a la producción. Estas demandas se concretaron en el establecimiento de tiendas Conasupo-Rural y en la lucha por el control y funcionamiento adecuado de estas tiendas. De hecho, este proceso permitió el fortalecimiento del sistema de distribución de Conasupo y abrió un espacio para la participación de la población organizada en algunas regiones del país.

El argumento de precios a favor de los consumidores obviamente se afianzó con el Pacto; durante dos años, los precios de la tortilla y de los cupones para adquirirla se mantuvieron fijos. Esto obligó de nuevo a un aumento en el monto de los subsidios, a fin de proporcionar la materia prima barata a la industria de la tortilla, y significó una carga para el gasto público. Por tanto, este esquema fue modificado a mediados de 1990 cuando se ajustaron los precios de garantía. Aunque el Pacto seguía vigente, se decidió retirar definitivamente los subsidios generalizados al precio de la tortilla y sustituirlos por un subsidio directo. Este cambio marcó el paso del periodo de "ajuste y estabilización" al de "restructuración" o "modernización" que, con respecto a los alimentos, también significó un avance en el proceso de desregularización y privatización del sistema maíz-tortilla. El costo social de este proceso, tenía que paliarse mediante subsidios directos a la población más necesitada; de allí la propuesta de restructuración de los subsidios a los alimentos (BM, 1989 y 1990).

El sistema maíz-tortilla constituye el eje de los subsidios a los alimentos de modo tal, que a fines de los ochenta absorbió la mitad de los otorgados por el sistema Conasupo; es por ello que los cambios en la política de precios-subsidios y distribución en este sistema, son el reflejo más claro de la evolución de la política alimentaria en los años recientes.

Los efectos del retiro de los subsidios a la producción y la consecuente disminución de la oferta interna, se han aplazado mediante la importación masiva de maíz, por lo que en los últimos años las tensiones en torno al reparto del subsidio se han centrado en el eje de la distribución, y se han dado entre la industria masa-tortillas-industria harinera, los programas de distribución de la propia Conasupo y las organizaciones de la población consumidora. Veamos a continuación los vaivenes de la política de precios en los años de crisis, en los cuales el dilema entre los precios al productor y los precios al consumidor se volvió mucho más complejo debido a la necesidad de disminuir el gasto público, y trasladó el eje del problema a los subsidios.

2. EL ACCESO A LOS ALIMENTOS

El criterio de mantener bajo el precio final de la tortilla y del grano vendido por Diconsa en áreas rurales se justifica ampliamente, pues la mayor parte de la población mexicana es compradora neta de maíz: 60% de la población vive en ciudades medianas y grandes y consume principalmente tortilla industrializada, mientras que en el campo, los jornaleros agrícolas y los campesinos deficitarios, compran maíz para abastecerse de grano. Además, en el contexto de la crisis, el asegurar el acceso a los alimentos a una población, que ya de por sí presenta problemas de alimentación, es un asunto prioritario.

Parte de la población mexicana siempre ha tenido deficiencias nutricionales; en 1979, un estudio del Instituto Nacional de la Nutrición señaló que alrededor de 19 millones de mexicanos estaban desnutridos, de los cuales 13 millones vivían en zonas rurales (Lustig, 1987: 228). De acuerdo con datos oficiales, en 1984, 40% de la población no alcanzaba a cubrir sus requerimientos nutricionales básicos; en 1988, 29% de la población menor de 5 años (2.6 millones de niños) sufría algún grado de desnutrición (Conal, 1989), y 50% de los niños rurales están afectados por la desnutrición.

Ya dijimos que la disponibilidad interna de alimentos se vio mermada en la última década y ha tenido que ser suplida con la importación; sin embargo, el acceso a los alimentos no está asegurado exclusivamente por su disponibilidad, sino que además es necesario que la población cuente con los medios suficientes para adquirirlos. En el periodo estudiado, es evidente que la contracción del ingreso familiar —originada por la caída de los salarios, el desempleo, los efectos de la inflación y los cambios en la distribución funcional del ingreso— ha tenido graves consecuencias en el patrón de·consumo de alimentos y en el nivel nutricional de la población tanto urbana como rural (Casar y Ros, 1989).

En 1984, la mitad de las familias mexicanas recibían un ingreso igual o inferior a dos salarios mínimos,[3] y es claro que esta situación no pudo haber mejorado para fines de los ochenta. Hemos señalado, además, que entre 1982 y 1989 el salario mínimo real disminuyó a la mitad y desde entonces se encuentra al mismo nivel del salario real de 1970.

Por otra parte, el costo de la canasta básica ha aumentado en relación con los salarios mínimos, y la composición del gasto en alimentos ha cambiado. Lustig (1987) señala que mientras que el costo de una canasta alimentaria básica para un familia era 30% del salario mínimo en 1982, en 1986 era 50%, y en 1990 se estimó el costo diario de los alimentos para una familia de cinco personas en 13 500 pesos, o sea 25% más alto que el salario mínimo (10 800 pesos).[4] Ha disminuido de manera drástica el consumo de una serie de alimentos como son la carne de res (50% entre 1982 y 1986), la carne de puerco, la leche y el huevo. En cambio, el consumo de los alimentos básicos tradicionales se ha mantenido estable, éste es el caso del arroz, el trigo, el frijol y el maíz. El consumo de frijol *per capita* aumentó dos kilogramos entre los años de 1982 y 1986 y el de maíz llegó a aproximadamente 200 kilogramos anuales por persona (González Tiburcio, 1989: 455).

El deterioro del ingreso de las familias trae como consecuencia cambios en el patrón del gasto, así como en la composición de los bienes que adquiere, en particular el tipo de alimentos. A su vez, estos cambios difieren de acuerdo con el estrato de ingreso. La información proporcionada por el Instituto Nacional del Consumidor (Inco), permite corroborar lo anterior con respecto a la población urbana.[5]

---

[3] Un ingreso familiar equivalente a dos salarios mínimos es el criterio establecido por el Programa Nacional de Alimentación para identificar a la población con riesgo de desnutrición (Conal, 1989: 10).

[4] El costo excluye el consumo de carne de res. Información de un estudio elaborado por el Instituto Tecnológico Autónomo de México (ITAM) citado por *La Jornada*, octubre 8, 1990.

[5] El Inco (Instituto Nacional del Consumidor) ha levantado encuestas comparativas entre 1985 y 1988 en el D.F. y zonas aledañas, a fin de conocer el consumo alimentario de las familias. No se cuenta con información de la po-

En el cuadro V-1 se observa la caída en el ingreso de acuerdo con el estrato según el criterio del Inco. En todos los casos se ha alterado la participación y composición del empleo familiar. En general, ha aumentado el número de personas que trabajan por familia y, sobre todo, ha aumentado el trabajo femenino. Pero estos cambios se han dado de manera diferente según el estrato de ingreso. En forma muy resumida se observa lo siguiente:

CUADRO V-1
Variaciones en el ingreso familiar 1985-1988

Variación	FB	FMB	FM	IB	IM
Febrero 88/jun.85 Ingreso medio semanal hogar	11.6	−1.8	−24.5	18.2	−2.8
Ingreso medio semanal del jefe	−4.9	−16.2	−32.8	4.3	−20.1
Promedio perceptores/hogar	39.7	26.4	3.6	34.0	3.8
Gasto medio semanal alimentos	−23.3	−26.8	−27.6	−13.8	−14.7

Nota: FB-Sector formal con ingreso bajo; FMB-sector formal con ingreso medio bajo; FM-sector formal con ingreso medio; IB-sector informal con ingreso bajo; IM-sector informal con ingreso medio.
Fuente: Manjarrez, cuadros 1-3 y 7: 111-119.

Ha habido una contracción del ingreso familiar en todos los estratos, excepto en el formal bajo e informal bajo. El informal bajo también es el único caso en que el ingreso del jefe de familia no ha disminuido. La disminución del ingreso familiar y del jefe de familia es más acentuada en los sectores medios. La caída del ingreso se ha compensado con la entrada de un mayor número de miembros de la familia al mercado de trabajo. El aumento del

blación rural. Los datos a continuación son tomados del análisis que realizó Manjarrez (1989) de dicha encuesta. La encuesta hace un seguimiento a un conjunto de familias clasificadas por estrato de ingreso, tipo de empleo del jefe de familia y las prestaciones sociales en el trabajo.

número de perceptores de ingreso por hogar se observa en todos los estratos, pero ha sido más acentuado en los formales bajo y medio bajo, y en el informal bajo. En una situación de estancamiento general de la economía, la entrada al mercado laboral se ha dado en actividades no estables, y sobre todo ha aumentado la participación de las mujeres.

Los cambios en la percepción del ingreso han repercutido en la asignación de recursos al hogar y, por tanto, en la proporción asignada a los alimentos y su composición.

El gasto alimentario semanal en términos reales ha tenido fuertes reducciones en los cinco estratos estudiados; las caídas más fuertes corresponden a los estratos del sector formal (de 23 a 27%) y la menor al informal (14 a 15%).

CUADRO V-2
Gasto en alimentos por estrato

	FB	FMB	FM	IB	IM
% gasto en ingreso:					
junio 85	67.9	47.6	40.	60.3	45.7
febrero 88	46.7	35.5	38.8	43.9	39.9
% gasto en: -origen animal					
junio 85	50.2	55.6	57.5	45.5	51.6
febrero 88	48.7	52.9	56.9	50.9	49.1
% gasto en -origen veg.					
junio 85	41.9	37.1	34.3	44.6	41.2
febrero 88	43.6	39.9	37.1	42.1	41.8
-cereales					
junio 85	13.9	13.5	11.4	15.5	15.3
febrero 88	17.5	16.5	13.9	16.5	18.5

Nota: FB-Sector formal con ingreso bajo; FMB-sector formal con ingreso medio bajo; FM-sector formal con ingreso medio; IB-sector informal con ingreso bajo; IM-sector informal con ingreso medio.
Fuente: Manjarrez, cuadros 8 a 9.5: 119-126.

El gasto alimentario como porcentaje del gasto total también ha disminuido, ya que el aumento de otros gastos indispensables, como los correspondientes a la vivienda y el transporte, ha absorbido una mayor proporción del total. En todos los estratos se observa una clara tendencia al cambio en el patrón de consumo de alimentos y a la sustitución de los de origen animal, que equivalen aproximadamente a 50% del gasto, por otros más baratos como los de origen vegetal. Dentro del grupo de los alimentos vegetales, los cereales son los que más han aumentado su participación en el gasto. Destaca el hecho de que los alimentos tradicionales básicos, la tortilla y el frijol, han aumentado su participación en el gasto en mayor proporción que otros. En los estratos más bajos y en el medio bajo, son los renglones más importantes en el gasto del total de los diez productos alimentarios. En los estratos FB e IB pasan de 5.6% a 7.1% y de 9.3 a 10%, respectivamente.

También se observa que la cantidad física adquirida de tortillas y frijoles aumentó en todos los estratos. La cantidad de

CUADRO V-3
Variación en la cantidad semanal comprada por hogar (kg.)

	Tortilla	Frijol
FB		
junio 85	8.32	1.04
febrero 88	11.00	1.34
variación	32.22	29.70
FMB		
junio 85	8.49	0.87
febrero 88	10.20	1.22
variación	15.34	40.92
FM		
junio 85	7.34	0.81
febrero 88	9.59	0.88
variación	30.78	7.99
IB		
junio 85	10.19	1.51
febrero 88	13.45	1.51
variación	32.04	−0.26
IM		
junio 85	9.18	1.27
febrero 88	12.25	1.37
variación	33.32	7.36

Fuente: Manjarrez, cuadros 12.1 a 12.5: 135-139.

tortillas compradas semanalmente subió 30% en todos los estratos excepto el FM y FMB, y el frijol pasó de 30 a 40% en el FM y FMB. Esto indica claramente que los alimentos básicos tradicionales están adquiriendo una mayor importancia en la dieta urbana, lo cual contrasta con la escasez de la oferta interna y la cada vez mayor dependencia hacia las importaciones, que resulta en un creciente perjuicio para la calidad de la tortilla. No sólo ha cambiado la composición de la alimentación, sino que ahora se consumen los alimentos tradicionales en sus variedades de menor calidad, como el maíz amarrillo importado.

En conclusión, frente a la contracción del ingreso, las familias tratan de aminorar los efectos sobre el gasto mediante el consumo de alimentos que sean más baratos. Para tal fin se aumenta el consumo de los alimentos más tradicionales, que también son los subsidiados y los que están sujetos a controles de precios finales. En consecuencia, la presión por parte de los consumidores por mantener u obtener el acceso a estos alimentos se convierte en una de las estrategias prioritarias de sobrevivencia.

3. LOS PROGRAMAS DE DISTRIBUCIÓN DE ALIMENTOS EN ZONAS URBANAS

Conasupo, a través de su filial Diconsa, ha sido el principal agente en el establecimiento de los programas de distribución de alimentos subsidiados, al ofrecer al público consumidor una serie de productos básicos a bajos precios, tanto en sus tiendas urbanas como en las rurales.[6] A fines de los años ochenta, se estimó que Diconsa cubría alrededor de 4% de la demanda nacional de alimentos y 17% del mercado nacional de alimentos básicos. En los mercados rurales, la cobertura ha sido mayor, llegando a 25% de la venta total de alimentos básicos (Peón, 1989: 61). Además, Diconsa maneja programas especiales como el de dis-

---

[6] Los programas de distribución de alimentos que no pertenecen al sistema Conasupo han sido marginales, pero se han incrementado. Estos programas son el del DIF, (Desarrollo Integral de la Familia), que ha aumentado la asistencia alimentaria (desayunos escolares) 514% entre 1983 y 1986, el del Instituto Nacional Indigenista y los programas dirigidos a través del sistema de salud.

tribución de cupones para la adquisición de tortillas y el de Liconsa para la distribución de leche.

Hasta 1990, el programa de distribución urbana de Diconsa comprendía tres tipos de tiendas: los grandes almacenes comerciales propiedad de Conasupo; las tiendas pertenecientes a comerciantes particulares o a sindicatos, pero afiliadas a la red de Conasupo bajo el compromiso de funcionar según las normas de precios establecidas por esa institución, y las tiendas comunitarias propiedad de los comités de vecinos, organizadas en forma de cooperativa y conocidas como Centros Populares de Abasto Comunitario (Cepac).

Con la reorganización de Conasupo, iniciada a fines de 1989, se cerraron los centros comerciales del primer tipo, argumentando que no se justificaba subsidiar el abasto en zonas habitadas en gran parte por la clase media. Las tiendas antes concesionadas a los sindicatos se transfirieron a esas mismas organizaciones. Quedaron las tiendas comunitarias, las cuales se consideraron de importancia primordial en el esfuerzo de distribución de productos básicos en zonas de bajos ingresos. A este sistema de tiendas populares se siguió otorgando un subsidio que se manifestaba tanto en la absorción por parte de Conasupo de los gastos de administración del Programa de Abasto de Zonas Populares, como en el nivel de precios controlados de los productos vendidos en las tiendas.[7]

Los Centros Populares de Abasto funcionan en locales proporcionados por los vecinos de los barrios. Al comprobar que se han organizado debidamente y al comprometerse a invertir trabajo no remunerado en el mantenimiento de las instalaciones locales, los vecinos pueden recibir un crédito en mercancías llamado "capital de trabajo", que les permite surtir su tienda. En 1990, este crédito era de aproximadamente 500 000 pesos, y lo otorgaba Diconsa por medio de su Programa de Abasto de Zonas Populares Urbanas (PAZPU).

Durante los primeros años de la década de los ochenta, los Centros Populares tuvieron acceso a una canasta de alimentos básicos relativamente amplia, la cual en 1983 incluía maíz, tortilla, harina de maíz, harina de trigo, leche, huevo, aceite ve-

---

[7] Los gastos administrativos se concentran en los costos de operación que han resultado ser mayores que el monto de beneficio a la población (Conal, 1988).

getal, frijol, azúcar y arroz, y a la que posteriormente se agregaron pastas para sopa, sal, papa, jitomate, carne de ave, galleta básica, sardina, café, chiles enlatados, cebolla, carne de puerco, naranja y pescado seco salado. El precio a que fue entregada la mayor parte de los productos manufacturados incluidos en la canasta implicaba algún grado de subsidio.

A partir de 1985 esta situación cambió. Entre ese año y los dos siguientes se retiraron los subsidios a una serie de productos manejados por Conasupo: arroz, pan blanco, sorgo, pasta de soya, semillas oleaginosas y aceites. Esto permitió que la empresa redujera 140% el subsidio dado a los productos básicos entre 1983 y 1985.[8] Sin embargo, al entrar en vigor el Pacto a fines de 1987, se vuelven a subsidiar los productos básicos con el propósito de mantener el control de los precios al consumidor, pero se reduce el número de productos sujetos a subsidio, creando lo que entonces se llamó una canasta de "superbásicos" compuesta por frijol, tortilla, arroz, azúcar, sal, pasta para sopa, harina de trigo, harina de maíz y café en grano. En consecuencia, los precios vigentes en los Centros Populares de Abasto empezaron a subir.

En julio de 1990 se ajustaron de nuevo los precios más notables, cuando virtualmente se eliminaron los subsidios de una serie de productos que antes se consideraban "superbásicos", incluyendo el frijol, el arroz y la harina de maíz. El precio del frijol saltó de 910 pesos por kilo a 3 300, y el del arroz de 840 pesos por kilo a 1 900.

A la vez, en el afán de reducir los costos de operación del programa PAZPU, el programa de restructuración de Conasupo, puesto en marcha en 1990, prevé la creación de una instancia intermedia entre Diconsa y las tiendas, compuesta por los Almacenes Urbanos de Solidaridad regidos también por consejos populares, y la transferencia posterior de estos almacenes a las organizaciones de usuarios.

En materia de reformas a la estructura de subsidios vigente, el complemento al retiro del subsidio general, que había permiti-

---

[8] Las cifras al respecto difieren. De acuerdo con Conasupo, el monto del subsidio a los productos básicos bajó de 224 miles de millones de pesos en 1983 a 12.2 en 1987; según Secofi el subsidio por el mismo concepto bajó de 218 a 45 miles de millones en el mismo periodo (pesos de 1983) (Martín del Campo y Calderón, 1990: cuadro 7).

do abaratar el costo de la canasta básica vendida en los Centros
Populares de Abasto, fue la progresiva definición de una política de subsidios dirigidos, en que se hacía un esfuerzo por proporcionar solamente dos productos básicos —la leche y la tortilla— a muy bajo costo a los grupos que se consideraron más
vulnerables.

La evolución de esta vertiente de la política alimentaria se
analiza con detalle en las páginas que siguen. Por el momento,
conviene destacar el impacto que han tenido en la capacidad real
de las tiendas cooperativas de barrio estos cambios en los precios y estas reformas a la estructura administrativa, los cuales,
por otro lado, todavía no terminan de configurarse. Las organizaciones populares sienten que el programa de apoyo al abasto
en zonas de bajos ingresos está en peligro, y luchan por mantener algún grado de subsidio general para la canasta de productos básicos. A la vez, intentan asegurar su participación real en
la distribución de los productos con subsidio dirigido, y especialmente de la tortilla. Como se verá enseguida, se pretende que
la población con derecho a acceder a estos productos sea seleccionada de manera individual, con lo que las organizaciones populares perderían totalmente su influencia en la asignación de
los subsidios.

4. EL SISTEMA MAÍZ-TORTILLA: PRECIOS Y SUBSIDIOS

El sistema maíz-tortilla ha sido el principal receptor de los subsidios otorgados por el gobierno mexicano a los alimentos básicos. Esto es comprensible dada la importancia que tienen en el
consumo de la población de bajos ingresos, tanto urbana como
rural, como se observa en el cuadro V-4.

La función de Conasupo en la instrumentación del subsidio
ha sido fundamental debido al papel estratégico que tiene en el
sistema maíz-tortilla. Los subsidios que Conasupo canaliza
al sistema son de tres tipos: un subsidio por la vía de los precios
que equivale a la diferencia entre el precio de compra (de garantía) más los costos de operación, administrativos y financieros,
y el precio de venta a la industria; un subsidio directo a la industria procesadora del grano para masa y harina, que consiste en
la diferencia entre el costo real de producción y el precio de venta oficial, y un subsidio dado a través de los programas socia-

CUADRO V-4
Los subsidios al sistema maíz-tortilla
(Millones de pesos de 1983)

Año	Subsidios al maíz[a]	Programa maíz-tortilla[b]	Total	M-T/Total %
1979	25 808	—	25 808	—
1980	34 963	—	34 963	—
1981	47 817	—	47 817	—
1982	56 921	—	56 921	—
1983	75 724	—	75 724	—
1984	69 006	610	69 616	1.00
1985	52 418	2 175	54 594	4.00
1986	18 097	2 073	20 171	10.00
1987	14 595	8 489	23 083	37.00
1988	27 534	9 274	36 808	25.00
1989	48 492	9 155	57 647	16.00

[a] Subsidio por diferencial de precios, a la industria harinera y gastos de operación.
[b] Programa: Distribución de tortillas y Programa Tortibonos.
Fuente: Martín del Campo y Calderón, 1990, cuadro 15: 107.

les de distribución, como ha sido el de cupones o tarjetas (Martín del Campo y Calderón, 1990).

Hasta los años ochenta, el subsidio dado a la industria era de tipo general. Inclusive Conasupo vendía grano subsidiado a la industria de aceites y derivados del maíz. Pero desde la crisis sólo abastece a la industria dedicada a la producción de harina, masa y tortillas, y a la distribución del grano a través del sistema Diconsa. En el primer caso, Conasupo canaliza el grano subsidiado a la industria de la harina para la fabricación de harina de maíz, la cual tiene una gran variedad de usos incluyendo la preparación de tortillas. En el segundo, que ha sido el más estratégico dentro del sistema de abasto de las principales zonas urbanas del país, Conasupo provee grano subsidiado a la red de molinos de nixtamal en donde se transforma en masa que posteriormente se entrega a miles de pequeñas tortillerías ubicadas en los barrios urbanos para la venta inmediata del producto fresco a los consumidores. En el tercero, Conasupo provee de maíz en grano, harina de maíz y tortilla a los consumidores rurales y urbanos de bajos ingresos, por medio de las tiendas urbanas y rurales afiliadas al sistema de aprovisionamiento al menudeo de Diconsa.

En 1983, el sistema maíz-tortilla absorbió 34% de todos los subsidios manejados por Conasupo; tres años más tarde esa cifra subió a 50%. No obstante, el subsidio al sistema maíz-tortilla disminuyó en cifras reales 76 por ciento.

El proceso de reforma de los subsidios al sistema maíz-tortilla, iniciado en 1984, ha sido principalmente una consecuencia de las restricciones presupuestales que obligaron a establecer los subsidios de una manera más eficiente y con menor costo, por lo cual fue necesario evaluar cuidadosamente su cobertura, la población que habrían de beneficiar y los mecanismos de canalización.

La disminución de los subsidios al sistema maíz-tortilla se logró mediante la reducción de la diferencia entre el precio de garantía del maíz, o sea el de acopio de Conasupo, y la venta de grano a la industria, disminuyendo el acopio nacional e incrementando el volumen de maíz importado con un costo menor debido a los bajos precios mundiales, otorgando un monto de subsidios menor a la propia industria y reduciendo el subsidio generalizado a la tortilla en favor de un subsidio dirigido que beneficiara sólo a una población seleccionada en función de sus bajos ingresos.

Ha sido difícil disminuir la brecha entre el precio de compra (de garantía) y de venta a la industria; de hecho, sólo en el periodo 1985-1986 se logró una tendencia en este sentido gracias a que se aumentaron los precios de venta a la industria en una proporción mayor que los precios de compra. Esta situación no se pudo sostener durante el Pacto, y el precio de venta a la industria se volvió a situar 50% por debajo del precio de adquisición. En 1990 se cambió radicalmente esta política al anunciar la suspensión del subsidio a la industria (véase cuadro anexo-11).

La restructuración de los subsidios directos a la industria, así como el establecimiento de subsidios dirigidos, data de 1984. Este proceso ha afectado profundamente el sistema de abasto y de distribución de tortillas, pues desde 1973 el Estado tenía un control amplio sobre el abasto en las grandes ciudades mediante el sistema de dotación de maíz subsidiado a la industria. Numerosos grupos de interés han sufrido los efectos de esto: los dueños de molinos de nixtamal, de la industria harinera y los miles de establecimientos que elaboran tortillas, así como la población consumidora. En consecuencia, a lo largo del proceso ha habido modificaciones en los montos y mecanismos de instrumentación, que en ocasiones han significado un retroceso en el objetivo global de disminución de los subsidios y una mayor privatización de los mercados.

Por el lado del consumo, el retiro del Estado del sistema maíz-tortilla ha sido un proceso políticamente delicado por tratarse del alimento principal de la población de menores ingresos. No se ha formulado una propuesta alternativa viable en un contexto en el que el control de los precios clave —precios de los alimentos y salarios— es uno de los ejes de la política de estabilización. Más bien, el debate se realiza en torno a cuáles son los grupos que van a poder seguir participando en la distribución de un menor monto de subsidios. Por un lado, los molineros-harineros presionan al gobierno para recibir mayores dotaciones de Conasupo y para obtener permisos de importación a fin de conseguir grano barato; por el otro, la población organizada demanda el acceso a la tortilla subsidiada. Estas presiones se canalizan hacia la Secretaría de Comercio (Secofi) que es la instancia responsable de la programación y administración del sistema maíz-tortilla en lo que se refiere a precios, subsidios, permisos de importación, autorización para establecimientos industriales, etc.; y hacia Conasupo-Diconsa que es la instancia que establece los mecanismos de subsidio. En estos años, lejos de retirarse del debate, la Secofi y Conasupo se encuentran en el eje de las tensiones en torno a la lucha por los subsidios.

Veamos ahora el proceso de cambio en los mecanismos de abasto de maíz y tortilla en los años ochenta; para ello, cabe recordar brevemente las principales características de la industria de la masa, harina y tortilla en México.

4.1. La industria de la masa-harina-tortilla y los subsidios

La tortilla se elabora a partir de una masa hecha con grano de maíz, cal y agua llamada masa nixtamalizada; debido a que ésta tiene un acelerado proceso de fermentación y a que se descompone rápidamente, las tortillas deben hacerse casi de inmediato. Antes, la masa y las tortillas se elaboraban manualmente dentro de la esfera doméstica, pero en la actualidad la molienda del grano y la nixtamalización se realizan en los molinos que existen en todo el país. Incluso en el campo, las mujeres llevan su propio grano a estos establecimientos a que lo conviertan en masa para luego hacer la tortilla manualmente o con un sencillo aparato doméstico. En las ciudades, en cambio, el procesamiento industrial de la tortilla llega al producto final; el molino surte la masa nixtamalizada a los establecimientos donde se elaboran las tortillas con un sencillo equipo mecánico operado por una o dos personas, las cuales también atienden al público. La tortilla preparada de esta forma es de consumo inmediato. Por lo general, las tortillerías son establecimientos muy pequeños, aunque también hay otros donde se efectúan todas las etapas del proceso, es decir, la molienda y la elaboración de masa y de tortillas.

En 1989 había en el país 42 533 establecimientos dedicados a la molienda de maíz, producción de masa nixtamalizada de maíz y elaboración de tortilla. 22% de los molinos-tortillerías y tortillerías se ubicaban en el D.F. y la zona metropolitana y Conasupo entregaba grano subsidiado a 98% de los establecimientos. En total, esta industria absorbía 4.5 millones de toneladas de maíz de las cuales Conasupo distribuía alrededor de 3 millones; 26% de ellas iba a la ciudad de México y el área conurbada a un precio 45% inferior al que imperaba en el mercado libre.[9] El maíz no entregado por Conasupo tiene que ser adquirido en el mercado privado a precios también libres.

Los industriales de molinos de masa nixtamalizada y tortillerías no tienen acceso a la importación directa de maíz, pues se les han negado los permisos. Por lo tanto, tienen que abastecerse en el mercado nacional para suplir el grano que no les vende Conasupo. Esto afecta sobre todo a los industriales del interior del país, quienes compran una parte importante de la materia prima que requieren en el mercado libre, lo cual empuja los costos al alza y hace muy difícil el control de los precios de la tortilla. La Secofi reconoció de hecho esta situación, al permitir el establecimiento de precios diferenciales para la tortilla en cada estado de la República en el año de 1990.

Otra manera de hacer la tortilla es con harina de maíz nixtamalizada y mezclando harina con masa nixtamalizada. Desde hace más de cuarenta años se establecieron las primeras industrias donde se prepara harina de maíz. Hoy en día, la única empresa privada que se dedica a ello, Maseca, cuenta con 11 fábricas en el país, mientras que Miconsa, perteneciente a Conasupo, tiene cinco fábricas, con una tercera parte de la capacidad instalada.[10]

La harina de maíz nixtamalizada ofrece más ventajas que la masa desde el punto de vista del costo y comercialización, ya que, como no se descompone, se puede almacenar y la tortilla elaborada con ella puede empaquetarse y conservarse; sin embargo, esta última no es muy aceptada por los consumidores debido a que tiene una consistencia y un sabor distintos. También se puede mezclar la harina con la masa nixtamalizada, lo que se hace cada vez con mayor frecuencia debido a que esto permite un ahorro de grano y, por lo tanto, abaratar los costos de producción en las tortillerías. En 1989, 42% de los molinos-tortillerías y 64% de las tortillerías mezclaban harina en la masa (Conasupo, septiembre de 1989).

Dado que el rendimiento de grano es superior para la elaboración de harina —se estima que se obtiene 1.4 kilos de tortillas con un kilo de grano mediante el proceso de harina y 1.1 kilos mediante el proceso de masa— ha habido siempre un interés por parte del gobierno por incrementar la elaboración de tortillas a partir de harina, y efectivamente en los años ochenta ha aumentado el consumo de grano de esta industria mientras que la correspondiente a la industria tradicional ha permanecido estancada (véase cuadro V-5).

Conasupo también suministra grano a la industria harinera, principalmente a Miconsa. La empresa privada (Maseca) se surte en Conasupo,[11] el mercado privado e, incluso, en la actualidad satisface 50% de su suministro con grano importado, gracias a los permisos de importación que le han sido otorgados

[10] Actualmente esta filial se encuentra en proceso de desincorporación. Lo importante sería evitar la constitución de un monopolio de la industria de la harina controlado por Maseca.

[11] En 1991 ya no recibía subsidio por diferencial de precios por parte de Conasupo ya que el grano se le vendía a 861 mil pesos por tonelada. El precio de importación, puesto en la planta industrial se estimó en 417 mil pesos (Boruconsa, 1991).

CUADRO V-5
Balance del sistema maíz
(Miles de toneladas)

	1978	1983	1989
Oferta total	12 395	17 800	15 135
Nacional	10 930	13 100	11 725
Importado	1 465	4 700	3 410
Conasupo		4 700	2 004
Privado			1 131
Existencias		1 200	590
Mermas	1 490	1 120	880
Consumo	12 395	17 800	15 135
Autoconsumo	4 200	3 900	2 080
Comercialización	8 195	13 900	13 055
Industria	4 020	10 000	9 370
Tortilla	3 435	4 500	4 570
Molinos y masa	2 690	3 100	2 190
Harina	745	1 400	2 380
Otra	587	5 500	4 800
Grano al menudeo[a]	2 680	2 400	3 685
Diconsa	270	1 000	765
Privado	2 410	1 400	2 920

[a] Incluye forrajes y semillas.
Fuente: 1978, Coordinación General del Sistema Nacional de Evaluación y del Sistema Alimentario Mexicano, anexo, cuadro 2: 83.
1983, SHCP, 1985; 1989, Conasupo, febrero de 1990.

desde 1985. La importación de maíz por parte de la industria privada ha tendido a incrementar en los últimos años mientras que las compras nacionales se han estancado.[12]

En la fase de la transformación industrial, los subsidios se otorgaban a través de los precios de la materia prima vendida a la industria y las empresas harineras recibían, además, una bonificación en efectivo por cada tonelada de harina de maíz vendida a granel; a esto hay que añadir los precios subsidiados de energía, agua y combustible.

Hasta 1984, el subsidio al sistema maíz-tortilla se otorgaba

[12] La industria de almidón, un importante consumidor de maíz ha triplicado sus importaciones y en 1990 se abasteció exclusivamente del mercado externo (véase cuadro V-6).

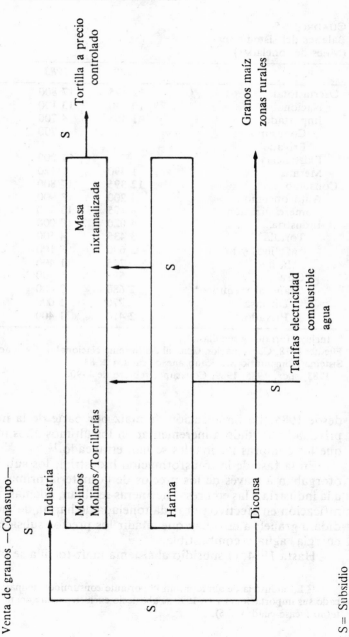

ESQUEMA V-1

Subsidios a la industria de la tortilla

a la industria de manera generalizada a través de los precios de venta de Conasupo y mediante el subsidio directo a la industria harinera. En el año de 1983 se produjeron 5.5 millones de toneladas de tortillas y la industria demandó un total de 4.5 millones de toneladas de maíz; 82% de este maíz fue proporcionado por Conasupo, y la mayor parte se destinó a la industria de la masa nixtamalizada; el 18% restante lo recibió la industria de la harina y con ello cubrió casi la totalidad de sus requerimientos.

CUADRO V-6
Compras y ventas de maíz para la industria
(Miles de toneladas)

	1988	1989	1990
Compras de maíz			
Nacional	2697	2382	2726
Conasupo	1742	1753	2186
Maseca	616	540	540
Almidonera[a]	339	89	0
Importado	2821	3135	3329
Conasupo	2327	2005	1873
Maseca	154	360	556
Almidonera[a]	679	860	900
Total			
Conasupo	4069	3757	4059
Maseca	770	900	1096
Almidonera[a]	679	860	900
Ventas de Conasupo a la industria de la tortilla			
Masa/Tortilla			
Conasupo	2190	2432	2156
Harina			
Conasupo	443	631	671
En grano			
Conasupo/Diconsa	661	636	403
Total	3294	3699	3239

[a] Se refiere al 70% de la industria del almidón.
Fuente: Secofi, Dirección General de Productos Básicos.

El maíz se entregaba mediante un sistema de dotación en el cual cada establecimiento tenía asignado un volumen de entrega periódica de maíz. Durante los años siguientes no se ampliaron los montos de las dotaciones, lo cual fue motivo de constantes conflictos entre los industriales y la Secofi, que era responsable del programa. En consecuencia, era difícil que la industria creciera pues para ello hubiera tenido que adquirir el maíz en el mercado libre.

Para protestar por la reducción del margen entre los costos —al no poder ampliarse las dotaciones— y los precios controlados, los industriales miembros de la Asociación Nacional de la Industria de la Masa y la Tortilla (con 125 000 afiliados) hicieron un paro de 24 horas en 1983, con el que demandaban un aumento de 210% en el precio de la tortilla; en marzo de 1984 volvió a haber problemas y 50% de las tortillerías en el D.F. cerraron por falta de maíz, situación que se agravó con una huelga de transportistas.

Pero el problema principal del sistema de dotación era que el maíz subsidiado no llegaba a todos los establecimientos, por lo que no toda la población tenía acceso a la tortilla subsidiada. Sólo una tercera parte de los molinos y molinos-tortillerías recibían dotaciones subsidiadas y éstos estaban concentrados en el D.F., el Estado de México y las áreas urbanas de Jalisco, Veracruz, Guanajuato, Michoacán y Nuevo León; es por ello que había diferencias importantes en los precios regionales de la masa y la tortilla. Otro problema lo constituían los desvíos en el uso del maíz a que daba lugar el subsidio, tales como la reventa a la industria de derivados de maíz o para el consumo animal (Hewitt, 1987).

Estos problemas justificaban una revisión del sistema de subsidios, la que además era obligada por el ajuste al gasto público en esos años. En 1984, el gobierno decidió cambiar el mecanismo de subsidio a la tortilla, lo cual permitió una primera disminución importante del subsidio al maíz sobre todo a partir de 1986.

Se consideró que la mejor manera de hacer llegar la tortilla a los grupos de menores ingresos era distribuyéndola a un precio preferencial en las zonas habitadas por ellos, por medio de canales específicos. La tortilla subsidiada se vendería por lo tanto en tiendas del sector público y social; se utilizó entonces el sistema de tiendas Diconsa y el programa de distribución de leche Liconsa, así como también las tiendas gubernamentales y sindicales. La tortilla distribuida de esta manera se vendía en paquetes, una modalidad poco acostumbrada. Toda la población que acudía al tipo de tiendas señaladas podía comprar este alimento a un precio menor que en las tortillerías; sin embargo, se estimó que la población beneficiada era pequeña, alrededor de 520 mil familias al día en 1985-1986.

El sistema de subsidio se manejó mediante bonificaciones a la industria. Se otorgaba una bonificación en efectivo a la industria harinera por tonelada de harina de maíz vendida a granel. La cuota de la bonificación se determinó por la diferencia entre el precio que fijaba Secofi para la venta del producto al consumidor y los costos de producción de las empresas más un margen de utilidad.

El sistema de subsidios por la vía de dotaciones subsidiadas a través de las tortillerías tradicionales también se continuó; de hecho, el subsidio generalizado representaba 99% del subsidio al sistema maíz-tortilla. A partir de entonces se inició una política de precios dual: uno para la tortilla subsidiada y otro para la tortilla "controlada"; el precio de esta última fue en aumento a fin de cerrar la brecha entre el precio controlado y el precio real de la tortilla.

El sistema de subsidio mediante la bonificación resultó costoso y terminó en 1986. En abril de ese año se cambió al subsidio mediante cupones entregados a la población objetivo (los llamados "tortibonos"). Este sistema siguió vigente hasta fines de 1990.

4.2 El subsidio directo: los "tortibonos"

El cambio en el sistema de subsidios fue el resultado de la demanda por parte de varias instancias. Primero, el gobierno tenía interés en establecer un mecanismo que permitiera racionalizar los subsidios; al mismo tiempo, las organizaciones populares incluían en sus demandas un mayor acceso al subsidio de la canasta básica y por tanto a la tortilla. Formalmente fue el Congreso del Trabajo quien presentó una petición ante Secofi para cambiar el subsidio.

Con este cambio en el mecanismo de los subsidios efectuado en 1986, se pretendía beneficiar mejor a la población trabajadora de menor ingreso y a los habitantes de las zonas urbanas marginadas otorgando un subsidio selectivo.

El nuevo mecanismo para establecer el subsidio consistió en la distribución de cupones, pronto llamados popularmente "tortibonos", a una población previamente seleccionada, determinándose un ingreso familiar igual o menor a dos salarios mínimos como criterio para identificar a la población objetivo.

El programa era controlado por la Secofi, que autorizaba la emisión de tortibonos para su posterior distribución a través de los canales establecidos. Las organizaciones sindicales fueron las primeras en distribuirlos, posteriormente se formalizó su operatividad con la mediación de Diconsa y se asignaron cuotas de cupones para cada uno de los canales de distribución: las organizaciones sindicales, los programas PAZPU, las tiendas Cepac, los expendios de Liconsa, las tiendas de Conasupo, las concesionadas, asociadas y otras de los sectores público y social y agrupaciones sociales o comunitarias cuyos integrantes correspondían a la población objetivo.

Los portadores canjeaban estos cupones en las tortillerías y el productor los utilizaba para pagar a los molineros la masa de nixtamal que le entregaban; los molineros a su vez los canjeaban en las sucursales bancarias en donde liquidaban las dotaciones de maíz adquirido a Conasupo.

El cambio en el mecanismo de subsidio significó una reducción financiera sustancial de 65%, producto de la disminución del subsidio generalizado. Para 1987, sólo subsistía el subsidio a la industria molinera ubicada en la ciudad de México y el área metropolitana. Además, se redujo el volumen de subsidio a la harina vendida a la industria de la tortilla, así como la venta de grano de maíz al sistema Diconsa rural (Martín del Campo y Calderón, 1990: 78-79).

Como consecuencia de estas transformaciones, los precios de la tortilla también variaron, y a partir de 1986 hubo tres distintos: el controlado para el interior del país; el que se aplicaba en el D.F. y la zona metropolitana, y el de la tortilla adquirida con los "tortibonos". Las cifras muestran que las diferencias entre estos precios son importantes. En 1986, por ejemplo, la tortilla en el interior del país costaba 15% más que en la ciudad de México, y un tortibono era 75% más barato que el kilo adquirido en las tortillerías de la zona metropolitana. Para 1990, la diferencia era de 36% entre los precios controlados pero se mantuvo la diferencia entre el precio en la ciudad de México y la zona metropolitana y el tortibono; ésta disminuyó luego a 64 por ciento.

En 1989 se establecieron precios diferenciales para el interior del país, ya que de hecho existían en el mercado. Ahora cada estado fija el precio de la tortilla de acuerdo con las comisiones estatales de seguimiento del Pacto. Esto provoca que haya diferencias entre los precios de hasta un 100%.[13] En la ciudad de México y la zona metropolitana, el precio controlado del kilo de tortillas equivale a 45% del precio promedio en el interior del país.

La tortilla vendida mediante el sistema de "tortibonos" ha sido altamente subsidiada, pues el precio se mantuvo fijo (32 pesos por kilogramo) durante cuatro años en los que hubo una inflación aguda (véase cuadro V-7). Esto implicó que el subsidio fuera de nuevo creciente. El subsidio generalizado también volvió a incrementarse desde 1988 ya que, para sostener precios estables a la tortilla de acuerdo con la política del Pacto, fue necesario continuar con los subsidios a la industria. Así entre 1988 y 1989, el subsidio generalizado aumentó 58%, mientras que el subsidio dirigido disminuyó. Esta tendencia se sostuvo hasta enero de 1990, cuando después de dos años se aumentó el precio de la tortilla a 120 pesos por kilo, incremento que, no obstante la diferencia con el precio controlado (450 pesos por kilogramo) significó un aumento de 275%. Durante ese año se siguieron ajustando ambos precios de la tortilla.[14]

El subsidio dirigido únicamente ha abarcado a una pequeña parte de la población urbana. Entre 1984 y 1986, cuando se hizo el cambio, si bien se duplicó el número de beneficiados, este subsidio alcanzó a menos de 10% de las familias urbanas, porcentaje muy inferior al que, según el criterio de dos salarios mínimos de ingreso mensual, corresponde a la población "pobre", de la cual el programa sólo cubrió 35% en ese periodo.

En 1989, 1.3 millones de familias tuvieron acceso a tortillas mediante los "tortibonos", lo que equivale a seis millones de personas. Cada familia tenía derecho a 14 kilos de tortilla a la semana.

[13] El precio de la tortilla al público en febrero de 1990 fue de 450 en el D.F. y zona metropolitana, Taxco y Texcoco y 900 en Quintana Roo.
[14] Se estima que en 1989 la industria de masa nixtamalizada produjo 7.1 millones de toneladas de tortillas, de éstas 5.6 millones fueron elaboradas con maíz subsidiado directamente a la industria o a través de la industria harinera, la cual vende aproximadamente 80% de su producción a la industria de la masa y tortilla.

CUADRO V-7
Precios de maíz y tortilla

Año	Mes	D.F. y Z. Metrop.	Interior[c]	Tortibonos[c]	Maíz en grano[d] Ind.[a]	masa[b]	Diconsa	Precio Garantía[a]	
1980		4.2	n.d.	—	—	—	4.4	4.4	
1981		4.2	n.d.	—	—	—	6.5	6.0	
1982	VIII	11.0	n.d.	—	—	—	7.5	8.0	
1983	VII	15.0	n.d.	—	—	—	13.4	16.0	
1984		15.5	n.d.	—	—	—	—	25.0	
1984	XII	21.0	n.d.	—	—	—	—	33.4	
1984		32.0	n.d.	—	—	—	—	33.4	
1985		32.0	n.d.	—	—	—	—	43.5	
1986	VI	45.0	80.0	—	—	—	—	43.5	
1986	XI	80.0	80.0	—	—	—	—	96.0	
1986	XII	130.0	150.0	32.0	—	—	—	96.0	
1987		130.0	185.0	32.0	—	—	—	175.0	
1987	VII	200.0	225.0	32.0	– –	—	—	175.0	
1987	VIII	200.0	270.0	32.0	—	—	—	245.0	
1988		275.0	375.0	32.0	140.0	246.0	216.0	310.0	
1989		275.0	375.0	32.0	140.0	246.0	216.0	370.0	
1990	I	450.0	644.0	120.0	240.0	382.0	380.0	435.0	
1990	VII	650.0	760.0	270.0	380.0	532.0	585.0	500.0*	600.0**
1990	IX	750.0	1 050.0		510.0	777.0	518.0	530.0*	636.0**

[a] D.F. y zona metropolitana. [b] Interior. [c] Pesos por kilo de tortilla. [d] Miles de pesos por tonelada.
* No blanco.
** Blanco.
Fuente: SHCP, 1985. SECOFI, Dirección General de Productos Básicos.

Cuadro V-8
Programa de distribución de la tortilla subsidiada

	Familias beneficiadas	Volumen tortillas (miles tons.)	Subsidio nominal (millones de pesos)
1984	240 000	71.7	1 009.3
1985	520 000	139.7	5 674.5
1986	520 000	88.2	1 972.3
Tortibono			
1986[a]	428 000	144.0	8 094.0
1987	1 083 333	632.3	96 100.0
1988[b]	1 150 000	472.4	185 400.0
1989	1 300 000		203 000.0
1990	839 000	613.0	224 800.0

[a] Abril-diciembre; [b] enero-agosto.
Fuente: Diconsa 1988/1990-Conasupo.

Los habitantes de la ciudad de México que corresponden a 18.5% de la población total del país son doblemente beneficiados por los subsidios, pues en ella se distribuyó 64% de los tortibonos y además la tortilla es más barata que en el interior.

Durante la vigencia del programa de "tortibonos" hubo continuas y fuertes presiones por parte de la población para ampliar el número de beneficiados. Pero esto fue siempre limitado por el presupuesto del programa y la dotación de grano, según lo cual se determinaba el número de cupones distribuidos. Secofi elaboraba el padrón de familias solicitantes con base en la solicitud de demandas recibidas en Diconsa, y éste se revisaba constantemente igual que los canales de distribución preferentes. Los continuos ajustes, obviamente, dieron lugar a conflictos y a manejos "políticos" en la canalización de los "tortibonos". Por ejemplo, desde 1987 las organizaciones populares comenzaron a manifestar su descontento por no recibir ampliaciones en la asignación de tortibonos y porque éstos se canalizan preferentemente hacia los programas PAZPU y Cepacs; por otra parte, también se disminuyeron los bonos distribuidos a través de los sindicatos y las tiendas Conasupo. Mientras tanto, largas listas de familias solicitantes de tortibonos quedaron en el cajón en espera de ser atendidas por la Secofi.

El uso de los "tortibonos" para fines políticos por parte de las organizaciones sindicales y populares fue un argumento constante en la crítica al sistema, pero también dentro del mismo sistema se encontraron desvíos al uso apropiado del cupón. En el ámbito de la industria se manifestó igualmente la inconformidad por parte de los industriales. A medida que aumentaba el precio del maíz en grano, o a partir de la necesidad de adquirirlo en el mercado privado, las tortillerías se resistían a recibir los tortibonos y violaban los precios oficiales.

En julio de 1990, el gobierno anunció que se cambiaría el sistema de subsidios a la tortilla de manera que el directo pudiera canalizarse con mayor eficiencia a la población realmente necesitada y a fin de disminuir de nuevo el subsidio generalizado. Este cambio obedece a varias causas, pero principalmente a una financiera, pues el aumento de los precios de garantía del maíz implicaba un mayor costo para Conasupo de mantenerse los subsidios vigentes; otra es el intento de avanzar en la desregularización del sistema de abasto, de modo que el Estado sólo se ocupe de atender a la población más "pobre" mediante el subsidio dirigido.

El cambio se dio desde inicios de 1990, primero con el ajuste en el precio de la tortilla en la ciudad de México y la zona metropolitana y luego con el establecimiento de precios diferenciales para el interior del país. Además, en la ciudad de México se eliminó la distribución de bonos en las tiendas Conasupo y del sector público y se redujo en 20% en las lecherías Liconsa y en los sindicatos (Conasupo, febrero, 1990: 5). Estas decisiones se tomaron al mismo tiempo que se "ajustaron" los precios de los demás productos de la canasta básica, con aumentos de 260% para el frijol, 126% para el arroz, y 45% para la tortilla, alzas que están totalmente fuera de proporción respecto de la política del Pacto y el índice de inflación, que para el mes de julio era de 17.3 por ciento.

Con el cambio en la distribución de la tortilla con subsidio directo, que entró en vigor a partir de noviembre de 1990, se propone reducir el subsidio a la población urbana al ajustar los precios controlados, otorgar subsidio sólo a la población seleccionada y abolir el sistema de dotaciones a la industria de la masa nixtamalizada.

El ajuste de precios planteó una situación contradictoria para la política antiinflacionaria del Pacto que oficialmente sigue vigente. De hecho, a fines de 1990, el precio promedio del kilo de tortillas no subsidiado era de 1 000 pesos en el interior del país, cercano a su precio real, pero en la ciudad de México se continuó vendiendo el kilo de tortillas a 750 pesos hasta fines de 1991.[15]

En cambio se decidió que la tortilla con subsidio directo sería entregada de manera gratuita para que así cada familia seleccionada tuviera derecho a un kilo de tortillas por día.

La población objetivo está integrada "por los sectores populares con ingresos familiares hasta dos veces el salario mínimo". De acuerdo con las cifras de la encuesta ingreso-gasto correspondiente a 1984, a este grupo pertenecen 8.3 millones de familias en total, de las cuales se estima que 3.5 millones son urbanas.[16] El programa se inició con 1.8 millones de familias y en la primera etapa se distribuyeron semanalmente cupones fechados para la adquisición del bien. Este mecanismo fue posteriormente sustituido por un mecanismo automatizado de manera que cada familia tiene una tarjeta con código de barras que permite un control electrónico a través del registro de adquisición en las tortillerías.[17]

Uno de los principales problemas del nuevo mecanismo de

---

[15] En febrero de 1990, un estudio de Conasupo estimó que 2.3 millones de toneladas de tortillas destinadas al consumo urbano serían subsidiadas, 39% de la cantidad actual. Se supuso que la tortilla en el mercado no subsidiado es tortilla elaborada con grano blanco, lo cual significaba que su porcentaje en el total producido sería de 60%, con un costo sin subsidio de 1 035 pesos por kilogramo. Para el último trimestre de 1990, el impacto sobre los precios era del orden 0.68% en el INPC y 4.10% sobre el precio de la canasta básica (Conasupo, febrero de 1990).

[16] Estimación basada en Cortés y Rubalcava, 1990. En 1984, los 6 primeros deciles de ingreso tenían un ingreso medio de 1.99 salarios mínimos. De manera conservadora, se puede considerar que esto se aproxima a las familias que perciben un ingreso de hasta dos salarios mínimos, 8.3 millones de familias. Por lo menos 70% de la población rural (16.8 millones de habitantes, 3.3 millones de familias) se ubica en los deciles 1 al 3, con menos de un salario mínimo, por lo cual no es aventurado estimar que las restantes se ubican en los seis primeros deciles, o sea que otro millón y medio de familias rurales también percibe un ingreso inferior a dos salarios mínimos. En consecuencia, restan 3.5 millones de familias urbanas con ingresos inferiores al salario mínimo.

[17] En la primera etapa del nuevo programa se entregó una dotación semanal de cupones a las familias seleccionadas que se enviaban por correo. Miles de sobres postales con cupones nunca llegaron a sus destinatarios, pues la población pobre y marginada con frecuencia ni tiene domicilio postal.

distribución de la tortilla gratuita ha sido la selección y control de la población objetivo. Primero se levantó un padrón de familias mediante censos y encuestas en los barrios populares de las ciudades principales. Desde esa etapa hubo críticas a la forma del levantamiento y su cobertura, pues hubo ocasiones en que se favorecían ciertos barrios, mientras que se excluían otros. A pesar de haber dejado fuera a las organizaciones populares, se señalaba que con frecuencia intervinieron los criterios particulares de los representantes de las autoridades en las delegaciones y colonias. Actualmente, también se distribuyen las tarjetas a través de tiendas comunitarias y Liconsa así como en módulos especiales para el registro voluntario de las familias.

Justamente, una de las "ventajas" que consideró el gobierno mediante el nuevo sistema de distribución, es que se eliminarían las organizaciones, tanto sociales como sindicales, de la distribución de los subsidios, lo cual permitirá mayor transparencia, menos desvío y contrarrestará uno de los focos de demandas de las organizaciones populares urbanas.

Se ha dado también mucha importancia al control y verificación periódica de la población objetivo a fin de que no se desvíe la tarjeta a familias que no califican para el subsidio. Por ejemplo de un padrón original de 3.5 millones de familias se hizo una depuración y el padrón a mediados de 1991 era de 2.7 millones de familias. De éstas estaban efectivamente incorporadas al programa 1.9 millones, más 500 mil registradas para ser verificadas. La cobertura fue inicialmente en 132 ciudades, con el objetivo de extenderla a 202 ciudades del país.[18]

También se ha propuesto reorganizar la industria de la tortilla, a fin de otorgar el subsidio sólo a la de la harina de maíz nixtamalizada y terminar con el sistema de dotaciones. Por consiguiente, cada industria concurrirá al libre mercado para la compra de insumos, pero Conasupo controlará la cantidad de maíz destinado a la producción de harina de maíz para tortilla subsidiada. A su vez, la industria de la harina estaría obligada

---

[18] Actualmente no se otorgan tarjetas sin verificación previa. La verificación se hace por métodos indirectos, por ejemplo, las condiciones de la vivienda, si la familia posee bienes tales como un coche, etc. El 35 % de las solicitudes son rechazadas después de la verificación. Los datos respecto al programa fueron obtenidos en una entrevista personal en la oficina de Programas Sociales de Conasupo.

a abastecer a las tortillerías afiliadas al programa de subsidios. O sea, "Conasupo dotará a precio subsidiado a la industria tortilladora la cantidad de harina para producir los kilogramos de tortilla para el número de familias beneficiarias acordado" (Conasupo, 1990).

Se realizaría por fin un viejo anhelo de la política alimentaria propuesta desde el SAM, la harinización de la tortilla, producida por medio de una industria eficiente, moderna y menos costosa que las pequeñas empresas familiares artesanales de la industria de la masa nixtamalizada.[19]

Las decisiones recientes sobre el cambio en el sistema de subsidios, constituyen un cambio radical en la política alimentaria. La legitimación frente a la población afectada se basa en el argumento de que se beneficiará a la población realmente necesitada y que se ampliará el subsidio dirigido. Al inicio, la respuesta por parte de la población no fue fácil. A fines de 1990 hubo frecuentes manifestaciones, sobre todo ante Secofi, en protesa por la carestía de la vida y la demanda de "tortibonos", así como quejas de que las tortillerías se rehusaban a recibir los nuevos cupones, pero para 1991 el sistema parecía haber entrado a una operación sistemática.

No obstante, la presión por parte de los consumidores para seguir teniendo acceso a la tortilla subsidiada sigue latente, esto en particular en la ciudad de México. Los precios controlados de la tortilla se han ajustado en el interior del país para acercarse a los precios reales de la tortilla, pero esto no ha sido posible en la zona metropolitana de la ciudad de México. En ella aún subsiste el sistema de dotaciones a fin de que el precio de la tortilla sin subsidio directo y precio controlado, pueda venderse a 750 pesos el kilo, por lo cual Conasupo siguió entregando maíz en grano a alrededor de 510 000 pesos la tonelada hasta fines de 1991, mientras que en el interior el precio era de 777 000 pesos por tonelada en 1990 y 865 000 en 1991.

---

[19] Los efectos sobre la industria de masa nixtamalizada, en cuanto a empleo, ingreso familiar, etc., no serán objeto de análisis, pero seguramente lo habrá. La harinización de la tortilla requiere de la ampliación de la industria. Actualmente, Maseca cubre 61% del mercado. La otra empresa, Miconsa, es una filial de Conasupo y probablemente se venderá a la iniciativa privada.

5. LA LUCHA POR LOS SUBSIDIOS

La demanda por el acceso al subsidio de los alimentos básicos, se convirtió en uno de los ejes de las luchas urbanas populares a partir de 1983. Durante ese año y el siguiente hubo continuas movilizaciones en protesta por la carestía de la vida, encabezadas por organizaciones populares independientes. A la demanda de la tortilla subsidiada se sumaron las demandas por el abasto en general, así como otras relacionadas a viejos problemas de la población urbana marginal: vivienda, regularización de la tenencia de la tierra, etcétera.

A raíz de los temblores en la ciudad de México en 1985, estas luchas fueron retomadas. La demanda de "tortibonos" fue una constante entre la población, y por tanto un reclamo de diversas organizaciones populares y sindicales.

Debido a que las demandas de ampliación de la cobertura de tortillas subsidiadas han sido crecientes y las presiones no han cesado, cuando se anunció el cambio de subsidio de "tortibonos" a cupones nominales y temporales, la reacción no se hizo esperar. La población urbana, en particular en la ciudad de México, se movilizó en seguida en manifestaciones de descontento, y aglutinaron una protesta global contra la política alimentaria de los últimos años. En concreto, se demandaba que no se cancelaran los programas sociales ni el subsidio a la alimentación y abasto popular, y que permanecieran abiertos los canales de distribución de los productos subsidiados con un abasto suficiente.[20]

La población no ha tenido una actitud pasiva ante el desmantelamiento de los subsidios, los cuales han sido uno de los elementos que han amortiguado el conflicto social potencial que podría haber causado la reducción tan dramática del ingreso real que hemos señalado al inicio del capítulo. Es por esto que al establecer los últimos cambios, el Estado ha tenido que hacer negociaciones sobre la marcha, como lo ilustra la cautela mostrada con respecto a la población del área metropolitana.

---

[20] "Pacto contra el hambre" desplegado en *La Jornada*, 2 de agosto de 1990. Movilización el 23 de julio organizada por la Coordinadora de Consejos Populares de Abasto que representa a más de 400 centros Cepacs en la ciudad de México, la Regional de Mujeres de la Conamup y otras organizaciones populares del valle de México.

El costo social de los años de ajuste y estabilización se ha prolongado en el costo social ocasionado por la restructuración y modernización. Es probable que esta nueva realidad genere una toma de conciencia en las organizaciones en el mediano plazo, manifestada en los comentarios de uno de los miembros de las organizaciones urbanas populares:

Nos hemos dado cuenta de que los subsidios no solucionan el problema. Éste va más allá, y concierne a los salarios... Aunque en un principio sí hay que luchar por los subsidios, hay que tener como demanda que los niveles salariales se eleven según la inflación. Antes el salario alcanzaba para comprar leche, tortilla, pan, frijol, arroz, azúcar y aceite, ahora ya no. Que los salarios sean más justos y que nos alcance aunque sea para lo de la alimentación. También creemos que el problema no es sólo de consumo y abasto sino que parte de la producción. Queremos dar alternativas y no ser sólo contestatarios.

6. Los programas de abasto rural

En el ámbito rural también ha habido una ampliación de programas de distribución de alimentos. El abasto rural ha adquirido una importancia creciente en la política alimentaria. El sistema de abasto rural Coplamar-Diconsa sobrevivió a la crisis y el número de tiendas aumentó de forma considerable, de 7 446 a 15 363, entre 1983 y 1988. Se estima que el sistema cubre a 17.8 millones de habitantes, esto es a la mayor parte de las comunidades rurales con una población de entre 500 y 5 000 habitantes (Diconsa, 1989).

La continuidad del programa no solamente ha obedecido a la crisis económica global que ha afectado los salarios e ingresos, y a que la política agrícola ha mermado seriamente la posibilidad de ingresos por el lado de la producción. Responde también a la presión que han estado ejerciendo las diferentes organizaciones campesinas por lograr un mejoramiento en el abastecimiento de básicos.

Las demandas van desde la lucha por establecer tiendas en las comunidades, hasta el mejoramiento de los servicios prestados y, fundamentalmente, el control de las tiendas comunitarias por parte de la población. Estas gestiones y las experiencias de apropiación del sistema de abasto han sido unas de las luchas campesinas más existosas en los últimos años.[21]

6.1. La organización del sistema de abasto rural

El sistema de abasto rural es manejado por Diconsa por el lado del gobierno, y por las comunidades a través de las tiendas rurales. Estas tiendas son abastecidas por un almacén rural y son operadas por la comunidad o dadas en concesión. Cada comunidad elige un comité rural para vigilar el funcionamiento de la tienda; a su vez, estos representantes en conjunto forman el Consejo Comunitario cuyo fin es gestionar y vigilar el funcionamiento de los almacenes rurales que las surten.

El buen funcionamiento del sistema de abasto ha dependido fundamentalmente del papel activo de los consumidores organizados. Paralelamente a la gestión de las organizaciones campesinas por la apropiación del proceso productivo, en los últimos años ha habido cambios importantes en la gestión por el abasto rural. Al respecto, Bartra señala:

En el mismo tiempo en que los agrupamientos campesinos regionales han desarrollado importantes experiencias en la apropiación del proceso productivo, las organizaciones de consumidores rurales han ido ocupando paulatinamente los espacios del abasto. Y en muchos casos los sistemas de tiendas campesinas forman parte de proyectos integrales de organizaciones de productores junto a los aparatos de financiamiento, industrialización, comercialización, etc. Los sistemas alternativos de abasto rural están pasando de ser aparatos de estado con interlocutores sociales de carácter formal, a formar parte integral de las organizaciones campesinas regionales. Paulatinamente la iniciativa y responsabilidad de la gestión se va trasladando de Diconsa a los Consejos; de los funcionarios a los campesinos. (Bartra, 1992: 337.)

---

[21] Hay una amplia literatura sobre el tema de la lucha por la democratización y apropiación de las organizaciones campesinas por el abasto. Esto sobre todo en las regiones con una tradición de organización comunitaria como son los estados de Guerrero, Michoacán, Nayarit, Oaxaca, Puebla, Veracruz, Tabasco y Yucatán. Véase Bartra, 1992; Fox, 1991; Szekely, 1988. No obstante, en la mayor parte del país, la población no ha tenido una participación decisiva en el funcionamiento de las tiendas, sobre todo en el norte.

Aunque formalmente el Estado se declara en favor de la mayor participación y autonomía de la sociedad en las gestiones para mejorar sus condiciones de producción y consumo, la apropiación real del sistema de abasto ha sido un proceso conflictivo y de lucha y no se ha generalizado en todas las comunidades rurales, sino que sólo funciona en regiones específicas. Es obvio que el éxito afecta los intereses del comercio intermediario privado, así como a la burguesía y la burocracia local y regional. Los casos de éxito han sido pocos y son el resultado de una lucha persistente.

Éste es el caso de la Costa Grande en Guerrero, donde las comunidades lograron la transferencia del Almacén de Alcholoa y sus vehículos e instalaciones al Consejo Comunitario y a una asociación de cafetaleros. Para ellos, el capital de Diconsa fue sustituido por capitales comunitarios. "De esta manera el sistema de abasto de Conasupo pasó íntegramente a los campesinos y quedó totalmente en sus manos la responsabilidad de la gestión lo cual constituye una experiencia inédita y precursora a nivel nacional." (Bartra, 1992: 340.)

Otra experiencia es la de Oaxaca en donde se creó la primera coordinadora estatal de los Consejos Comunitarios de Abasto (Szekely, 1988). Ésta surgió de la experiencia del Consejo de Abasto de Pueblo Nuevo. Durante una década las comunidades han presionado y luchado por mejorar el abasto de sus tiendas. La continua lucha para asegurar el abasto y precios bajos les llevó a establecer comités de comercialización paralelos a Diconsa. La colaboración conjunta de las comunidades pertenecientes a la región ha llevado a lograr el establecimiento de convenios con productores de otras regiones para el abastecimiento directo de básicos. Las experiencias de organización en torno al abasto han influido en la organización de cooperativas agropecuarias con fines productivos y de comercialización (Aranda, 1990).

La experiencia exitosa de algunas regiones apunta hacia una vertiente en la que la población rural puede mejorar el acceso a los alimentos e integrar el sistema de comercialización de insumos-productos agrícolas-bienes básicos dentro de un mismo sistema distributivo. Como en el caso de la apropiación del proceso productivo, aquí se plantea una alternativa frente a la privatización de los mercados rurales y al control por parte del Estado de los procesos de distribución. Esto parece contradictorio, pues el traslado del sistema de abasto significa el traslado de parte de la capacidad de control sobre la población. De nuevo se plantea la pregunta hecha con referencia a las organizaciones campesinas, ¿hasta dónde hay la intención y voluntad política hacia un cambio real que permita la autonomía de las organizaciones, o hasta dónde es un mecanismo alternativo de cooptación? De nuevo, la experiencia señala que la respuesta depende del propio Estado y del margen de concesión-control que pueda ejercer frente a la acción combativa de la población organizada.

6.2. El subsidio del maíz en las zonas rurales

El maíz y el frijol son los productos de mayor venta en las tiendas rurales. Por lo que se refiere al valor de las ventas por línea de productos, pasaron de representar 21% del valor de éstas en 1983 a 34% en 1987, lo cual demuestra la creciente pérdida de capacidad de autoabasto en los cultivos campesinos. Esta situación es marcadamente diferente entre las distintas regiones. La zona sur ha perdido capacidad de autoabasto, por lo cual las ventas de maíz y frijol han aumentado, mientras que en el sureste y el centro la participacion de estos alimentos ha bajado.

CUADRO V-9
Porcentaje de participación de la venta de maíz y frijol en el valor total de las ventas en las tiendas Conasupo/Rural, por regiones

Región	1983	1987
Sur	30.1	49.0
Sureste	40.9	35.0
Centro	37.2	28.2
Norte	5.3	30.7
Noroeste	2.5	2.3
Norte centro	n.d.	14.5
Metropolitana	3.0	0.0
Total	21.1	34.3

Fuente: Diconsa.

En 1987, el volumen de maíz en grano distribuido fue de 730.4 mil toneladas, cantidad que no ha variado mucho pues en 1989 era 765.0 mil toneladas. Por otra parte, el programa de restructuración de Conasupo no pretende modificar el sistema de abasto rural.

Con respecto a la venta de maíz en grano, se continuará con este mecanismo y con la venta de harina de maíz en las tiendas a precios subsidiados... "hasta que se cuente con un padrón similar al de los sectores populares en zonas urbanas" (CONASUPO, 1990).

Los problemas que surgen en torno a los productos de las tiendas Diconsa son: abasto, calidad y precios, y esto también concierne al maíz.

La diferencia de precio con respecto al de garantía ha aumentado con los ajustes recientes: de manejar un margen de comercialización de 14%, éste se incrementó a 20% y a partir de julio de 1990 a 43%. En esa fecha, el incremento del precio de maíz fue de 53%, mientras que el de garantía fue de 15% (maíz no blanco). En el caso del maíz blanco, que es el preferido por los consumidores, el precio de venta en las tiendas ha aumentado a 860 pesos por kilo.

Por lo tanto, el subsidio a la población rural es menor que a la urbana. Hasta mediados de 1990, el subsidio *per capita* se estimaba en 17.2 miles de pesos anuales mientras que el de tortibonos era de 46.2 miles de pesos anualmente. En la propuesta de restructuración de los subsidios *per capita*, el rural seguirá siendo la mitad que el correspondiente al estimado para la población urbana (Conasupo, 1990).

Una de las quejas principales de los consumidores rurales es la mala calidad del grano. Se trata de maíz amarillo importado de la más baja calidad: maíz quebrado, con impurezas y a veces echado a perder hasta en un 30%. La población presiona por que Conasupo les venda maíz blanco nacional en vez de maíz importado.

Las demandas de la población rural en relación particular con el abasto de maíz, primero en lo que se refiere a la calidad, suficiencia y ahora a los precios, cierran el círculo de la lucha de los productores campesinos organizados por la comercialización. La posibilidad de canales de comercialización directa en regiones excedentarias y deficitarias es el mecanismo lógico de abasto rural: los circuitos comerciales regionales. Esto significaría además la venta de maíz nacional de mejor calidad en las zonas rurales.

El establecimiento de circuitos regionales de maíz, lo mismo que bancos de maíz manejados por las organizaciones campesinas de productores y consumidores, constituyen una alternativa tanto a la intervención directa del Estado (Conasupo) como a la privatización de los mercados de grano. Pero para que sean factibles, es necesario que las organizaciones cuenten con infraestructura y capacidad financiera para solventar las operaciones. Esto ha sido un obstáculo fundamental tanto para la comercialización como para el abasto, y sólo se ha logrado en contadas experiencias.

7. Conclusiones

Durante el periodo 1983-1990 ha habido cambios profundos en la política de abasto de los alimentos básicos. De un sistema altamente subsidiado en los años setenta y durante el auge petrolero, se pasó a una situación de crisis en la que la política de estabilización y ajuste obligó a contraer el gasto público y por tanto los subsidios generalizados a los alimentos.

En el conjunto de los alimentos básicos, el sistema maíz-tortilla es el caso más complejo y el que se ha prestado a mayores tensiones a lo largo de la cadena producción-transformación- consumo. No sólo porque es el fundamento de la alimentación de la población, sino porque ha cobrado mayor demanda a medida que ésta se ha empobrecido. Además, es el alimento que ha estado sujeto a mayores subsidios a lo largo de todo su sistema. Los intereses de los productores y los de los consumidores no se contraponen de una manera directa, sino que son mediatizados por la intervención del Estado.

La industria de la transformación del maíz, ya sea en masa nixtamalizada, ya sea en harina, ha presionado mucho por aumentar las cuotas de dotación de maíz subsidiado. Este conflicto parece tender a resolverse en favor de la industria harinera, a la que por una parte, se pretende dirigir el grano subsidiado, y por otra, se le ha facilitado la compra de grano barato en el mercado externo.

Por parte de los consumidores, el conflicto se genera en torno al precio y el acceso a la tortilla subsidiada. Hasta 1990, el acceso era la demanda prioritaria, y se había resuelto a través de negociaciones entre el Estado (Secofi) y las organizaciones populares y sindicales. Ante el retiro de los subsidios generalizados y el cambio del sistema de "tortibonos" a tarjetas nominales y fechadas, la respuesta fue una amplia protesta por parte de la población de la ciudad de México y la zona metropolitana y las autoridades a fin de cuentas, ofrecieron ampliar sustancialmente la ditribución de tortilla gratuita.

La población no esta dispuesta a ceder el beneficio de los alimentos básicos subsidiados, y el gobierno ha tenido que "renegociar" los términos de esta política; primero con respecto al monto de la población beneficiada con tortilla subsidiada, y segundo, se esperaría aunque no ha pasado así, en relación con los subsidios a la canasta básica de alimentos.[22]

Con el cambio en el mecanismo de subsidio al sistema maíztortilla, se estima un aumento alrededor del 100% en el número de familias beneficiadas con un subsidio dirigido en el ámbito urbano, y en las áreas rurales se estima un aumento en el volumen del grano distribuido por Diconsa del orden de 58%. Se trata entonces de beneficiar a aproximadamente 7 millones de familias o 42 millones de habitantes, es decir 51% de la población, cifra que de acuerdo con los datos de Conal, comprende a los pobladores que padecen una situación de nutrición crítica, vulnerable o en riesgo.

¿Son éstos los "pobres" del país? Así es de acuerdo al criterio de dos salarios mínimos. Sin embargo, cabe señalar que se trata de una definición de pobreza "relativa", pues se basa en el criterio del salario mínimo, el cual a su vez también se ha deteriorado.

El análisis de los conflictos a lo largo de la cadena maíztortilla nos lleva a la conclusión de que el dilema de los precios no es quién paga el precio alto (consumidor) o si se estimula a la producción (productor), sino que el eje del problema se ha situado en los programas de estabilización y ajuste que han obligado a reducir el gasto gubernamental. La política de estabilización con el Pacto, obligó a recurrir de nuevo al subsidio creciente para mantener precios bajos, lo cual pone de manifiesto las contradicciones en un contexto mucho más complejo: ¿cómo

---

[22] La liberación de precios es recomendada por el Banco Mundial, pero éste también recomienda que se sigan subsidiando todos los básicos a la población objetivo. El gobierno mexicano sólo ha seguido estas recomendaciones parcialmente: "ajustó" precios y sólo anuncia el subsidio a la tortilla y la leche Liconsa.

equilibrar el costo del retiro de los subsidios? ¿Cómo hacerlo compatible con la política macro? ¿En qué sector de la población va a ser menos conflictivo, en el de los productores —dispersos, ineficientes y no competitivos a nivel internacional— o en el de los consumidores —población concentrada, organizada en sindicatos u organizaciones sociales?

Hemos visto que la distribución de dicho "costo" se ha negociado con distintos sectores de la población: mientras que los precios de la tortilla no subsidiada han aumentado, la tortilla con subsidio dirigido mantuvo un precio nominal estable durante cuatro años y hoy es gratuita, por lo cual el conflicto en torno a los precios se trasladó a la lucha por el acceso a los subsidios.

A fines de 1991, el proceso parece haber alcanzado un desenlace: del problema del recorte de los subsidios durante la crisis financiera se ha llegado a la restructuración de todo el sistema maíz-tortilla en el contexto de la desregularización.

Las implicaciones para los consumidores no son del todo claras. Por un lado, la población sujeta a los subsidios dirigidos puede seguir teniendo acceso a una tortilla "barata" con la promesa de ampliar la cobertura. Pero el derecho a los subsidios como compensación al deterioro salarial se ha transformado en un programa "asistencial" y este cambio refleja también que el eje de la lucha se ha trasladado del sector obrero organizado y de las organizaciones populares a los individuos, un indicador de que dicho sector ha tenido una pérdida sustancial de su poder político en el nuevo modelo liberal. La restructuración de los subsidios a los alimentos ya no es consecuencia de una política de ajuste en una situación de crisis, sino de la reordenación de la economía y de un cambio en la función del Estado. La población organizada, tanto los productores como los consumidores, ya tiene claro que la economía subsidiada ha llegado a su fin. De allí que también va tomando conciencia de que el eje de la lucha debe cambiar: el acceso a los alimentos por el lado de la demanda lo permite un ingreso-salario con poder adquisitivo real; y por el lado de la oferta lo permite un precio al productor que signifique un incentivo real a la producción.

VI. UNA DÉCADA DESPUÉS: EL MAÍZ Y LOS ALIMENTOS EN LOS AÑOS NOVENTA[1]

1. INTRODUCCIÓN

En septiembre del año 2000 regresé a visitar algunos ejidos del Valle Noroeste de Toluca, donde había realizado trabajo de campo a mediados de los años ochenta. Era el periodo de precosecha y los campos estaban con frondosas plantas de maíz listas para ser cosechadas. Sin embargo, cuando llegué al ejido Ortiz Rubio,[2] uno de los ejidos maiceros más productivos de la región, ya que cuenta con punta de riego del sistema Tepetitlán, no encontré ninguna actividad preparatoria para recibir la cosecha. Las bodegas ejidales, ubicadas en la plaza central, estaban deterioradas y vacías. ¡Que diferencia a como las había encontrado hace quince años, cuando los camiones iban y venían cargados con sacos de grano y los campesinos estaban apurados en vender su cosecha anual! Al inspeccionar la situación un poco más de cerca, encontré, en la puerta de la bodega principal, algunas mujeres que atendían a un grupo de niños sentados en mesas rústicas dentro de la construcción. Hoy en día las instalaciones locales de lo que fue Boruconsa están destinadas a los desayunos escolares de 100 niños inscritos en el programa del DIF en la localidad, por lo que en un rincón de la bodega se encontraba la despensa de alimentos empacados con marcas comerciales destinados a los desayunos escolares.

Este nuevo escenario en la plaza del ejido Ortiz Rubio ilustra el cambio radical que ha tenido la política alimentaria en la década de los noventa. La problemática de la seguridad alimentaria ha pasado a ser una preocupación de menor importancia, y en todo caso el problema se contempla ahora desde la óptica del acceso y

---

[1] Este capítulo esta basado en varios documentos elaborados por la autora: Appendini, 1998, 2000 y 2001.
[2] El nombre es ficticio.

del consumo, aun en el ámbito rural. En este sentido, el cambio de paradigma respecto a la política alimentaria que dejó atrás el "dilema de los precios" para centrarse en el abasto y la capacidad de acceso de la población para adquirir sus alimentos, fue adoptado por los diseñadores de la política económica en México. Al entrar en vigor el Tratado de Libre Comercio de América del Norte (TLCAN), con Estados Unidos como socio comercial principal y promotor de dicha política (junto con los países de la Unión Europea y las agencias financieras internacionales, así como la OMC), se supuso que México no tendría problemas de abasto nacional, dado que Estados Unidos es quien vende 72% del maíz en el mercado mundial.

Sin embargo, el concepto de que toda la población tenga acceso a los alimentos, plantea una dimensión muy compleja de la problemática alimentaria ya que implica la capacidad que tiene la población para adquirir alimentos, asociada a los recursos físicos, humanos, sociales y culturales disponibles para producir, comprar, intercambiar, u otros derechos que les permiten a las personas obtener sus alimentos. Como se verá más adelante, la política alimentaria en México si bien, fue transformándose mediante un proceso lento y no lineal, terminó por enfocar muy parcialmente los componentes de esta complejidad, por medio de los programas de pobreza que estaban destinados a una minoría de la población. Dejando el "acceso a los alimentos" para el resto de la población, mediado por la política macroeconómica y la evolución general de la economía.

La aparente simplicidad de la solución dada al problema de la seguridad alimentaria en nuestro país, en términos de acceso a alimentos baratos, no ha sido tal y presenta una serie de complejas interrogantes. Por un lado, tenemos el impacto de dicha política, en la producción de maíz y sobre los millones de campesinos maiceros del país, que ya ha sido objeto de acalorados debates. Por el otro, está la incertidumbre acerca de ciertos aspectos de la seguridad alimentaria, como es el garantizar a todas las personas el acceso suficiente a alimentos nutritivos. En este apartado, se discutirá brevemente la evolución de la agricultura maicera y de la política alimentaria en el nuevo contexto de las reformas a las instituciones rurales que se mencionaron en el capítulo III, y que para fines del milenio dio término a la restructuración de la política alimentaria en México.

2. LAS REFORMAS ECONÓMICAS E INSTITUCIONALES

Las reformas económicas e institucionales, relacionadas con el campo, fueron diseñadas para fomentar el crecimiento de la actividad agropecuaria en una economía abierta. Para lo cual, fueron encaminadas a proporcionar, tanto las condiciones que dieran incentivos a la inversión, como a la asignación eficiente de recursos para lograr mayor productividad y eficiencia. Dichas reformas se insertan en un marco discursivo que identifica la excesiva intervención del Estado en la regulación de la economía del campo, como la causa de distorsiones que obstaculizaban la transformación del agro, y la persistencia de un campesinado pobre y además redundante.[3] Las altas cifras de la población económicamente activa (PEA) en el sector agropecuario, que para 1990 eran de 23.4% se contraponen al bajo porcentaje de 6% con el que el sector contribuía al PIB, e ilustran la dirección de tales reformas. La expectativa era que la dinámica del resto de la economía, como efecto de la apertura comercial, iría absorbiendo a la población rural afectada por las nuevas reglas de la economía.

Se liberalizaron los mercados de insumos y productos y se reorganizó el crédito, se cancelaron los subsidios directos a la producción y se liberó el mercado de tierras. La figura VI-1 resume las principales reformas que se llevaron a cabo. A continuación se describe cuál fue, de manera agregada, el impacto en los recursos destinados al sector.

En la gráfica VI-1 se muestra el cambio que sufrió el crédito destinado a las actividades agropecuarias a partir de la restructuración de Banrural en 1989 (véase también el capítulo III). El monto de crédito otorgado por Banrural en términos reales bajó 47% entre 1988 y 1990 y la superficie acreditada se redujo 73%. De ahí en adelante, Banrural dejó de ser una fuente de financiamiento importante. También se cerró la aseguradora agrícola Anagsa, posteriormente reemplazada por Agroasemex, y que en la actualidad opera sin subsidios. A pesar de estos cambios, otras fuentes crediticias comienzan a adquirir importancia: el monto de crédito otorgado por FIRA muestra una recuperación a partir de 1990, el Banco de Comercio Exterior cobra importancia creciente

---

[3] Para una reflexión crítica del diseño de las reformas y su fracaso, véase García Barrios, 1998.

FIGURA VI-1
Reformas de los organismos públicos al campo

Organismo público	Reforma	Nuevo organismo
Banrural	*1989 Estratificación del crédito: productores*	
	rentables	Banca comercial
	potenciales	Banrural reorganizado, FIRA
	marginales	**Pronasol**
		Fonaes
		Focir
	1992 se deja de subsidiar tasas de interés	
Anagsa	Cierre en 1989	Agroasemex
Conasupo	1989 se anulan precios de garantía de arroz, trigo, soya, sorgo, cártamo, etcétera	**Aserca** Liberalización comercial: aranceles sustituyen permisos de importación Conasupo se restringe al acopio de maíz y frijol
	1994 se anulan precios garantía frijol	
	1999 cierre de Conasupo	
Paraestatales	1990-1994	
	Tabamex, Inmecafe	Privatizado
	Fertimex	Privatizado
	Pronase	Privatizado
	Albamex	Privatizado
	Servicios Ejidales	
	Firco	Reorganizado
Servicios de extensión rural		Privatizado
Artículo 27	Febrero 1992	**Reforma al Artículo 27** Procede Tribunales agrarios Registro agrario Programa abatimiento del rezago agrario
Ley Federal del Agua	1992	Ley de Aguas Nacionales Comisión Nacional del Agua (1989) IMTA
Sustitución de subsidios a la producción	1994	**Procampo**
	1994	NAFTA

GRÁFICA VI-1
Crédito al sector agropecuario

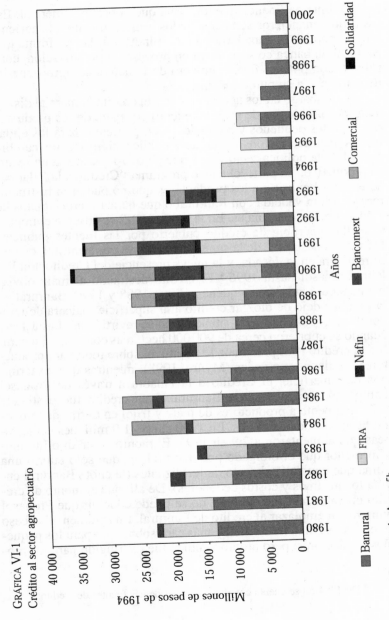

Fuente: cuadro Anexo 5b.

como fuente de financiamiento, igual que la banca comercial. Estos flujos financieros son canalizados principalmente a la agricultura comercial, la ganadería y la agro-industria. De tal forma que en 1990, la banca comercial, ya en proceso de privatización, contribuyó con 34% al financiamiento de la actividad agropecuaria, llegando así, a su punto máximo.

Sin embargo en los años siguientes el crédito comercial disminuyó por problemas de endeudamiento por parte de los productores. Para los pequeños y medianos, y en particular para los ejidales, la restructuración del crédito público significó un cambio radical de la política sectorial ya que perdieron acceso a un recurso productivo. En parte, el nuevo programa "Crédito a la Palabra" de Pronasol cubriría a los productores que no pudieron restructurar su cartera vencida con Banrural o que nunca fueron sujetos de crédito por ser marginales. En la gráfica VI-2 se observa el impacto en la superficie de crédito cubierto por las fuentes públicas. Destaca el desplome de la superficie cubierta por Banrural, que no se recupera en la década, y la nueva presencia del Crédito a la Palabra/Pronasol hasta 1996.[4] El crédito destinado al maíz obviamente siguió la misma tendencia. Entre 1988 y 1990, Banrural en la práctica dejó de otorgar crédito a la superficie maicera de temporal, que bajó 83%. Esta situación no se revirtió sino hasta 1997 cuando se cubrieron cerca de 900 000 hectáreas con maíz. En cambio el crédito FIRA para maíz se mantuvo, sobre todo para productores medianos y grandes (Myhre, 1998), mientras que en términos de superficie, el Crédito a la Palabra a través de Pronasol compensó en apariencia a Banrural. Este crédito fue destinado principalmente a productores de maíz y frijol en tierras de temporal hasta por dos hectáreas. En 1990 cubrió 1.9 millones de hectáreas que aumentaron a 2.9 en 1993. El monto de crédito fue mucho menor que el otorgado por Banrural, ya que sólo cubrió una suma que equivalía al costo de fertilizantes (la cuota Banrural cubría los insumos y costos de labores). De allí que el monto de crédito en valor real fue menor y no se puede concluir que Pronasol viniera a reemplazar al crédito de Banrural. En resumen, el acceso al crédito se hizo más difícil y más caro sobre todo para los pequeños productores; pero pronto también fue restringido para los pro-

---

[4] De 1994 no se cuenta con datos para las demás fuentes de crédito.

GRÁFICA VI-2
Superficie con crédito público

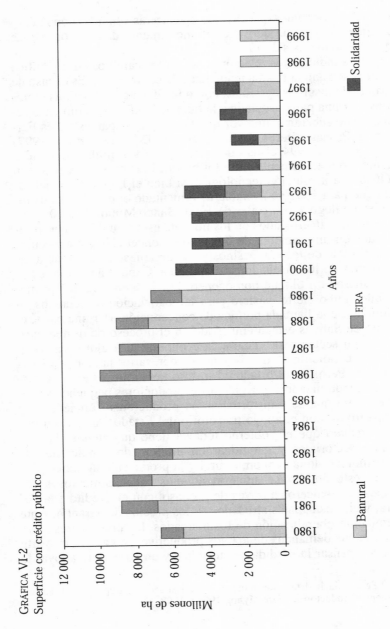

Fuente: cuadro Anexo 5c.

ductores comerciales que cayeron en carteras vencidas con la banca comercial, lo que derivó en el movimiento del Barzón que se aceleró con la crisis de 1994.[5]

Otros indicadores relacionados con los cambios en la política agrícola señalan la misma tendencia a la contracción. Es el caso de la venta de insumos agrícolas, como fertilizantes y semillas mejoradas, por una parte asociado a la falta de crédito, así como a la reducción de subsidios, una vez que las empresas paraestatales Fertimex y Pronase fueron desincorporadas. De Janvry *et al.* (1997) señala que en 1994 el uso de fertilizantes y semillas mejoradas disminuyó notablemente entre los productores ejidales, y plantean incluso una involución tecnológica, si bien el Banco Mundial señala que para 1997 ya se había incrementado el uso de dichos insumos, no llegó a los niveles de 1990 (Banco Mundial, 2000).

En los primeros años de los noventa estos cambios fueron realizados en un ambiente de debate, desconcertación y expectativas por parte de los campesinos y sus organizaciones frente a las decisiones de los diseñadores de política. Cabe señalar que éstos no formaron un bloque homogéneo. Por lo menos en los primeros años hubo cierto espacio para la negociación de recursos en el ámbito de la llamada política de concertación. Por una parte, el equipo de Salinas estaba empeñado en el proceso de desregularización del sector para integrar la economía a la globalización y así crear condiciones atractivas para empresarios nacionales y extranjeros. Pero por otro lado, el mismo gobierno sostenía un discurso "modernizador" dirigido a los productores pequeños y medianos para que se transformaran en productores "eficientes" y competitivos, con el apoyo transitorio del Estado. Así, en un inicio, pareciera que el gobierno todavía tiene que atender las demandas sectoriales y garantizar un mínimo de condiciones de sostenimiento de la economía rural y la producción agrícola.

En este ámbito se situaron algunos financiamientos a los campesinos maiceros a través de Pronasol con el Crédito a la Palabra, y ciertos debates alrededor de los precios de garantía. Ante la eminente liberalización de los mercados, los productores acrecentaron sus demandas de apoyos productivos al campo, en parte para compensar la pérdida de subsidios y en parte para apoyar la

---

[5] Para análisis detallados sobre el crédito al sector agropecuario y su impacto entre productores, véase Myhre, 1996 y 1998.

llamada "reconversión productiva". La discusión de ese entonces se dio en torno al monto y carácter de los subsidios que deberían corresponder al nuevo marco normativo dado por los acuerdos comerciales internacionales a que se suscribía México.

La respuesta del gobierno fue Procampo (Programa de Apoyos Directos al Campo) anunciado en octubre de 1993. Diseñado con el objetivo de otorgar un subsidio que fuera semejante al que Estados Unidos y Canadá, los futuros socios comerciales, daban a sus propios productores, y que compensara los subsidios a la producción, siendo neutral en el sentido de no favorecer a ningún cultivo, dejando las decisiones productivas a las señales del mercado.

Procampo es un programa de subsidio en forma de pago directo a los productores, al cual tenían acceso todos los productores que cultivaran alguno de los básicos (maíz, trigo, frijol, algodón, soya, sorgo, arroz, cártamo) durante los tres ciclos anteriores al de primavera-verano de 1993, fecha en que se inició el programa. Todos los productores que se inscribían en el padrón tenían derecho a Procampo cuya meta era cubrir aproximadamente a tres millones de productores incluyendo a un estimado de 2.2 millones que no habían tenido acceso a los subsidios anteriores (crédito y precios de garantía). Así el programa se insertó dentro de un discurso de justicia y equidad, en beneficio de todos los campesinos.

Para el ciclo otoño-invierno de 1993/1994 el subsidio se fijó en 330 nuevos pesos (equivalente a aproximadamente 100 dólares). El programa derramó 5.3 millones de nuevos pesos correspondientes a 13.5 millones de hectáreas. Esta cobertura se mantuvo a lo largo de la década; para 1999 se beneficiaron a 2.9 millones de productores en 13.9 millones de hectáreas. Para entonces la cuota por hectárea era de 708 pesos, o sea, 238 pesos en precios reales de 1994.

Contrario al espíritu del Programa de Modernización del Campo de 1990 en que se explicitó un tratamiento diferencial de los productores, Procampo, en su carácter de neutralidad, aplicó el subsidio indistintamente al tipo de productor. Pero los impactos sobre los productores de maíz fueron diferenciales. Por ejemplo, los productores de mayor productividad con ventas principalmente a Conasupo, a precios de garantía salieron perdiendo ante un subsidio por hectárea. Mientras que productores pequeños que no habían vendido maíz podrían ahora recibir el subsidio. Por otro lado, Procampo de hecho significó una renta por la tierra que en términos absolutos benefició a los que mayor extensión tenían de ésta. Así una estimación con base en el tamaño de los predios productores de maíz muestra que al inicio del programa, 70% del presupuesto de Procampo se destinó a 35% de los productores, que tenían más de cinco hectáreas, mientras que los productores con menos de cinco recibieron 30% de esta partida del presupuesto.[6]

El programa se proyectó con una vigencia de 15 años, con apoyos que se deslizan hasta desaparecer. Así el programa se coordinó con la cláusula para maíz que se estableció en el TLCAN, como se observa más adelante. Para el año 2008 el mercado de maíz sería totalmente liberado y los productores no tendrían más subsidios.

En enero de 1994 entró en vigor el Tratado de Libre Comercio entre Estados Unidos de Norteamérica, Canadá y México. Cuando México negoció el capítulo agrícola del TLCAN fueron consistentes con los objetivos de una política de eficiencia y competitividad, y amarraron la seguridad alimentaria con la oferta de grano proveniente del principal productor mundial. En el marco de un acalorado debate entre los tecnócratas liderados por Secofi, por un lado, y muchos estudiosos del campo, por otro, que junto con las organizaciones campesinas propugnaban la defensa del maíz y los productores nacionales, el maíz obtuvo el máximo periodo de protección (15 años) con tasas de aranceles altos iniciales de 215% con una reducción anual, así como cuotas de importación libre de arancel (empezando con 2.5 millones de toneladas) que se aumentarían a 3% anual hasta su eliminación total (véase cuadro VI-1). En los años siguientes efectivamente se incrementaron las importaciones; entre 1994 y 2000 México importó un promedio anual de cuatro millones de toneladas de maíz, como se observa en la gráfica VI-3.

Para 1995, el proyecto "globalizador" había definitivamente vencido sobre cualquier intento de proyecto sectorial modernizador. La política agropecuaria del gobierno de Zedillo fue débil frente al discurso de la reconversión productiva y la necesidad de reactivar el campo. La crisis de la economía desatada a finales

---

[6] El maíz ocupó 61% de la superficie media cultivada entre 1991-1993 con los nueve cultivos inscritos inicialmente en Procampo. Con base en esto se estimó la participación por tamaño de superficie.

CUADRO VI-1
Aranceles y cuotas libre de importación en TLCAN

Año	Toneladas (millones) Estados Unidos	Toneladas (millones) Canadá	Arancel Ad-valorem Base=215%
1994...	2.5	1.0	206.4
1997...	2.7	1.1	180.6
2000...	2.9	1.3	145.2
2003...	3.2	1.5	90.8
2006...	3.5	3.5	36.3
2008	Libre	Libre	0.0

Fuente: Sagar, 2000.

de 1994 y durante 1995 constriñó en todo caso los recursos fiscales y de nuevo el logro del equilibrio macroeconómico tuvo prioridad.

Así, el Programa de Alianza para el Campo, el instrumento principal de la política sectorial emprendida por el gobierno de Zedillo en cuanto a objetivos y presupuesto, quedó corto frente a la realidad y los retos de los productores. En 1999 se destinaron 3 065 millones de pesos al campo entre los recursos federales y estatales a este programa, 32% de los recursos destinados a Procampo en el mismo año (5° Informe de Gobierno, 1999). En relación con el maíz se encuentran el programa de Ferti-irrigación que promueve la aplicación de agua y fertilizantes en forma eficiente, el programa de equipamiento rural a través del fomento agrícola, canastas tecnológicas de agricultura sostenible y mecanización de la agricultura con tracción mixta, el programa kilo por kilo que promueve la adopción de semillas mejoradas y la Fundación Produce para impulsar la investigación aplicada y su instrumentación (Sagar, 1999).

La política alimentaria ya estaba anclada en el TLCAN. Para el año 2000, la evolución de la economía y las decisiones de los formuladores de la política habían acelerado el proceso de liberalización.

Los precios del maíz se ajustaron a los precios internacionales, ya que Conasupo ajustó los precios de compra a la baja hasta su desaparición en 1999. A partir de 1994 fue claro que los espacios de negociación de los productores se iban cerrando. Las

GRÁFICA VI-3
TLCAN e importaciones de maíz

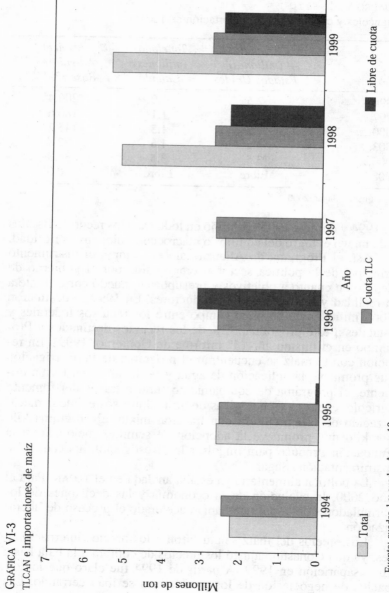

Fuente: cuadro 1 y cuadro Anexo 12.

decisiones respecto al maíz apuntaron claramente hacia este hecho y fueron un golpe severo a los campesinos maiceros. Con la devaluación del peso en diciembre de 1994, el precio en pesos de maíz importado se duplicó, y se estableció muy por encima del precio pagado por Conasupo que era de 650 pesos por tonelada. Los campesinos esperaban beneficiarse de esta situación, finalmente por efecto de la tasa de cambio, eran competitivos, y pedían que el precio fuera liberalizado. Si bien esto no era consistente con la posición histórica de las organizaciones campesinas, si lo era con la política del gobierno tanto de Salinas como del entonces nuevo presidente Zedillo. Pero la respuesta no obedeció a la ideología de mercado sino más bien a criterios pragmáticos, aunque no menos consistentes, con las metas de la integración comercial. Prevaleció el criterio fiscal y el abasto de alimentos baratos a las ciudades vía el precio bajo de la tortilla. Conasupo decidió mantener los precios bajos y compró maíz a 715 pesos las últimas cosechas de primavera-verano al inicio de 1995, cuando el precio del maíz importado era de 1150 pesos por tonelada. En julio de 1995 Conasupo fijó el precio en 815 pesos por tonelada, pero para el mes de noviembre estaba pagando la entrante cosecha primavera-verano a 1 050 pesos dada la escasez de maíz en el mercado nacional. Sin embargo, esta situación que benefició a los productores era coyuntural. La decisión de liberar y desregular el mercado de maíz era un hecho.

Otras medidas afianzaron esta decisión: en 1997 Secofi decidió de manera unilateral suspender temporalmente los aranceles de importación por arriba de la cuota establecida en aras de la seguridad alimentaria. Así, la protección dada al maíz en las cláusulas del TLCAN fue nulificada muy pronto. El Banco Mundial estimó que la tasa negativa de protección real para el maíz fue de −12.5% en 1994 pasando a −43.1% en 1996 y a −21.0% en 1997 (BM, 1999:23). Los productores maiceros definitivamente han sido los perdedores.

No obstante, la producción nacional se mantuvo. Esto se puede explicar por las respuestas diferenciales de diversos tipos de productores que construyeron distintas estrategias en el complejo juego de negociación o mejor dicho de "estire y afloje" durante el gobierno de Salinas en torno al retiro de subsidios a la producción y la instrumentación de un subsidio directo a los agricultores, el Procampo.

3. El impacto en la agricultura maicera

No obstante los cambios en la política agropecuaria, la producción de maíz se mantuvo arriba de 18 millones de toneladas de 1993 en adelante. Dos fueron los elementos determinantes para que la producción de maíz se mantuviera. Por un lado las decisiones respecto a la política de precios concernientes a mantener a Conasupo como agente comprador hasta 1999; por el otro, las estrategias alimentarias de las unidades campesinas.

Como se señaló en el capítulo III, en 1990 se liberaron los precios de los cultivos sujetos a precios de garantía, con excepción del maíz y el frijol. Un alza del precio de maíz blanco en 1990, tuvo una respuesta rápida por parte de los productores, sobre todo los comerciales. Esta respuesta se mantuvo en los siguientes años. Si bien, el precio real bajó continuamente (véase gráfica VI-4), el maíz tuvo un precio relativamente favorable respecto a otros cultivos básicos una vez que Conasupo se retiró del acopio de éstos (véase gráfica VI-5). Mientras Conasupo compraba maíz, los productores tenían una salida segura a un precio establecido en un contexto de incertidumbre de mercados.

Una respuesta no esperada fue la que dieron los agricultores comerciales y empresariales en tierras de riego. La superficie sembrada de maíz aumentó sobre todo en estas tierras y nuevas áreas se incorporaron al cultivo. Así, Sinaloa, estado que nunca había sido un importante productor de maíz, se convirtió en el segundo o tercer productor del país para mediados de los años noventa, al pasar de una producción de 236 mil toneladas en 1990 a 2.1 millones en 1999. Conasupo desempeñó un papel importante en asegurar la venta de los nuevos "maiceros". Para mediados de la década, Sinaloa se había convertido en el principal abastecedor de Conasupo que prácticamente se había retirado de los estados maiceros campesinos. Para 1998 Conasupo adquirió 12% de la cosecha nacional (de 23% en 1993/1994), de la que una parte importante provenía de Sinaloa, donde los rendimientos por hectárea de maíz se incrementaron de 5.4 a 7.5 toneladas entre 1990 y 1998.

De este modo en vez de una reconversión productiva hacia cultivos de exportación hubo una reconversión "perversa", los empresarios prefirieron un mercado seguro y aprovecharon Procampo, en vez de arriesgarse en los redituables pero riesgosos mercados de exportación.

GRÁFICA VI-4
Maíz. Producción y precio

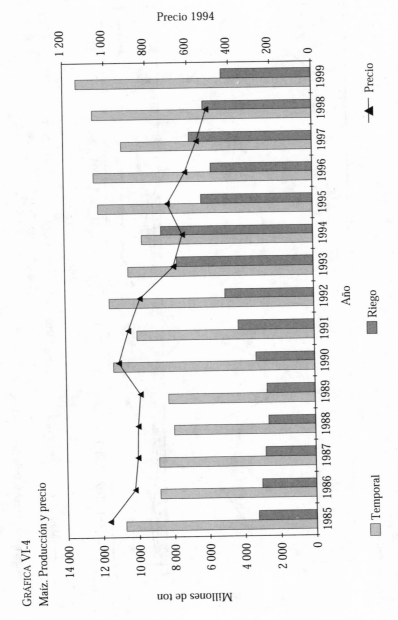

Fuente: cuadro Anexo 1 y Anexo 6.

GRÁFICA VI-5
Precios relativos

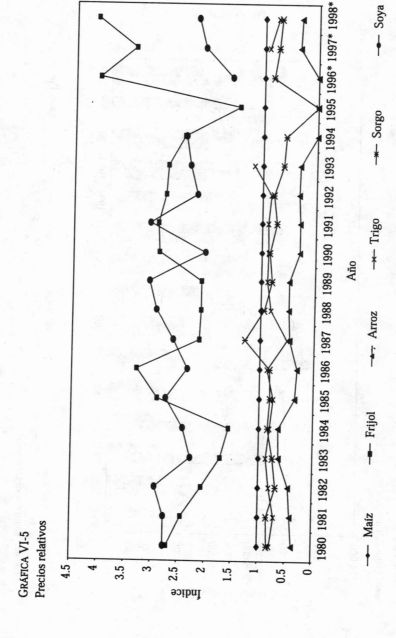

Fuente: cuadro Anexo 6, deflactados con INPC=1994.

Los campesinos pequeños y medianos siguieron cultivando maíz sobre todo como una estrategia alimentaria. Con el alza de los costos de fertilizantes y la baja de los precios de garantía, muchos campesinos disminuyeron la producción excedentaria destinada al mercado.[7] Esto fue una respuesta ante la pérdida de rentabilidad del cultivo dado el impacto de las reformas económicas que incidieron directamente sobre el ingreso real de los productores. El ejemplo de un productor campesino "tipo" en tierras de temporal muestra los efectos de las políticas de restructuración en sus ingresos que disminuyeron en términos reales desde 1990 (véase gráfica VI-6). Así, en el año 2000 la remuneración al productor de temporal con rendimientos de 2.5 hectáreas fue de 65 días de salario mínimo (de 1994) en comparación con 185 días en 1990. En 1994, Procampo si bien significó un ingreso adicional al ingreso neto de los productores, no compensó la pérdida de ingreso debido a la reducción del precio de maíz.[8]

Los productores campesinos excedentarios, por ejemplo de Jalisco, el Valle de Toluca en el Estado de México y la Frailesca en Chiapas, que por más de veinte años habían sido los abastecedores del maíz nacional, fueron los más afectados por el retiro de los subsidios.

"Ya no hay precio" fue la respuesta de las mujeres frente a la vieja bodega Boruconsa en Ortiz Rubio. "Sólo cultivamos para comer, los hombres se han ido, sólo regresarán para la cosecha. Trabajan en Toluca o en El Norte. Nosotras también ya nos vamos, aquí no hay nada, mejor trabajamos en las casas de la Ciudad de México."

Hoy día, muchos campesinos han minimizado las labores de cultivo y los insumos, así como reducido la superficie cultivada con maíz. En otras palabras, están abandonando el paquete tecnológico de la revolución verde que sólo era viable bajo los esque-

---

[7] Se estima que unos 6.4 millones de toneladas se destinan al autoconsumo (Sagar, s.f.).

[8] El ingreso neto se estimó para una hectárea de buen temporal con rendimientos de 2.5 toneladas en condiciones tecnológicas que utiliza sólo fertilizante químico, semilla criolla y tracción animal. La fuerza de trabajo es familiar de acuerdo con la metodología del Anexo, capítulo II. A partir de 1993 se sumó el ingreso proveniente de Procampo. Los indicadores que se deflactaron son el INPC base 1994 y se convirtió a un equivalente en salarios mínimos de 1994, ya que equivaldría a la remuneración del trabajo del productor y su familia.

GRÁFICA VI-6

Ingreso neto por ha en salarios mínimos de 1994.
Productor en temporal con 2.5 ton/ha

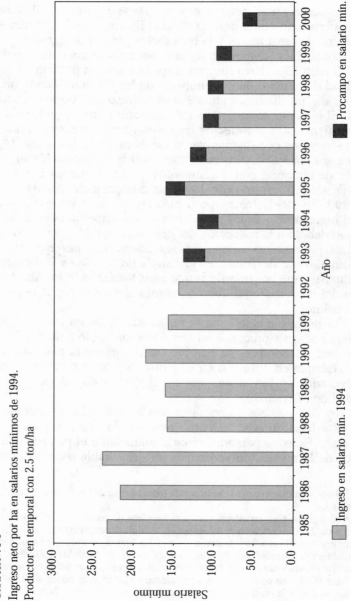

Fuente: cuadro Anexo 14.

mas subsidiados en los años setenta y ochenta, pero siguen cultivando la milpa para obtener lo suficiente para el consumo humano y animal dentro de la unidad doméstica productiva. Algunos productores han adoptado la estrategia de integrar el cultivo de maíz con la cría de ganado, cuando esto es más rentable.

Los hogares campesinos son cada vez más dependientes de ingresos no prediales como fuente de subsistencia, tanto para adquirir bienes y servicios como para enfrentar los gastos en la agricultura de autoconsumo. Encuestas realizadas por el Banco Mundial en ejidos mexicanos en 1994 y 1997 confirman estas tendencias. En 1994, 46% de los ingresos de los hogares ejidales provenía de fuentes no prediales, para 1997 este porcentaje se incrementó a 55% (BM, 1999). El trabajo asalariado fue la fuente de ingreso más frecuente, así 47% de los hogares estuvo involucrado en el mercado de trabajo en 1997, mientras que el empleo por cuenta propia se presentó en 24% de los hogares. Cabe señalar que este último fue sólo de 9% en 1994 lo que indica que la población rural enfrentó mercados de trabajo restringidos. La migración se ha convertido en la opción más redituable para los pobladores del campo. En la encuesta del Banco Mundial de 1997, en los ejidos 45% de los hogares tenían a un miembro de la familia que había emigrado a Estados Unidos y 80% tenía a un familiar que residía fuera de la localidad. Se estimó que en 1998 las remesas de inmigrantes transnacionales fueron del orden de 5.6 mil millones de dólares y que uno de cada diez hogares en localidades de menos de 2 500 habitantes recibían remesas (Mohar, s.f.: 30).

Una interrogante que aún no responden los estudiosos del campo ni los diseñadores de políticas, es si estos cambios en las estrategias productivas han tenido efectos en el mercado de tierras, una vez flexibilizado el marco legal para la renta y venta de tierras ejidales bajo las reformas al artículo 27, apoyado a su vez por la regularización de las parcelas ejidales mediante la certificación de ejidos y parcelas que se realiza con el Procede. Por ejemplo, se podría esperar la compactación de tierras ejidales para aprovechar economías de escala y así enfrentar los retos de la competencia en el mercado, sin embargo no hay evidencia empírica sobre esto. Algunos estudios señalan que las transacciones de tierra no se han extendido ni en número ni en espacio. Información oficial señala que se ha registrado 5% de ventas entre ejidatarios desde que se inició Procede. También hay evidencia de que muchas de estas transacciones se realizaron principalmente entre miembros de una misma comunidad y entre familias (Robles Berlanga, 1999).[9]

La mayoría de las transacciones de tierra fueron realizadas mediante la renta. Así, de 1994 a 1997 hubo un incremento de 22% en este tipo de transacciones entre ejidatarios. La tendencia fue que los ejidatarios con parcelas de mayor tamaño tomaron tierras en renta, mientras que los poseedores de parcelas pequeñas las dieron en arrendamiento (BM, 1999: 22-24).

Las respuestas y las estrategias a las reformas institucionales han sido, diversas y no se han presentado unilateral ni aceleradamente. Cabe subrayar, que dentro del sector campesino, tampoco se han retractado del mercado todos los productores campesinos. De la oferta nacional de maíz (18.4 millones de toneladas en 1998), aproximadamente 12 millones de toneladas entraron al mercado (las seis restantes fueron destinadas al autoconsumo), de las cuales una parte importante, fue producida por productores campesinos. Si se considera que la producción del ciclo otoño-invierno (producción de riego, procedente de productores comerciales) es destinada al mercado en su totalidad (3.3 millones de toneladas en 1998), restan 8.7 millones de toneladas (72% de la oferta comercializada) procedentes de tierras de temporal donde la mayoría de los productores son pequeños y medianos.

En 1994, 28.3% de las unidades de producción domésticas ejidales fueron vendedores netos de maíz y Conasupo recibió 52% de las ventas de este tipo de productores. Con la decreciente intervención de Conasupo en el mercado y el cierre en 1999 de la empresa, los productores han tenido que enfrentar las reglas del mercado privado. El fenómeno es reciente y aún no se ha estudiado sistemáticamente la conformación de los mercados de maíz en el campo mexicano. Cabe señalar la experiencia de miles de productores de maíz que forman parte de estos esfuerzos a través de organizaciones campesinas. Es el caso por ejemplo de la ANEC (Asociación Nacional de Empresas Comercializadoras Campesi-

[9] Procede (Programa de Certificación de Derechos Ejidales y Titulación de Solares Urbanos). El Programa se inició en 1993 y para 1999 70% de las comunidades agrarias habían regularizado las parcelas, lo que significa una cobertura de 63% de los ejidatarios y comuneros con derecho agrario (Robles Berlanga, 1999).

nas) que ilustra las respuestas organizativas y productivas de productores pequeños y medianos con base en la larga experiencia organizativa y colectiva de los campesinos mexicanos. Actualmente esta asociación representa a 220 organizaciones de productores con 62 300 miembros en 22 estados del país.

Desde que se vislumbró la desaparición de Conasupo, diversos grupos de campesinos productores de granos básicos y oleaginosas, en distintas partes del país, fundaron una asociación para la comercialización conjunta de sus cosechas. Las primeras experiencias fueron compactar cosechas y hacer ventas conjuntas a Conasupo beneficiándose de bonos otorgados por mejor calidad, así como el programa PACE que proveía de sacos y, en algunos casos, apoyos financieros para la comercialización a través de programas como Solidaridad y Fonaes (Fondo Nacional de Empresas de Solidaridad). Posteriormente las organizaciones campesinas asociados a ANEC empezaron a aventurarse en el mercado haciendo acuerdos con la industria consumidora de maíz, como por ejemplo, la industria harinera Maseca y la industria aceitera, de tal manera que fueron ocupando espacios antes controlados por Conasupo y compitiendo con el maíz importado. En 1999 manejaban un volumen de venta de maíz de 968 000 toneladas, además de ventas de sorgo, trigo y frijol.

ANEC también se asoció con una compañía vendedora de granos Siaomex, que vende directamente el grano de los agricultores asociados. Otra de las actividades de la Asociación, es la gestión de apoyos financieros a las organizaciones locales y regionales, tanto con la banca pública como la privada, con nuevos mecanismos, tales como el financiamiento prendatario, negociando pagos compensatorios a sus miembros a través de Aserca. ANEC también ha apoyado a sus miembros en la adquisición de infraestructura, principalmente para la transferencia de bodegas que pertenecían a Boruconsa en las comunidades y Andsa en los puntos de consumo. Actualmente cuenta con 110 bodegas y almacenes con capacidad de un millón de toneladas bajo techo.[10]

La experiencia de ANEC muestra como se han enfrentado los productores a los retos para entrar a las nuevas reglas del merca-

[10] Información de los Anuarios de ANEC y comunicación personal del director Víctor Suárez.

do. La organización de los pequeños productores para la comercialización, es una estrategia importante de apoyo a la producción y consumo del maíz nacional, por lo que tendría que ser apoyada por una política explícita.

4. LA POLÍTICA ALIMENTARIA POR EL LADO DEL CONSUMO: LOS PROGRAMAS DE SUBSIDIO DIRIGIDOS

En Ortiz Rubio, el ejido ubicado en el noroeste del Valle de Toluca, los campesinos siguen cultivando maíz, pero sólo para el autoconsumo. Con la caída de los precios a los productores (60% en términos reales entre 1992 y 1997) y el aumento de los costos, el valor producido imputado a precios de mercado es inferior a la inversión en el cultivo, por lo que los productores "subsidian" aproximadamente en 30% el maíz que cultivan (Wiggins *et al.*, 1999). En la Sierra Juárez de Oaxaca, en las comunidades forestales, las familias también continúan cultivando la milpa. De acuerdo con los datos de estudios de caso en cinco comunidades, las familias también subsidian la producción de maíz ya que tienen costos de insumos y necesidad de contratar mano de obra de comunidades vecinas para una serie de labores dada la escasez de adultos que han emigrado fuera de las comunidades. Se estima que las familias campesinas subsidian hasta en 53% los costos de cultivo de maíz (Tejera *et al.*, 2000).

De acuerdo con los autores de estudios de caso en otras cuatro comunidades del Estado de México y de Veracruz:

> La gente siembra maíz para asegurar su subsistencia y reproducción. Frente a un mercado laboral poco seguro y ante numerosos obstáculos en diversificar su producción agrícola, producen maíz para tener, al menos, comida y combustible. Además producen maíz de primera calidad, mientras que los comerciantes suelen mezclar el maíz bueno con el apto para los animales (Wiggins *et al.*, 1999: 100).

Estas estrategias alimentarias se repiten en millones de hogares rurales en el país y explican en parte por qué se ha mantenido la producción a pesar de la caída en la rentabilidad del cultivo (Janvry *et al.*, 1997). Pero no toda la población rural puede dedicar recursos a sus milpas; en los estudios de caso del Estado de México y Veracruz, son las unidades domésticas de estratos alto y medio las que en mayor medida producen sus propios alimentos, y que en el caso de la tortilla, son las primeras que lo elaboran en las casas. Así, aun en el campo, la tortilla de grano criollo elaborado con masa nixtamalizada ¡puede estar volviéndose un artículo de lujo!

Es cierto que desde hace generaciones, esa tortilla de calidad dejó de ser accesible para la población de bajos ingresos en las zonas urbanas. La tortilla subsidiada, bajo los esquemas de subsidio generalizado y de los programas dirigidos, ya había deteriorado su calidad con las prácticas de las tortillerías que mezclaban el maíz amarillo importado con harina, para mantener márgenes de rentabilidad ante los precios congelados.

La industria de la tortilla continúa siendo integrada por las tortillerías, los molinos de nixtamal y las empresas productoras de harina. Mientras que las primeras están dispersas en todo el país,[11] la industria de harina nixtamalizada se ha consolidado como un verdadero oligopolio conformado por cuatro empresas entre las que Maseca abastece 70% de la harina de maíz y 32% de la materia prima que consume la industria de la tortilla nacional. Siguiéndole, Minsa que abastece 28% de la harina (Sagar, s.f.).[12]

Durante la década de los noventa, los subsidios al consumo de la tortilla continuaron bajo el escrutinio de los diseñadores de la política alimentaria que buscaban mecanismos de mayor eficiencia, tanto fiscal como en el sentido de incluir sólo a la población más pobre. Pero igual que en los años ochenta, la restructuración de los subsidios fue una tarea políticamente sensible, sobre todo cuando se trató de afectar los intereses de la población urbana. Así los "viejos" esquemas permanecieron a la par que se instrumentaron nuevos, si bien las asignaciones presupuestales señalan el sentido de los cambios al reducirse los primeros en favor de los segundos.

La dificultad de la transición se manifestó en el hecho de que a mediados de la década todavía había tres precios al pro-

---

[11] A fines de la década la Cámara Nacional del Maíz Industrializado reportó 45 000 tortillerías y 10 000 molinos de nixtamal (Sagar, s.f.: 27).

[12] Ambas industrias han invertido en fábricas en Estados Unidos, y Maseca en Centroamérica (Sagar, s.f.).

ductor: uno para el maíz blanco, otro para el no blanco y un tercer precio para el grano importado. Cuatro precios al grano utilizado como insumo por la industria de la tortilla: uno para la
de molinos y la masa en el Distrito Federal y Zona Metropolitana, otro para el interior del país, un tercero para la industria harinera, y un cuarto para el grano vendido al menudeo por Diconsa. Respecto a la tortilla había un precio controlado en la
Zona Metropolitana, precios diferenciales en el interior del país
y un kilo de tortilla gratis bajo el programa de subsidio directo
a las familias urbanas pobres.[13]

El subsidio generalizado a la tortilla mediante el precio controlado en las grandes urbes continuó hasta finales de 1998 cuando
se liberó por decreto publicado en el *Diario Oficial* el 31 de diciembre de ese año. El precio por kilo de tortilla es (2000) de 4.00
pesos. A precios reales (1994) se mantuvo el precio de la tortilla
(1.24 por kilo en 1990 y 1.25 en el 2000); lo que significa que la
baja en el precio de grano no benefició directamente al consumidor sino al ahorro en los subsidios. En términos relativos la situación para el consumidor de ingresos bajos empeoró (excepto para
aquellos con acceso a programas dirigidos) pues un salario mínimo en el 2000 alcanzaba para 8.7 kilos de tortilla, mientras que en
1990 con éste mismo, podían adquirirse 14.4 kilos.[14]

La distribución de un kilo de tortilla gratuita a familias pobres
iniciado en 1990 llegó a un máximo en 1995 con 2.3 millones de
familias beneficiadas y luego perdió importancia, ya que para el
año 2000 benefició sólo a 1.1 millones de familias. En 1994 pasó
junto con el programa de distribución de leche, Liconsa a ser administrado por la Secretaría de Desarrollo Social. Para finales de
la década este Programa era administrado por Fidelist (Fideicomiso para la Liquidación al Subsidio de la Tortilla) y también era instrumentado a través de los industriales de la masa y tortilla.[15]

---

[13] El precio diferenciado entre maíz blanco y no blanco dejó de operar en
las compras de Conasupo en el ciclo primavera-verano de 1995. Los precios de
venta de grano a la industria de masa y harina subsidiados dejaron de operar.
En ese mismo año siguen habiendo precios distintos de la tortilla entre las zonas metropolitanas y las ciudades medianas y pequeñas.

[14] Estimaciones con base en el precio por kilo en el D.F. y el salario mínimo general.

[15] De esta forma se fue recortando la función de Conasupo. En el 2000 había 9 004 industrias afiliadas al programa (Poder Ejecutivo Federal, 2000).

Una vez desregularizado el mercado de las tortillas, la vieja pugna entre la industria de la harina nixtamalizada y la de molineros y masa por las dotaciones de maíz subsidiado no tuvieron más fundamento. Ambos se beneficiarían de la posibilidad de adquirir el grano en el mercado privado, ya fuera nacional o externo. Desde 1996 se otorgó a los molineros organizados en asociaciones o empresas el permiso de importar maíz bajo el sistema de cuotas asignadas. Como se recordará, la industria de la harina ya había tenido acceso, también por cuotas desde 1989.

Para la población rural, también se continuó el programa de distribución de productos básicos a través del sistema de tiendas rurales administrados por Diconsa. La venta de maíz en grano y harina de maíz fue un componente de este programa, hasta que se suspendió en 1998.

Otros programas alimentarios específicos tales como los Programas alimentarios del DIF, Liconsa, y del INI continuaron. Pero con presupuestos reducidos entre 1998-1999 en 36% para Liconsa y 18% para el programa Conasupo/Diconsa (Scott, 1999).

Esta tendencia se observa en la gráfica VI-7. Los presupuestos asignados a cada uno de estos programas fue disminuyendo en términos reales. Así como el gobierno del presidente Salinas había dado fin a los subsidios a la agricultura maicera, el de Zedillo dio fin al sistema de subsidios generalizados al consumo de la tortilla. Si bien, en el año 2000, Fidelist, todavía tenía una partida presupuestal. Pero la nueva modalidad de subsidio a los alimentos, tendería a estar basada en los criterios de focalización y eficiencia, que se lograrían con la instrumentación de Progresa. Había transcurrido más de una década desde los primeros intentos de focalizar el subsidio a la tortilla con los "tortibonos" para "progresar" en esta tarea.

El programa Progresa se instrumentó en 1997. Con Progresa se logró finalmente un programa que instrumentaba los criterios de "eficiencia" en cuanto a sus objetivos de impacto y administración.[16]

Progresa es un programa de alivio a la pobreza que atiende tres objetivos: salud, educación y nutrición. El componente alimentario comprende un pago monetario mensual por un monto fijo a las familias inscritas en el programa. Este pago está condi-

---

[16] Hay una amplia literatura al respecto, ya que Progresa fue objeto de una detallada evaluación al final del gobierno de Zedillo, véase Scott, 1999; Behrman y Hoddinot, 2000; Gertler, 2000, entre otros.

GRÁFICA VI-7
Subsidios a la alimentación

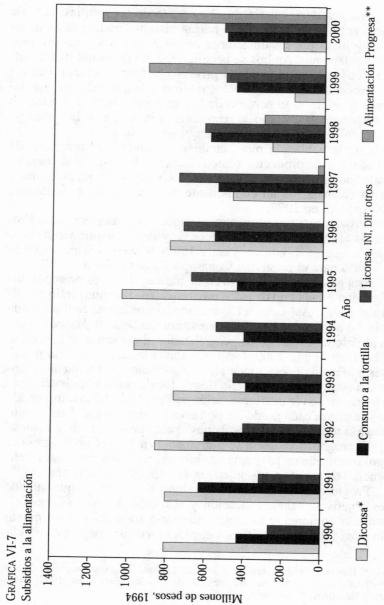

Fuente: elaboración con base en datos del 6º Informe de gobierno, 2000. Anexo pp. 286-287.

cionado a que los miembros de la familia requeridos asistan al Centro de Salud, pero no está condicionado a un gasto específico, por ejemplo, en alimentos u otros bienes. En 1999, este monto fue de 115 pesos por familia. Sin duda, el subsidio a la alimentación responde a un concepto muy "neoliberal" que respeta la libertad o preferencias del consumidor sin imponer el bien a consumir. Afortunadamente, algunas evaluaciones del impacto de Progresa señalan que en los hogares participantes en el programa se registró un aumento del gasto mensual de 10% principalmente dedicado a los alimentos (83%) y una mayor diversidad y calidad en los mismos (Scott, 1999:35).

Progresa pronto adquirió importancia como programa social, y para 1999 cubrió 2.0 millones de familias en extrema pobreza,[17] de las cuales 80% estaba en zonas rurales. Así, un acierto del programa fue que éste puso término al sesgo urbano de la política de subsidios al consumo de las décadas anteriores.

5. CONCLUSIONES

Los diseñadores de las reformas institucionales y económicas del campo esperaban una reactivación de la agricultura basándose en la inversión privada —incluyendo la dinamización del mercado de tierras— y la reconversión de la estructura productiva volcada a los cultivos competitivos en el mercado internacional. Los críticos del proyecto vaticinaban que el impacto de la liberalización comercial y el retiro de subsidios a la producción conduciría a la agricultura campesina rumbo a la quiebra y por consecuencia a una inmigración masiva del campo. La realidad ha sido mucho más compleja. El sector agropecuario no logró una reactivación, las tasas de crecimiento fueron inferiores a la economía en su conjunto, con promedios anuales de 1.9.[18] La participación sectorial en el PIB total bajó a 4.4%, pero la PEA en actividades agropecuarias siguió siendo relativamente alta (21.1% en 1999).[19] En ese

---

[17] De un total de 2.6 millones de hogares rurales pobres (Scott, 1999:27).

[18] Con excepción del año 1995 cuando la economía en total se desplomó en −6.2% y la agricultura tuvo un crecimiento de 1.8 por ciento.

[19] *Indicadores Sociodemográficos de México, 1930-2000*, INEGI, www.inegi. gob.mx

año se registraron 3.7 millones de ejidatarios y comuneros y 1.6 millones de predios privados. Los campesinos no han desaparecido, pero sí han ajustado sus estrategias de vida a las nuevas condiciones y han recurrido cada vez más a la diversificación de los ingresos de las unidades domésticas, incluyendo la migración.

La producción de maíz tampoco se ha desplomado y por el contrario ha llegado a un máximo nacional de 18 millones de toneladas. Esto ha sido resultado de una política que se ajustó a un proceso de negociación entre distintos actores del sistema maíz-tortilla, a veces lento y otras contradictorio con las tendencias unilaterales de la apertura y las reformas económicas. En este proceso, el papel del Estado cambió, pero no se retiró por completo, se crearon nuevas instituciones como la Procuraduría Agraria y el programa Procede, relacionadas con la propiedad de la tierra, así como los programas de Procampo y Alianza para el Progreso dedicados a la instrumentación de subsidios. Respecto a la agricultura maicera parece que durante los últimos diez años se afianzó una nueva dualidad: los productores competitivos, empresarios que se avocaron al cultivo sobre todo en tierras de riego y, los campesinos pequeños que se retractaron al cultivo de subsistencia. Los productores campesinos que producen excedentes para el mercado y que fueron los más afectados por las reformas económicas, ya que crecieron bajo el esquema "subsidiado", son los que enfrentan los retos más difíciles para mantener su participación, pero de ellos depende una parte importante del abasto nacional de maíz blanco preferido para el consumo humano.

Por el lado de las políticas al consumo, la restructuración del subsidio a la tortilla que pasó del subsidio generalizado al dirigido y finalmente a su suspensión, fue un proceso largo y negociado que duró casi quince años. Por un lado, no fue factible terminar con los subsidios generalizados ya que el control del precio a la tortilla en zonas urbanas permaneció hasta finales de 1998. Por otra parte, los programas focalizados estuvieron sujetos a varios cambios: de los tortibonos se pasó a los programas focalizados de distribución de la tortilla gratis a familias pobres y de allí al cheque Progresa. La mercancía maíz-tortilla dejó de ser objeto de subsidio para ceder a un subsidio indiferenciado que dio prioridad a la "preferencia" de los consumidores pobres. No obstante que, como señalamos, millones de familias campesinas siguen dirigiendo sus preferencias respecto a lo que quieren comer y por lo tanto deben de "subsidiar" la producción de maíz para autoconsumo con sus ingresos no-agrícolas.

Desde la perspectiva de que la política alimentaria debe avocarse a mejorar las condiciones de seguridad alimentaria, la transformación de la misma ha sido parcial. Con la desregularización del sistema maíz-tortilla y la focalización de los programas alimentarios, la política alimentaria ha atendido al abasto nacional y a la población más pobre, pero no se ha atendido al problema más amplio de seguridad alimentaria. De acuerdo con la definición de la FAO: el "que todas las personas tengan en todo momento acceso físico y económico a suficientes alimentos inocuos y nutritivos para satisfacer sus necesidades alimenticias y sus preferencias en cuanto a los alimentos a fin de llevar un vida activa y sana" (FAO, 1996). Gran parte de la población mexicana vive en contextos de vulnerabilidad, con ingresos bajos e inciertos, mercados de trabajo precarios, carencia de recursos productivos. El ingreso medio de los hogares ha disminuido 19% en términos reales entre 1989 y 1996 en todos los deciles de ingreso (Conapo, 1999). Los salarios mínimos reales han disminuido 30% entre 1990 y 2000. Los hogares en los deciles de ingreso más bajos han adoptado estrategias para no mermar aún más su situación mediante la participación de más miembros de la familia en actividades económicas.

Para la población rural la baja rentabilidad de la agricultura y la creciente participación en actividades no agrícolas para generar ingresos, ha transferido los factores de vulnerabilidad alimentaria fuera de la esfera de la agricultura para pasar a los mercados de trabajo y otras actividades no agrícolas (Tejera *et al.*, 2001), contextos en que la población rural, en general, tiene que optar por actividades de baja remuneración.

CONCLUSIONES

En un libro reciente, el autor hace la observación de que si bien, la población mexicana ha cultivado maíz y consumido tortillas por miles de años, desde el siglo XVI ha sido sistemáticamente desmotivada por las clases gobernantes, en favor del consumo del trigo traído por los españoles. Durante el porfiriato se sostuvo un discurso "científico" enfocado a la nutrición para desacreditar la dieta basada en la tortilla (Pilcher, 1998). Es sólo hasta el periodo de desarrollo hacia adentro (fines de los años cincuenta hasta principios de los ochenta) cuando se comienza a apoyar deliberadamente el cultivo de maíz y el consumo de tortilla como parte de una política, para la cual, la función de la agricultura era la de apoyar la transformación y el crecimiento de la economía bajo el modelo de industrialización. Un componente clave de dicha política fue el mantener los alimentos baratos como parte de una política de contención salarial. Este periodo ya terminó.

Al iniciarse el siglo XXI, el maíz y la tortilla han dejado de ser objeto de la política alimentaria. La evolución de la producción y el consumo de la población dependerá de las decisiones de los múltiples actores a lo largo de la cadena del sistema maíz-tortilla. Quedan muchas interrogantes pendientes respecto al futuro de este mercado que se encuentra en construcción desde 1999, año en que la Conasupo deja de operar como agencia estatal. Una de las grandes preguntas surgidas ante los cambios ocurridos, es si los productores maiceros podrán permanecer y expandirse en el mercado, abasteciendo con maíz blanco y criollo a los consumidores para que éstos sigan teniendo acceso a una tortilla de acuerdo con sus preferencias. Para lo que, se requiere de una transformación en la organización productiva y de comercialización basándose en un proyecto que valorice la agricultura campesina, y que enfatice la seguridad, calidad y sustentabilidad del alimento principal de los mexicanos.

Sin embargo, dicha transformación ha fracasado una y otra vez en los diversos modelos de desarrollo que ha emprendido el país, como lo hemos venido exponiendo. A lo largo de la historia del desarrollo rural mexicano, diversos proyectos productivos lograron cierto éxito, que no obstante, fracasaron en cuanto a las repercusiones esperadas sobre la gran mayoría de la población rural; los campesinos quedaron siempre marginados de los beneficios del crecimiento económico. A la larga, el resultado ha sido una economía rural, y en general nacional, polarizada, que ha limitado todo proyecto productivo exitoso a largo plazo, y que por tanto, ha sido incapaz de resolver la demanda alimentaria de una población creciente.

Durante toda la historia del desarrollo contemporáneo, México siguió una política de alimentos baratos que privilegiaba a la población urbana. Las políticas de precios y comercialización fueron el enlace entre el campo y la ciudad, juego en el cual siempre predominaron los intereses de la ciudad. El papel del Estado fue clave en asegurar la creciente demanda de alimentos a precios bajos.

Los años cincuenta y sesenta fueron décadas marcadas por las grandes oleadas migratorias a las ciudades que hicieron necesaria la implementación de políticas que satisficieran tanto la demanda de alimentos como los requerimientos de mano de obra que exigía la industrialización. Tras el impacto de la Reforma Agraria de los años treinta, los campesinos pronto fueron marginados del proyecto de modernización y limitados en su capacidad de aumentar sustancialmente la oferta para el mercado. Optándose por apoyar a la agricultura de riego y empresarial para la provisión de alimentos, política lograda exitosamente con el apoyo de la Revolución Verde y que explica, en parte, el éxito de la agricultura mexicana desde los años cuarenta hasta fines de los sesenta.

Como contrapartida la población rural debió proveerse sus propias necesidades alimentarias, y cuando acaso era tomada en cuenta, se consideraba que los bajos niveles de ingreso de esa población —aún no se hablaba de pobreza— eran uno de los obstáculos a la ampliación del mercado interno para la industria. En ese entonces, todavía no se tenía conciencia de que era precisamente la baja productividad de la población campesina, el principal obstáculo para el desarrollo mismo de la capacidad productiva de la agricultura.

Durante todo el periodo de desarrollo exitoso, el dilema de los precios, fue resuelto por el Estado que se encargó de fijar los precios de los alimentos básicos y logró un equilibrio precario entre la política de precios de garantía, el acopio por parte de Conasupo (con crecientes subsidios a los gastos de acopios, transporte y almacenamiento) y los subsidios generalizados al consumo; toda la población tuvo acceso a la tortilla a un precio bajo controlado, igual que a otros bienes esenciales.

Para mediados de los años sesenta, con la creciente demanda de alimentos (dado el alto crecimiento de la población) y el cambio en la estructura de la demanda (con la creciente población urbana de ingresos medios y altos) por otro tipo de alimentos, se llegó al límite de crecimiento de la oferta de maíz. Fue entonces, cuando, se hicieron los intentos reformistas de reactivación de la agricultura de básicos. El Estado sería el promotor principal de la actividad agropecuaria mediante la canalización del gasto público en obras de inversión, crédito y en la creación de múltiples empresas e instancias a favor de los productores agrícolas. Tratándose de atender, en particular a los ejidos, especialmente a los campesinos productores de maíz, para incorporarlos a la producción comercial. De esta forma, se dio una expansión de la infraestructura para el acopio y almacenamiento de granos, así como de programas especiales de comercialización y se amplió sustancialmente el papel de Conasupo como agente de acopio y de distribuidor. Sin embargo, la política de precios de garantía, un elemento clave en el incremento de la oferta, fue vacilante y carente de una definición clara, que no significó un cambio en la relación campo-ciudad, esto es, en el modelo de desarrollo que favorecía lo urbano-industrial.

El problema del abasto comenzó a estar cada vez más presente porque el país se estaba urbanizado rápidamente y contaba con una de las mayores concentraciones de población en el mundo, la ciudad de México. El Estado asumió entonces, la regulación de la industria de la tortilla, en 1974, a fin de asegurar el acceso de la población a la tortilla barata. El sistema de dotaciones de maíz subsidiado a la industria de molinos, harina, masa y tortillas se generalizó en las ciudades más grandes del país, para garantizar precios baratos. Así, desde su inicio dicho control impidió el crecimiento y desarrollo tecnológico de la propia industria, exceptuando el caso de la harina.

La resolución del dilema de los precios se repartió; el erario público cargó con el mayor costo y los productores campesinos de baja productividad, con la parte restante, mientras los consumidores finales fueron los menos perjudicados.

El programa SAM instrumentado en el periodo del auge petrolero, no cambió tampoco el mecanismo mediante el cual el dilema de los precios podía ser resuelto, salvo que ahora, el costo comenzaría a ser absorbido totalmente por el Estado. El problema del abasto, se intentó resolver mediante una política de apoyo a la producción de básicos que planteaba un nuevo modelo de desarrollo en el agro, basado en la transformación de la agricultura campesina y en la eliminación del sesgo anti-agrícola del modelo de crecimiento.

Sin embargo, la imposibilidad de que el Estado fuera permanentemente el ámbito en el cual se resolviera el dilema de los precios, se hizo evidente con la crisis de la deuda y el fin de los recursos públicos para gasto e inversión.

En el contexto de la crisis de los años ochenta se presentó otra vez el dilema dentro de un margen de maniobra más estrecho aún: o se establecían precios que beneficiasen a los productores capaces de reactivar a la producción agrícola o bien, se privilegiaban precios bajos a los consumidores que mantuvieran los intereses del sector urbano-industrial como había sido históricamente, pero ahora, a través de la importación del grano.

La política agrícola y alimentaria durante la crisis de los años ochenta no resolvió el dilema. Primero, el retiro de los subsidios a los productores tuvo consecuencias negativas sobre la oferta y principalmente sobre la posibilidad de mejorar la capacidad productiva del sector.

Durante el gobierno de De la Madrid, se intentó, en un inicio, mantener los precios de garantía como un instrumento de fomento a la producción, a la vez que se contrajo el gasto público hacia el agro en general. En esos años las organizaciones campesinas tuvieron un papel protagónico en la lucha por los precios de garantía, presencia que se debilitó para fines de la década. Para entonces los precios de garantía se habían congelado y las consecuencias de la contracción de los apoyos al campo se manifestaban en la disminución de la producción de maíz. Durante los años de crisis, la lucha por demandas productivas, en particular de precios y subsidios, fue prácticamente desmantelada por los recortes presupuestales en el contexto del ajuste y la estabilización. Para 1989, los campesinos maiceros se vieron bastante desgastados por los efectos de estas medidas y por varios años climatológicos adversos que habían mermado las cosechas. Para muchos, las estrategias de sobrevivencia individual, fueron una necesidad eminente ante la escasez de recursos públicos y el cierre de las viejas formas de gestión con el Estado.

Desde los primeros tiempos de la crisis fue muy notoria la preocupación por el abasto y el acceso de la población de bajos ingresos a los alimentos básicos. La ampliación del sistema de abasto de básicos a través de Conasupo-Diconsa y el subsidio a los alimentos de la canasta básica mediante el control de precios y los insumos subsidiados, formaron parte de las negociaciones con el sector obrero en torno a la política salarial. Durante estos años, también se extendió el sistema de abasto a las áreas rurales, en parte por presiones de parte de las organizaciones campesinas y por el creciente déficit en la producción local y regional. Así se privilegió definitivamente el lado del consumo, aunque no fue una solución simple, pues el recorte del déficit público requería disminuciones de los subsidios en general. Se inició la transformación del subsidio a la tortilla hacia la focalización, proceso difícil, dadas las movilizaciones de la población urbana en general que veía mermados sus ingresos reales por la inflación y las recurrentes crisis económicas.

Con la entrada del gobierno de Salinas se replanteó inicialmente la relación entre el Estado y el campesinado. La política de concertación era un marco en que se gestionarían los apoyos productivos con las organizaciones productivas. Una señal de que el nuevo gobierno atendería un proyecto modernizador incluyente, por lo menos de los estratos campesinos "con potencial productivo", fue el aumento del precio real de garantía de maíz y la diferenciación de los precios del blanco y amarillo en 1990. Pero pronto se impuso la política macroeconómica sobre la política sectorial. Las reformas de las instituciones que ejercían la política económica hacia el campo y del Artículo 27 establecieron las reglas para la transformación de la agricultura competitiva y/o complementaria a la integración al TLCAN. Los productores maiceros tuvieron poca cabida en este modelo.

El dilema de los precios se había resuelto por la apertura que alineaba el precio de los alimentos a los internacionales y quedando el abasto garantizado con la importación. Durante el gobierno de Zedillo, la protección negociada para el maíz fue de hecho desmantelada. Finalmente también se logró terminar con los subsidios generalizados a la tortilla y la instrumentación de una política alimentaria focalizado, a los grupos más pobres. En suma, la política alimentaria, se centró en los extremos de la cadena: en el abasto a nivel nacional ya integrado al TLCAN y en los hogares más pobres, con un monto de dinero en efectivo a las familias. En la era de la globalización se debían "modernizar" también los hombres y las mujeres "de maíz".

Al iniciarse el siglo XXI, se ha cambiado totalmente el entorno económico e institucional de la producción agrícola y la instrumentación de la política que tiene que ver con la alimentación. El "dilema de los precios" que fue el *quid* de las decisiones sobre la política alimentaria en el periodo de desarrollo hacia adentro, fue sustituido por la cuestión de la seguridad alimentaria que contempla tanto al abasto como al acceso de la población a los alimentos. En la medida en que la economía de mercado es el paradigma predominante en la agenda económica internacional, la seguridad alimentaria ha dado prioridad al problema de acceso, más que al de producción, que está resuelto vía el mercado mundial. Esto significa una dimensión mucho más compleja de la seguridad alimentaria pues se refiere al conjunto de recursos y derechos que tienen las personas mediante los cuales pueden tener acceso a los alimentos, y que tiene que ver, a su vez, con todas las dimensiones de la vida económica, social y cultural de la población. No obstante, desde la perspectiva económica, los estudios de seguridad alimentaria se centran en una perspectiva más estrecha, pero no menos complicada, esto es, en el análisis de la generación de ingresos, muy articulado a la problemática de la pobreza.

En el caso de México, el debate sobre la política alimentaria ha comenzado a girar, sobre todo, en torno al maíz, y se ha resuelto mediante el acceso al abasto vía la importación de Estados Unidos. Así, la agricultura ha dejado de tener una de sus funciones primordiales en un proceso de acumulación: la de proveer de alimentos baratos a la creciente población cada vez más urbana.

La resolución del abasto en el contexto del TLCAN es una visión simplista de la cuestión de seguridad alimentaria, como lo es también la atención focalizada por el lado del consumo. Una visión más amplia por el lado del acceso a los alimentos, que considere la vulnerabilidad y el riesgo de la población pobre en general, cuyas condiciones de vida no han mejorado en los últimos diez años, de acuerdo con indicadores de pobreza, no está presente en las preocupaciones de la política alimentaria actual. Mucho menos una dimensión de la seguridad alimentaria más compleja si se considera el concepto aceptado por los países firmantes de la Declaración de Roma, referentes a que la población debe tener acceso a alimentos inocuos, nutritivos y de sus preferencias.

En el caso del maíz esto nos obliga a tener en cuenta las propiedades del maíz blanco frente al amarillo forrajero importado. El maíz blanco o criollo, como es sabido, es el preferido para el consumo humano dada su mejor calidad. Cuestiones como maíz libre de toxinas y cultivado con semillas no transgénicas son temas referentes a la inocuidad de los alimentos y una tortilla echa en base a masa nixtamalizada en vez de una tortilla de harina de maíz industrializada, son asuntos relativos al tema de preferencias de los consumidores.[1]

Bajo esta perspectiva, los retos para la política alimentaria son vastos y complejos, y necesariamente tienen que volver a plantear la cuestión de la agricultura maicera y campesina. El reto para el campo tiene que contemplarse desde un modelo de desarrollo en general; si bien es deseable que una parte creciente de la población rural pueda participar positivamente en actividades no agrícolas, es también deseable que la agricultura campesina pueda tener un espacio viable articulado a los requerimientos de abasto de alimentos en términos de cantidad y calidad. Un espacio para la agricultura maicera también está relacionado a la defensa de la biodiversidad y a la riqueza de material biogenético de variedades de maíz en México.

El entorno para mantener un espacio agrícola campesino productor de alimentos está fuertemente arraigado a la organización social y cultural del campo mexicano que hasta épocas recientes ha sido confrontado radicalmente por las reformas de la política económica. En la actualidad, las decisiones respecto a la política alimentaria se enfrentan con el reto de ajustar los enfoques de la misma, de tal manera que sea posible reconocer e incorporar el potencial de una

---

[1] Hasta inicios de 2001, el uso de semilla transgénica no es permitido en México. Sin embargo no hay control sobre el origen del maíz importado.

población rural campesina como productores organizados y productivos, a fin de reconstruir un entorno institucional que pueda apoyar a la agricultura productora de alimentos de acuerdo con los requerimientos de calidad y preferencias de la población.

Las preguntas que nos quedan por responder son, si ¿será posible lograr que todos los mexicanos —y no sólo los agricultores de subsistencia— tengan la opción de comer una tortilla de masa nixtamalizada con maíz criollo?, y si esto sucede, si ¿estaremos dispuestos a pagar por ello, no sólo como individuos, sino como sociedad? En este sentido se abren alternativas, tales como la valorización de la agricultura maicera desde los criterios de seguridad alimentaria y de sustentabilidad ambiental y social, para una población mexicana que en el nuevo milenio deja atrás la modernidad "tradicional" y entra a una "modernidad" sustentable, como es la tendencia de la agricultura en Europa. Quizás éste sea aún, un planteamiento utópico en el México actual, pero lo que es cierto es que el proceso de transformación del sistema maíz-tortilla durante la última década, abre sin duda nuevas interrogantes sobre el campo y la comida de la población mexicana.

ANEXO ESTADÍSTICO

CUADRO ANEXO-1
Maíz: producción, superficie cosechada y rendimiento
por hectárea, de riego y temporal 1960-2000

Años	Producción[1]			Superficie cosechada[2]			Rendimiento por hectárea[3]		
	Total	Riego	Temporal	Total	Riego	Temporal	Total	Riego	Temporal
1960	5 419	697	4 722	5 558.4	435.8	5 122.6	0.98	1.6	0.9
1961	6 246	672	5 574	6 287.6	379.6	5 908	0.99	1.7	0.9
1962	6 337	702	5 635	6 371.6	350.8	6 020.8	0.99	2	0.9
1963	6 870	1 146	5 724	6 963.0	520.7	6 442.3	0.99	2.2	0.8
1964	8 454	1 141	7 313	7 460.6	518.1	6 942.5	1.13	2.2	1.0
1965	8 936	881	8 056	7 718.6	432.1	7 286.5	1.16	2	1.1
1966	9 771	1 488	7 784	8 286.8	651	7 635.8	1.18	2.2	1.0
1967	8 603	996	7 607	7 610.8	463.5	7 147.3	1.13	2.1	1.0
1968	9 061	1 057	8 004	7 675.7	452.9	7 222.8	1.18	2.3	1.1
1969	8 411	1 190	7 221	7 103.4	445.5	6 657.9	1.18	2.6	1.0
1970	8 879	1 050	7 829	7 439.6	396.8	7 042.8	1.19	2.6	1.1
1971	9 786	904	8 882	7 691.5	341.8	7 349.7	1.27	2.6	1.2
1972	9 223	1 002	8 221	7 291.1	435.7	6 855.4	1.26	2.3	1.1
1973	8 609	1 122	7 487	7 606.4	461.1	7 145.3	1.13	2.4	1.0
1974	7 848	1 998	5 850	6 717.1	1 104.6	5 612.5	1.17	1.8	1.0
1975	8 449	2 551	5 897	6 694.2	1 133.5	5 560.7	1.26	1.2	1.0
1976	8 017	2 451	5 566	6 783.1	1 291.4	5 491.7	1.18	1.8	1.0
1977	9 992	2 429	7 709	6 912.3	979.2	6 490.3	1.45	2.4	1.1
1978	10 916	2 621	8 308	7 186.0	947	6 243.7	1.52	2.7	1.3
1979	8 449	2 396	6 053	5 576.0	856.5	4 712.3	1.52	2.7	1.2
1980	12 028	2 679	9 703	6 631.3	919.8	6 035.3	1.81	2.96	1.6
1981	14 953	3 009	11 540	7 448.0	981	6 467	2.01	3	1.7
1982	10 147	2 956	7 155	5 704.0	1 012	4 662	1.78	2.96	1.5
1983	13 240	2 722	10 518	7 421.0	930	6 507	1.78	2.93	1.6
1984	12 910	2 760	10 115	6 972.0	897	6 270	1.85	3.08	1.6

CUADRO ANEXO-1   (conclusión)

Años	Producción[1]			Superficie cosechada[2]			Rendimiento por hectárea[3]		
	Total	Riego	Temporal	Total	Riego	Temporal	Total	Riego	Temporal
1985	14 103	3 269	10 733	7 590.0	962	6 611	1.86	3.4	1.6
1986	11 721	3 045	8 767	6 417.0	961	5 603	1.83	3.2	1.6
1987	11 607	2 806	8 812	6 802.0	898	5 489	1.71	3.1	1.6
1988	10 609	2 634	7 975	6 596.0	826	5 230	1.61	3.19	1.5
1989	10 945.0	2 697	8 248.0	6 468.0	915	5 530	1.63	2.95	1.5
1990	14 635.0	3 308	11 327	7 338.9	1 091	6 248	1.99	3.3	1.8
1991	14 250	4 272	9 978	6 946.8	1 154	5 792	2.05	3.7	1.7
1992	16 929	5 401	11 528	7 219.4	1 311	5 908	2.35	4.12	1.9
1993	18 124	7 703	10 421	7 428.2	1 664	5 764	2.44	4.6	1.8
1994	18 235	8 575	9 660	8 194.0	1 842	6 351	2.23	4.6	1.5
1995	18 352	6 282	12 070	8 020.4	1 427	6 592	2.29	4.4	1.8
1996	18 026	5 708	12 315	8 051.2	1 208	6 842	2.24	4.7	1.8
1997	17 656	6 922	10 733	7 406.1	1 358	6 047	2.38	5.1	1.7
1998	18 454	6 104	12 350	7 876.8	721	6 291	2.34	4.6	1.8
1999	18 314	5 055	13 259	7 150.8	1 001	6 159	2.56	5	2.1
2000	18 548	5 341.8	13 206	8 641.1	nd	nd	2.15	nd	nd

[1] Miles de toneladas.
[2] Miles de hectáreas.
[3] Toneladas.
nd: no disponible.

Fuentes:

Appendini, K., 1986: 82.
Banco Mundial, 1989: 22-24; datos para 1976-1981.
Nafinsa, 1988: 120-122; datos para 1982-1987.
Tercer Informe de Gobierno, 1991.
De 1990 – 2000, Sexto Informe de Gobierno, 2000.
Anuario Estadístico de la Producción Agrícola de los Estados Unidos Mexicanos, Sagar, 1991-1998, México, Sagar, 1991-1998.

Cuadro Anexo-2
Consumo de maíz, 1960-1999
(Miles de toneladas)

Años		Años	
1960	4 991	1980	11 686
1961	6 280	1981	12 078
1962	6 351	1982	12 480
1963	7 346	1983	14 921
1964	8 218	1984	15 014
1965	7 759	1985	15 676
1966	7 900	1986	14 642
1967	8 035	1987	14 428
1968	8 181	1988	13 320
1969	8 329	1989	13 900
1970	8 480	1990	18 608
1971	8 501	1991	15 616
1972	8 762	1992	18 214
1973	9 051	1993	18 265
1974	9 366	1994	20 433
1975	9 709	1995	20 918
1976	10 080	1996	23 789
1977	10 477	1997	20 022
1978	10 902	1998	23 422
1979	11 310	1999	23 795

Fuentes:
    De 1960-1982, SARH, Coordinación General de Desarrollo Agroindustrial 1982, cuadro 27: 87.
    1983-1988: Gavaldón y Ceceñas, 1988; cuadro 9:50.
    1989-1990: Conasupo, 1990.
    De 1990-2000: Sexto Informe de Gobierno, 2000.

CUADRO ANEXO-3
Frijol. Producción, superficie cosechada y rendimiento
por hectárea, 1960-2000

Años	Producción[1]	Superficie cosechada[2]	Rendimientos[3]	Años	Producción	Superficie cosechada	Rendimientos
1960	528	1 326	0.398	1980	929.5	1 553.3	0.6
1961	723	1 617	0.447	1981	1 331.3	1 988.8	0.669
1962	656	1 674	0.392	1982	1 093	1 712	0.61
1963	677	1 711	0.396	1983	1 282	1 996	0.557
1964	892	2 091	0.427	1984	960	1 694	0.554
1965	860	2 117	0.406	1985	912	1 782	0.5
1966	1 013	2 240	0.452	1986	1 085	1 820	0.6
1967	980	1 930	0.508	1987	1 015	1 787	0.573
1968	857	1 791	0.479	1988	857	1 947	0.44
1969	835	1 656	0.504	1989	586	1 313	0.446
1970	925	1 747	0.529	1990	1 287	2 094	0.615
1971	954	1 965	0.485	1991	1 378	1 989	0.693
1972	870	1 682	0.517	1992	718	1 295.6	0.555
1973	1 009	1 870	0.54	1993	1 287	1 873.9	0.687
1974	972	1 552	0.626	1994	1 364	2 086.7	0.654
1975	1 027	1 753	0.586	1995	1 270	2 040.4	0.623
1976	739.8	1 315	0.562	1996	1 349	2 048.5	0.659
1977	818.7	1 596	0.472	1997	965	1 615.1	0.598
1978	933.4	1 583	0.6	1998	1 260	2 146.5	0.587
1979	641.3	1 042.2	0.6	1999	1 080	1 694.7	0.638
				2000	1 158.7	2 224	0.521

[1] Miles de toneladas.
[2] Miles de hectáreas.
[3] Toneladas.

Fuentes:
Nafinsa, 1981: 114-120, datos para 1960-1975; 1988: 120-122, datos para 1982-1987. Banco Mundial, 1989: 22-24, datos para 1976-1981. SARH, Dirección General de Política Agrícola, datos de 1988-1989. Tercer Informe de Gobierno, 1991. Sexto Informe de Gobierno, 2000.

CUADRO ANEXO-4
Superficie fertilizada, distritos de riego
y temporal 1968-1980 (miles de hectáreas)

Años	Sup. cosech. nacional	Superficie fertilizada			% Superficie fertilizada
		Riego	Temporal	Total	
1968	15 005	1 614	3 467	5 081	33.9
1969	14 297	1 783	3 610	5 393	37.7
1970	14 840	1 806	3 723	5 529	37.3
1971	15 325	1 907	4 866	6 773	44.2
1972	15 027	1 991	4 408	6 399	42.6
1973	15 615	2 075	5 014	7 089	45.4
1974	14 603	2 257	5 431	7 688	52.6
1975	15 064	2 461	5 487	7 948	52.8
1976	14 146	2 427	5 910	8 337	58.9
1977	15 796	2 469	6 260	8 729	55.3
1978	15 495	2 542	6 191	8 733	56.4
1979	13 226	2 929	6 655	9 584	72.5
1980	15 090	2 588	6 604	9 192	60.9

Fuente: SARH/CEPAL-ONU, 1988: 134.

CUADRO ANEXO-5a
Crédito Agropecuario
(Millones de pesos de 1980[1])

Años	Crédito total[2]	Crédito oficial	%	Crédito privado	%
1960	33 213.8	16 520.8	49.7	16 693.0	50.3
1961	30 301.9	15 258.7	50.4	15 043.3	49.6
1962	29 675.0	14 023.0	47.3	15 652.1	52.7
1963	44 501.3	16 871.9	37.9	27 629.4	62.1
1964	61 041.7	18 737.9	30.7	42 303.8	69.3
1965	56 788.0	17 482.1	30.8	38 595.4	68
1966	62 173.5	18 165.6	29.2	42 113.8	67.7
1967	59 725.9	20 442.0	34.2	40 137.7	67.2
1968	62 539.2	23 352.1	37.3	37 486.2	59.9
1969	60 576.2	22 342.1	36.9	34 919.4	57.6
1970	n.d.	22 928.4	n.d.	n.d.	n.d.
1971	69 994.9	28 026.5	40	41 968.5	60
1972	76 811.1	32 540.5	42.4	44 270.6	57.6
1973	76 833.4	35 045.4	45.6	41 788.0	54.4
1974	90 427.3	48 490.2	53.6	42 118.1	46.6
1975	97 310.9	64 313.8	66.1	43 861.4	45.1
1976	98 758.0	56 143.1	56.8	42 615.0	43.2

CUADRO ANEXO-5a   (*conclusión*)

Años	Crédito total[2]	Crédito oficial	%	Crédito privado	%
1977	n.d.	43 846.1	n.d.	n.d.	n.d.
1978	n.d.	44 180.9	n.d.	n.d.	n.d.
1979	n.d.	48 721.0	n.d.	n.d.	n.d.
1980	178 000.0	104 000.5	58.4	73 000.2	41

[1] Deflactado con el índice de precios implícito del PIB, base 1980=100.
[2] Se contempla al sector agrícola y pecuario en ambos tipos de crédito.
Fuentes:
  Appendini, K. y Almeida Salles, V., 1983, cuadro 11:203; datos para 1960-1969.
  SARH-ONU-CEPAL, Cesapa, 1982, tomo XII, cuadro 52:260; datos para 1971-1976.
  Banco Mundial: 89, datos 1980.

CUADRO ANEXO-5b
Crédito al sector agropecuario
(Millones de pesos de 1994)

Año	Banrural	FIRA	Nafin	Bancomext	Comercial	Solidaridad
1980	13 643	8 667	—	881	—	—
1981	14 138	7 897	—	1 224	—	—
1982[1]	11 032	7 591	—	2 333	—	—
1983	8 589	6 395	—	1 574	—	—
1984	9 794	7 203	—	1 103	8 668	—
1985	12 202	9 392	—	1 799	4 835	—
1986	10 662	6 774	—	3 971	4 533	—
1987	9 521	6 535	—	2 313	7 159	—
1988	9 728	6 201	—	4 477	5 129	—
1989	8 253	7 711	—	6 506	3 731	—
1990	5 360	9 213	366	7 452	12 784	658
1991	3 982	10 976	918	9 115	8 351	513
1992	4 689	11 941	1 190	7 055	6 466	523
1993	5 809	6 426	693	4 314	2 370	661
1994	5 153	6 053	—	—	—	—
1995	3 749	4 304	—	—	—	—
1996	4 854	3 807	—	—	—	—
1997	4 650	—	—	—	—	—
1998	3 770	—	—	—	—	—
1999	4 294	—	—	—	—	—
2000	1 982	—	—	—	—	—

[1] A partir de este año la banca de desarrollo es banca pública y la banca privada se denomina banca comercial.
Fuentes:
  Quinto Informe de Gobierno de Carlos Salinas de Gortari.
  Sexto Informe de Gobierno, 2000.
  Nafin 1993 a 1996: Myhre:50.

CUADRO ANEXO-5c
Superficie total habilitada
(Miles de hectáreas)

Año	Banrural	FIRA	Solidaridad	Total
1980	5.507	1.261	—	6.768
1981	6.938	1.981	—	8.919
1982	7.245	2.079	—	9.324
1983	6.043	2.091	—	8.134
1984	5.723	2.3	—	8.023
1985	7.174	2.823	—	9.997
1986	7.24	2.729	—	9.969
1987	6.737	2.175	—	8.912
1988	7.284	1.763	—	9.047
1989	5.479	1.69	—	7.169
1990	1.951	1.806	1.987	5.744
1991	1.236	1.969	1.656	4.861
1992	1.198	2	1.694	4.892
1993	1.045	2	2.189	5.234
1994	1.129	—	1.648	2.777
1995	1.251	—	1.424	2.675
1996	1.851	—	1.44	3.291
1997	2.178	—	1.304	3.482
1998	2.115	—	—	2.115
1999	2.105	—	—	2.105
2000	1.846	—	—	1.846

Fuentes:
Quinto Informe de Gobierno de Carlos Salinas de Gortari.
Sexto Informe de Gobierno de Carlos Salinas de Gortari.

CUADRO ANEXO-6
Precios de garantía del maíz, trigo, sorgo y frijol, 1960-2000[1]
(Pesos por tonelada)[2]

Año	Maíz	Trigo	Sorgo	Frijol
1960	0.8	0.913	—	1 500
1961	0.8	0.913	—	1 750
1962	0.8	0.913	—	1 750
1963	0.94	0.913	—	1 750
1964	0.94	0.913	—	1 750
1965	0.94	0.8	625	1 750
1966	0.94	0.8	625	1 750
1967	0.94	0.8	625	1 750
1968	0.94	0.8	625	1 750

CUADRO ANEXO-6   (*conclusión*)

Año	Maíz	Trigo	Sorgo	Frijol
1969	0.94	0.8	625	1 750
1970	0.94	0.8	625	1 750
1971	0.94	0.8	0.625	1.75
1972	0.94	0.8	0.725	1.75
1973	1.2	0.87	0.75	2.15
1974	1.5	1.3	1.1	6
1975	1.9	1.75	1.6	4.75
1976	2.34	1.75	1.76	5
1977	2.9	2.05	2.03	5
1978	2.9	2.6	2.03	6.25
1979	3.84	3	2.335	7.75
1980	4.45	3.55	2.9	12
1981	6.55	4.6	3.93	16
1982	8.85	6.93	5.2	21
1983	19.2[3]	18.2	12.6	33
1984	33.45	27.3	23	52.85
1985	53.3	37	32	155
1986	96	58	70	217
1987	245	120	155	525
1988	370	310	225	680
1989	435.5	395	320	920
1990	636	484[3]	360[3]	1 650
1991	715	560	410	2 100
1992	750	576	460	2 100
1993	650	640	400	1 800
1994	650	600	350	1 600
1995	110	850	Nd	1 600
1996	1 235	1 200	1 000	5 000
1997	1 295	1 400	1 045	4 400
1998	1 400	1 380	960	5 750
1999	1 446	—	—	—
2000[4]	996	—	—	—

[1] Precios de referencia trigo y sorgo de 1990 en adelante, frijol 1994 en adelante.
[2] Se quitó tres ceros anterior a 1993.
[3] De 1983 en adelante son precios correspondientes a la cosecha primavera-verano.
[4] Precio calculado tomando el promedio del precio del maíz en puerto.

Fuentes:
  Conasupo, citado por Appendini, 1986.
  Tercer Informe de Gobierno de Carlos Salinas de Gortari, 1991.
  Sexto Informe de Gobierno, 2000.

CUADRO ANEXO-7
Índices de precios por grupos de cultivo 1960-1985

Año	Total de cosechas	Básicos	Forrajes	Exportación	Precios de garantía	Garantía del maíz
1960	100.0	100.0	100.0	100.0	100.0	100.0
1961	103.8	101.5	101.1	101.9	101.1	96.7
1962	104.4	100.3	105.7	97.7	99.6	93.9
1963	107.6	113.0	106.4	95.1	111.1	107.0
1964	103.6	107.9	106.4	92.1	106.3	101.3
1965	102.0	107.0	110.3	89.5	105.5	99.0
1966	96.5	99.2	106.9	86.2	98.4	95.2
1967	93.7	97.2	97.6	83.1	96.7	92.5
1968	92.5	94.8	97.2	82.5	94.3	90.4
1969	89.2	88.8	97.8	79.7	89.2	87.0
1970	88.3	85.8	94.8	81.5	86.2	83.2
1971	84.7	81.9	93.1	76.5	82.7	78.6
1972	82.2	77.2	89.1	76.3	79.0	74.0
1973	92.1	85.5	87.5	99.5	88.1	83.8
1974	92.4	102.7	99.4	75.6	104.7	85.3
1975	94.0	104.5	109.5	74.1	105.2	93.3
1976	102.8	94.5	93.4	143.1	95.4	96.1
1977	94.9	91.3	87.3	120.3	91.1	91.3
1978	91.3	85.7	92.2	114.9	87.2	78.2
1979	86.3	86.2	82.4	96.0	85.3	86.1

CUADRO ANEXO-7 (conclusión)

Año	Total de cosechas	Básicos	Forrajes	Exportación	Precios de garantía	Garantía del maíz
1980	86.2	94.9	86.2	86.5	91.6	77.6
1981	86.3	94.1	78.1	75.7	88.9	89.7
1982	78.2	84.8	65.6	76.3	79.7	75.2
1983	84.7	87.3	80.7	92.0	84.7	84.9
1984	86.5	93.3	95.6	62.9	92.5	91.4
1985	84.7	77.3	94.3	55.1	97.4	94.4

Fuentes: Banco Mundial, 1989: 13. Conasupo, 1988: 243; datos para maíz.

CUADRO ANEXO-8
Índice de precios de algunos insumos agrícolas

Años	Fertilizante	Semilla de maíz	Insecticida	Precio de gorantía del maíz	Salario mínimo rural
1960	100.00	100.00	100.00	100.0	100.0
1961	99.11	108.48	106.99	100.0	100.0
1962	94.04	11.41	99.84	117.5	123.6
1963	93.03	120.65	100.21	117.5	123.6
1964	90.49	124.38	99.60	117.5	149.1
1965	88.34	125.02	120.42	117.5	167.4
1966	100.00	124.26	120.77	117.5	197.2
1967	103.42	124.26	120.53	117.5	197.2
1968	102.66	114.50	105.33	117.5	227.8
1969	104.69	114.50	98.39	117.5	227.8
1970	104.69	156.91	83.43	117.5	265.9
1971	105.19	154.79	100.01	117.5	265.9
1972	105.96	152.67	122.86	117.5	314.0
1973	105.96	161.15	137.82	117.5	370.5
1974	131.69	231.13	133.69	187.5	427.9
1975	131.69	241.73	171.69	218.7	522.0
1976	160.71	305.34	215.38	237.5	639.8
1977	220.91	487.70	305.79	292.5	866.1
1978	254.12	551.31	395.00	362.5	1 002.2
1979	254.12	816.37	442.05	435.0	1 209.5
1980	264.26	839.70	497.80	556.0	1 518.7
1981	308.24	1 060.22	n.d.	818.7	1 024.9
1982	352.22	1 569.13	n.d.	1 106.2	2 713.4
1983	563.50	n.d.	n.d.	2 400.0	n.d.

Fuente: Appendini, K., 1986: 145.

Cuadro Anexo-9
Índices de costo de producción por tonelada de maíz según la condición tecnológica 1960-1984

Año	Precio	RMF	TMFMC	TCFMC	TCSMC	TMFEP	TCFEP	TCSEP
1960	100.0	100.0	100.0	100.0	100.0	100.0	100.0	100.0
1961	100.0	99.2	99.3	99.2	100.0	98.5	98.3	100.0
1962	100.0	104.6	103.2	103.1	112.1	108.8	108.6	122.7
1963	117.5	104.5	103.1	102.9	112.7	108.7	108.5	123.4
1964	117.5	112.8	109.7	109.5	127.5	122.9	122.7	151.2
1965	117.5	117.2	113.0	112.9	134.6	130.0	129.9	165.5
1966	117.5	129.4	124.2	124.1	150.7	148.3	148.4	194.3
1967	117.5	131.8	126.6	126.6	150.7	150.7	150.8	194.3
1968	117.5	137.6	129.8	129.9	157.9	167.4	167.8	223.8
1969	117.5	135.7	128.2	128.3	157.2	164.7	165.0	223.8
1970	117.5	150.2	140.4	140.1	180.6	185.1	185.1	260.4
1971	117.5	140.8	139.0	138.7	180.7	184.9	184.9	260.4
1972	117.5	165.5	152.9	152.8	205.8	210.8	211.0	306.8
1973	117.5	185.5	170.0	169.9	237.6	240.8	241.2	361.2
1974	187.5	216.1	199.4	199.0	279.9	281.6	281.7	419.1
1975	218.7	251.3	230.1	229.9	336.9	332.2	332.7	511.0
1976	237.5	300.8	273.2	272.7	398.2	404.2	404.5	625.6
1977	290.5	416.0	378.9	377.1	551.2	548.6	548.1	845.0
1978	362.5	504.4	467.2	465.7	696.9	630.8	630.4	978.7
1979	435.0	593.7	544.9	541.0	838.4	744.8	742.3	1 181.1

1980	556.2	710.6	647.5	644.6	1 026.7	914.0	913.0	1 483.9
1981	818.7	936.1	822.6	846.7	1 356.3	1 206.7	1 206.2	1 981.3
1982	1 106.2	1 260.2	1 093.3	1 135.5	1 838.1	1 601.3	1 598.7	2 654.5
1983	2 000.0	2 170.4	2 043.8	2 125.3	3 522.2	2 588.2	2 590.9	4 305.9
	2 400.0							
1984	3 150.0	3 581.2	3 146.3	3 318.8	5 274.0	4 089.1	4 075.0	5 661.1
	3 562.0							

Fuente: Appendini, K., 1986, cuadro 22, cap. 4.

CUADRO ANEXO-10

Participación de las compras nacionales de Conasupo en el volumen de producción del maíz, trigo, sorgo y frijol, 1965-1999 (Miles de toneladas)

	1965/1966	1976/1978	1980/1981	1983/1984	1989/1990	1993/1994	1998/1999
Maíz							
Compras nacionales							
Conasupo	1 836.5	1 402.3	1 888.6	2 050	1 800	8 135	1 463
Producción nacional	9 352.3	9 641.6	13 570	12 985.5	12 150	18 150	18 384
Participación porcentual	19.6	14.5	13.3	15.8	14.7	44.80	7.9
Trigo							
Compras nacionales							
Conasupo	1 159.1	1 058.9	1 222.4	1 865.2	344	—	—
Producción nacional	1 898.8	2 867.8	2 987.1	3 979.7	4 364	—	—
Participación porcentual	61	36.9	41	46.9	7.8	—	—
Sorgo							
Compras nacionales							
Conasupo	210.1	569.7	1 361.9	1 043.4	—	—	—
Producción nacional	1 078.9	4 181.5	5 492.5	4 953.7	5 164	—	—
Participación porcentual	19.5	13.6	22.6	21.1	—	—	—

Frijol

Compras nacionales

Conasupo	113	219.6	329.2	460.9	297	368	58
Producción nacional	963.3	819.5	1 202	1 106.4	785.5	1 325	1 170
Participación porcentual	12.1	26.8	25	41.7	37.8	27.7	4.9

Fuentes:

Martín del Campo, A., 1988: 195; cifras para 1965/1984.

Segundo Informe de Gobierno de Carlos Salinas de Gortari, 1990.

Sexto Informe de Gobierno, 2000.

CUADRO ANEXO-11
Precios de compra y venta de Conasupo
(Pesos por tonelada)

Años	Precio promedio de compra (A)	Precio de venta maíz subsidiado (B)	Porcentaje B/A
1968	931	860	92.40
1969	934	878	94.00
1970	932	901	96.70
1976	1 926	1 868	98.50
1977	2 509	2 387	95.10
1978	2 826	2 448	86.60
1979	3 053	2 480	81.20
1980	3 499	2 791	79.80
1981	4 899	3 617	73.80
1982	7 212	4 746	65.80
1983	16 793	8 738	52.00
1984	24 418	12 745	52.20
1985	37 875	27 210	71.80
1986	64 973	46 300	71.30
1987	n.d.	n.d.	n.d.
1988[1]	370 000	240 000	65.00
1989[1]	435 000	240 000	55.00
1990[1]	501 000	489 000	97.00

[1] Estimado con promedio de los precios de venta de grano en la industria de masa y de harina en el D.F. y en el interior y el promedio de precio de garantía, maíz blanco en 1990.

Fuentes: de 1968 a 1970, SHCP, 1985. De 1976 a 1986, Lampell, 1987. De 1986 a 1990, Conasupo.

CUADRO ANEXO-12
Balanza comercial agropecuaria[1]
(Millones de dólares)

Año	Export.[2] Fob.	Import.[2] Fob.	Saldo	Principales importaciones				
				Maíz	Trigo	Sorgo	Sem. Soya	Sem.y fruta
1980	1 528	2 025	-497	595	163	313	132	125
1981	1 491	2 420	-929	453	214	433	355	149
1982	1 233	1 099	134	37	87	198	156	203
1983	1 189	1 701	-512	634	60	434	218	139
1984	1 461	1 880	-419	375	41	363	403	240
1985	1 409	1 607	-198	255	31	264	275	213
1986	2 098	938	1 160	165	20	78	167	147
1987	1 543	1 109	434	283	36	62	220	114
1988	1 672	1 780	-108	394	137	138	336	138
1989	1 753	2 000	-247	441	69	322	326	149
1990	2 162	2 071	91	435	—	331	218	—
1991	2 291	2 122	169	179	67	362	349	235
1992	2 053	2 845	-792	184	164	542	512	222
1993	2 449	2 617	-168	69	233	380	523	252
1994	2 616	3 345	-729	369	189	395	640	290
1995	3 902	2 627	1 275	373	217	254	542	298
1996	3 385	4 654	-1 269	1 062	427	331	898	441
1997	3 656	4 146	-490	359	306	265	1 032	394
1998	3 690	4 735	-1 045	624	339	349	862	467
1999	3 801	4 434	-633	600	337	427	784	438
2000	2 669	2 274	395	282	150	256	358	184

[1] Incluye agricultura, caza y pesca.
[2] De 1987 y 1988 cifras del Banco de México, 1988: 88-89.
De 1988 y 1989 cifras de *Comercio Exterior*, junio de 1990: 583.
De 1990-2000, Sexto Informe de gobierno, 2000.

CUADRO ANEXO-13
Superficie agrícola
(Miles de hectáreas)

Años	Sup. sembrada[1]	Sup. cosechada[2]	Sup. 10 básicos[3]	Sup. 4 básicos[4]
1980	18 929	19 966	13 853	10 600
1981	23 123	20 756	15 888	12 300
1982	22 534	17 726	15 392	12 400
1983	23 964	20 808	15 572	11 900
1984	22 388	20 383	14 667	11 300
1985	23 178	21 121	15 566	12 000
1986	22 276	19 859	15 172	11 900
1987	22 237	20 499	15 652	12 200
1988	20 344	20 344	14 676	11 600
1989	n.d.	n.d.	13 725	10 700
1990[5]	15 952	14 900	14 308	11 209
1991	11 983	10 865	13 215	11 031
1992	15 011	13 293	13 215	10 914
1993	14 682	13 334	13 018	11 361
1994	16 409	14 632	14 855	13 066
1995	16 519	14 729	14 927	12 492
1996	16 784	15 732	15 035	11 779
1997	17 114	14 160	15 347	12 406
1998	17 065	15 705	14 868	11 795
1999	16 818	14 232	14 574	11 652

[1] SARH, Dirección General de Política y Evaluación Sectorial.
[2] SARH, Dirección General de Política y Evaluación Sectorial.
[3] SARH, Dirección General de Política Agrícola, 1990. Superficie sembrada.
[4] Arroz, frijol, maíz y trigo. Superficie sembrada.
[5] De 1990-1999 datos de: Sagar, *Anuario Estadístico de la Producción Agrícola de los Estados Unidos Mexicanos*, México.

CUADRO ANEXO-14a
Producción de Maíz de temporal (TCFEP)[1]
Base de cálculo
Factores (coeficiente técnico por insumo):
20   385   58

Insumos[2]	Precio por tonelada		Salario mínimo	Costo (pesos corrientes-nuevos)				
Año	Semilla	Fertilizante		Semilla	Fertilizante	Trabajo	total	Total (sin salario)
1985	53	11	1	1	4	54	59	5
1986	96	21	2	2	8	93	103	10
1987	245	45	4	5	17	205	227	22
1988	370	128	7	7	49	385	442	57
1989	435	128	8	9	49	436	494	58
1990	636	204	8	13	79	470	561	91
1991	680	330	10	14	127	578	719	141
1992	750	549	11	15	211	645	871	226
1993	650	549	12	13	211	699	923	224
1994	600	549	13	12	211	748	971	223
1995	600	664	14	12	256	800	1 068	268
1996	1 235	999	24.3	24.7	385	1 409.4	1 819	409
1997	1 295	1 119	24	25.9	430.815	1 409.4	1 866.115	456.715
1998	1 400	1 100	32	28	423.5	1 850.78	2 302.28	451.5
1999	1 446	1 150	32	28.9	442.75	1 850.78	2 322.43	471.65
2000	996	1 200	35	19.9	462	2 036.96	2 518.86	481.9

[1] Condición tecnológica: con fertilizantes, semilla criolla, sin tracción mecánica.
[2] Todas las cifras fueron divididas entre 1 000 para hacerlas equivalentes a la conversión de nuevos pesos.

Fuente:
    Estimaciones propias, véase capítulo II.
    1996-2000 datos de salario mínimo general. 6° Informe de gobierno, 2000.

CUADRO ANEXO-14b
Base de cálculo (precios corrientes-nuevos)

Año	Precio de garantía	Procampo	Ingreso bruto por ha	Ingreso neto por ha
1985	53	—	0.133	128
1986	96	—	0.240	230
1987	245	—	0.612	590
1988	370	—	0.925	868
1989	435	—	1 087	1 030
1990	636	—	1 590	1 499
1991	680	—	1 700	1 559
1992	750	—	1 875	1 649
1993	650	330	1 625	1 401
1994	600	350	1 500	1 277
1995	1 100	440	2 750	2 482
1996	1 235	484	3 087	2 678
1997	1 295	556	3 237	2 781
1998	1 400	626	3 500	3 049
1999	1 446	708	3 615	3 143
2000	996	778	2 490	2 008

CUADRO ANEXO-14c
Ingreso neto por producción de maíz en temporal
(Precio base 1994)

Año	Ingreso en salario mínimo 1994[1]	Procampo en salario mínimo 1994	Ingreso total ha en salario mínimo 1994
1985	233.1	—	233.1
1986	217.3	—	217.3
1987	238.7	—	238.7
1988	158.3	—	158.3
1989	160.7	—	160.7
1990	185.5	—	185.5
1991	157.3	—	157.3
1992	144.0	—	144.0
1993	111.5	26.3	137.7
1994	95.0	26.0	121.0
1995	136.8	24.3	161.1
1996	110.0	19.9	129.9
1997	94.5	18.9	113.5
1998	89.4	18.4	107.8
1999	79.1	17.8	96.9
2000	46.8	18.1	65.0

[1] Salario mínimo de 1994: $ 13.44.

BIBLIOGRAFÍA

Ahmed, R., 1989, "Pricing principles and public intervention in domestic markets", en Mellor, J. W. y R. Ahmed, *Agricultural price policy for developing countries,* International Food Policy Research Institute, The Johns Hopkins University Press, Baltimore.

Alberro, J. y D. Ibarra (comp.), 1987, "Programas heterodoxos de estabilización", *Estudios Económicos,* número extraordinario, octubre El Colegio de México, México.

Andrade, A. N. y N. Blanc, 1987, "SAM's cost and impact on production", en Austin, J. y G. Esteva, *Food Policy in Mexico: The Search for Self-sufficiency,* Cornell University Press, Ithaca y Londres.

Andrade, J. L., 1988, "El autoconsumo de maíz y frijol en México", Documento núm. 2: "La producción, comercialización y autoconsumo de maíz en el ciclo agrícola primavera-verano 85-85", Sisvan (Sistema de Vigilancia Alimentaria y Nutricional), Programa de las Naciones Unidas para el Desarrollo. Organización de las Naciones Unidas para la Agricultura y Alimentación, Roma, fotocopia.

Appendini, K., 1983, "La polarización de la agricultura mexicana: un análisis a nivel de zonas agrícolas en 1970", *Economía Mexicana,* Serie temática 1, El Sector Agropecuario, CIDE, México.

————, 1986, *Producción de alimentos básicos en México y economía campesina,* Tesis de doctorado, División de Estudios de Posgrado, Facultad de Economía, UNAM, México.

————, 1988, "El papel del Estado en la comercialización de granos básicos", en J. Zepeda (ed.), *Las sociedades rurales hoy*, El Colegio de Michoacán, Zamora.

————, 1988a, "La participación de los campesinos en el mercado de maíz", *Revista Mexicana de Sociología*, L (1), Instituto de Investigaciones Sociales, UNAM, México.

————, 1991, "Los campesinos maiceros frente a la política de abasto: una contradicción permanente", en *Comercio Exterior,* Banco Nacional de Comercio Exterior, XL (10), octubre, México.

————— y V. Salles, 1979, "Algunas consideraciones sobre los precios de garantía y la crisis de producción de los alimentos básicos", *Foro Internacional,* XIX (3), El Colegio de México, México.

—————, 1983, "Crecimiento económico y campesinado: un análisis en dos décadas", en Appendini *et al., El campesinado en México: dos perspectivas de análisis,* El Colegio de México, México.

————— y M. C. Cebada, 1994, "La modernización agrícola en el Estado de México: el impacto en la agricultura maicera", en Roberto Blancarte (coordinador), *Estado de México. Perspectivas para la década de los 90,* El Colegio Mexiquense/Instituto Mexiquense de Cultura, Zinacantepec, Estado de México.

—————, 1998, "Changing agrarian institutions: Interpreting the contradictions", en Cornelius, W. y D. Myhre *The Transformation of Rural México. Reforming The Ejido Sector,* Center for U. S. - Mexican - Studies, University of California, San Diego, pp. 25-38.

—————, 2000, "The challenges of rural México in an open economy", en Tulchin, J. S. y A. Selee (ed.), *Mexico at the Millenium,* The Woodrow Wilson International Center for Scholars, Washington, D.C. (en prensa).

————— y B. de la Tejera, 2001, "Food Security and vulnerability in rural Mexico: A policy issue" borrador inédito.

Aranda, J., 1990, "Crisis y maíz en Oaxaca: el caso del Consejo Comunitario de abasto popular de Pueblo Nuevo, Tuxtepec", ponencia presentada en el Seminario sobre el maíz y la crisis económica en México, UNRISD, Tepoztlán, Morelos, México, enero.

Austin, J. y G. Esteva, 1987, *Food Policy in Mexico: The Search for Self-sufficiency,* Cornell University Press, Ithaca y Londres.

Austin, J. y J. Fox, 1987, "State-Owned Enterprises: Food Policy Implementers", en Austin y Esteva, *op. cit.*

Baez, F. y E. González Tiburcio, 1989, "Impacto de la crisis en las condiciones de vida: un ensayo descriptivo", en Tello (coordinador), *México: Informe sobre la crisis (1982-1986),* Centro de Investigaciones Interdisciplinarias en Humanidades, UNAM, México.

Banco de México, 1991, *The Mexican Economy,* México.

—————, *Informe Anual,* varios números, México.

Banco Mundial, 1989, *Mexico: Agricultural Sector Report,* documento, fotocopia.

—————, 1990, *Una propuesta de reforma para el programa alimentario de México en el periodo 1990-1994,* documento, fotocopia.

————, 1999, *Mexico Ejido Reform. Avenues of Adjustment - Five years later.* Informe, documento para discusión, febrero.

————, 2000, *World Development Report. Attacking Poverty,* World Bank/ Oxford University Press.

Banco Nacional de Crédito Rural, 1990, *Información básica,* informe, agosto, México.

Banco Nacional de México, *Examen de la situación económica de México,* varios números, México.

Barkin, D., 1988, "Cambios tecnológicos, dependencia y transformaciones en la sociedad rural", en J. Zepeda (ed.), *Las sociedades rurales hoy,* El Colegio de Michoacán, Zamora.

————, 1989, "El sector rural: una salida a la crisis", seminario: El sector agropecuario en el futuro de la economía mexicana, Facultad de Economía, UNAM, México.

————, 1992, "La política de precios y la producción de maíz en México: respuestas a la crisis", en Hewitt de Alcántara, *Reestructuración económica y subsistencia rural. El maíz y la crisis de los 80,* El Colegio de México-UNRISD, 1992.

———— y B. Suárez, 1985, *El fin de la autosuficiencia alimentaria,* Editorial Océano, Centro de Ecodesarrollo, México.

Barraclough, Solon, 1991, "Some questions about the implications for rural Mexicans of the proposed North American Free Trade Agreement (NAFTA)", ponencia para el XI Seminario de Economía Agrícola del Tercer Mundo, UNAM, noviembre, México.

————, 1991a, *An End to Hunger. The Social Origins of Food Strategies,* Zed Books Ltd., UNRISD, the South Centre.

Bartra, A., 1979, *La explotación del trabajo campesino por el capital,* Editorial Macehual, México.

————, 1985, *Los herederos de Zapata. Movimientos campesinos posrevolucionarios en México,* Editorial Era, México.

————, 1992, "Darse abasto: 17 tesis en torno a la autogestión en sistemas rurales de abasto dependientes de Diconsa", en Hewitt de Alcántara, *op. cit.*

Behrman, J. R., Hoddinott, John, *An evaluation on the impact of Progresa on pre-school Child height,* IFPRI, Washington, D. C. Documento.

Bernstein, H. B. Crow, M. Mackintosh, C. Martin, 1990, *The food question. Profits versus people?,* Monthly Review Press, Nueva York.

Bhaduri, A., 1983, *The Economic Structure of Agrarian Backwardness,* Academic Press, Londres.

Bodegas Rurales Conasupo, 1991, *La comercialización del maíz en México. Información Básica,* documento, Dirección de Apoyo a la Comercialización Rural.

Calva, J. L., 1988, *Crisis agrícola y alimentaria en México, 1982-1988,* Editorial Fontamara, México.

Casar, José I. y J. Ros, 1989, "Utilidades, precios y salarios", en Tello (coordinador), *México: Informe de la crisis,* Centro de Investigaciones Interdisciplinarias en Humanidades, UNAM, México.

Cebada, Ma. del Carmen, 1990, "El maíz en el contexto de la agricultura comercial ejidal. El Mante, Tamaulipas", Seminario sobre el maíz y crisis económica en México, Tepoztlán, Morelos, México.

Centro de Investigaciones Agrarias, 1974, *La estructura agraria y el desarrollo agrícola en México,* Fondo de Cultura Económica, México.

CEPAL, 1981, *La asignación de recursos públicos a la agricultura en México, 1959-1976,* documento, CEPAL-MEX-SAC 73, febrero.

————, 1981a, *El papel del sector público en la comercialización y la fijación de precios de los productos agrícolas básicos en México,* CEPAL-MEX-1051, junio.

————, 1982, *Economía campesina y agricultura empresarial,* Siglo XXI, México.

Comercio Exterior, Banco Nacional de Comercio Exterior, varios números.

Consejo Consultivo del Programa Nacional de Solidaridad, 1990, *El combate a la pobreza: lineamientos programáticos,* El Nacional, México.

Conal (Comisión Nacional de Alimentación), 1989, "Programa Nacional de Alimentación, 1989-1994", documento, fotocopia.

————, 1989, "Industria de la masa y la tortilla. Resultados de la Encuesta Nacional Larga", fotocopia, septiembre.

————, 1990, "Modernización integral del Sistema maíz/tortilla", documento, fotocopia, mayo.

————, 1990, "Programa de Modernización de la Industria de la Tortilla", fotocopia, febrero.

Conasupo, 1989, *A quién sirve la nueva Conasupo,* México, folleto.

CNC-Fenaprom, 1989, "Diagnóstico general de la producción nacional de maíz", Secretaría Técnica.

————, 1989a, "Evaluación del convenio de concertación sobre el diagnóstico de las limitantes y potencialidades de la producción nacional de maíz", documento, fotocopia, septiembre.

————, 1989, "Hacia la participación de las organizaciones de productores en la transformación de la infraestructura comercial del sector público con un sistema nacional de empresas comercializadoras", documento, fotocopia, octubre.

Coordinación General del Sistema Nacional de Evaluación y del Sistema Alimentario Mexicano (s.f.), *Propuesta para la integración agroindustrial del sistema maíz,* anexo, documento, fotocopia.

Cordera, R., 1981, *Desarrollo y crisis de la economía mexicana,* Fondo de Cultura Económica, Lecturas núm. 39, México.

———— y E. González T., 1988, "Percances y damnificados de la crisis económica", en Cordera *et al., México: el reclamo democrático,* Siglo XXI-ILET, México.

Cortés, F., y R. M. Rubalcava, 1990, "Equidad vía reducción. La distribución del ingreso en México (1977-1984)", documento, La Jolla, junio.

Costa, N., 1989, UNORCA. *Documentos para la historia,* Costa-Amic Editores, México.

CTM (Confederación de Trabajadores de México), 1987, *La CTM en la lucha por la alimentación,* Conasupo, México.

Chayanov, A. V., 1974, *La organización de la unidad económica campesina,* Editorial Nueva Visión, Buenos Aires.

De Janvry, A., 1981, *The Agrarian Question and Reformism in Latin America,* The Johns Hopkins University Press, Baltimore.

———— *et al.,* 1990, "The political economy of food subsidies in Mexico: from boom to austerity", fotocopia, mayo.

Díaz Cisneros, H., 1992, "El maíz en retroceso: la experiencia de los minifundistas en el área de influencia del Plan Puebla", en Hewitt de Alcántara, *op. cit.*

Diconsa, 1989, *Informe de labores 1982-1988,* tomo 1, México, noviembre.

Dubey, V. (s.f.), "Policy based lending and the World Bank", en D. Tedd (ed.), *Proceedings of the Fifth Agriculture Sector Symposium. Population and Food,* The World Bank, Washington, D. C.

Econotecnia Agrícola, I (2), 1977, publicación periódica, febrero.

El Financiero, publicación periodica, varios números.

FAO, 1996, *Plan of Action,* World Food Summit, Rome.

Fabris, M. y C. Guevara, 1983, "Sector campesino: conducta productiva 1966-1980: un análisis comparativo a nivel municipal", en *Economía Mexicana,* Serie Temática 1, El Sector Agropecuario, CIDE, México.

Flores, L., G. L. Paré y S. Sarmiento, 1988, *Las voces del campo. Movimiento campesino y política agraria, 1976-1984,* Instituto de Investigaciones Sociales, UNAM, México.

Fox, J., 1994, *The politics of food in Mexico. State power and social mobilization,* Cornell University Press, Ithaca.

————, 1990, "La participación popular y el acceso a la alimentación: los consejos comunitarios de abasto, 1979-1986", *Investigación Económica,* XLIX (191), Facultad de Economía, UNAM, México, enero-marzo.

———— y G. Gordillo, 1989, "Entre el Estado y el mercado: perspectivas para un desarrollo rural autónomo en el campo mexicano", *Investigación Económica,* XLVIII (190), Facultad de Economía, UNAM, México, octubre-diciembre.

GAO, 1991, United States General Accounting Office, Report to the Chairman, Committee on Agriculture, House of Representatives, "U.S.-Mexico trade. Impact of liberalization in the agricultural sector", documento GAO/NSIAD-91-155, marzo.

García-Barrios, R. y L. García-Barrios, 1990, "Environmental and technological degradation in agriculture: a consequence of rural development in Mexico", *World Development,* XVIII (11), Pergamon Press, Oxford.

————, 1992, "Subsistencia maicera y dependencia monetaria en el agro semiproletarizado: aspectos de la economía de una comunidad rural mixteca", en Hewitt de Alcántara, *op. cit.*

————, 1999 "Free Trade and Local Institutions: The Case of the Mexican Peasants" in Bislev and Appendini (ed.), *Deficient Institutionality: European and North American Integration,* Macmillan, London.

Gavaldón, E. y J. Ceceñas, 1988, *La reserva de granos básicos en México,* Conasupo, México.

————, 1990, "La política agrícola de Estados Unidos", en *Comercio Exterior,* Banco Nacional de Comercio Exterior, XL(12), México, diciembre.

Gertler, P. J., 2000, "A evaluation of the impact of Progresa on health care utilization and health Status", U. C. Berkeley, documento.

Ghatak, S. y K. Ingersent, 1984, *Agriculture and Economic Development,* The Johns Hopkins University Press, Baltimore.

Gibson, W., N. Lustig y L. Taylor, 1984, "Ventajas comparativas y autosuficiencia alimentaria: una comparación en un modelo de equilibrio general con dos especificaciones de precios", fotocopia, México.

Gittinger, J., J. Leslie y C. Hoisington, 1987, *Food policy: Intergrating supply, distribution and consumption,* Banco Mundial, The Johns Hopkins University Press, Baltimore.

González Casanova, P. y H. Aguilar Camín, 1987, *México ante la crisis,* vol. I, *El contexto internacional y la crisis económica,* vol. II, *El impacto social y cultural. Las alternativas,* Siglo XXI, México.

Goodrnan, L.W. *et al.,* 1985, *Mexican Agriculture: Rural Crisis and Policy Response,* documento de trabajo núm. 168, Woodrow Wilson International Center for Scholars, julio.

Gordillo, G., 1988, "El leviatán rural y la sociabilidad política", en Zepeda Editores, *op. cit.*

————, 1989, "Un nuevo trato para los campesinos", en Tello (coordinador), *op. cit.*

————, 1990, "La inserción de la comunidad rural en la sociedad global", *Comercio Exterior,* XL (9), Banco Nacional de Comercio Exterior, México, septiembre.

Green, R., 1988, *La deuda externa de México: 1973-1987. De la abundancia a la escasez de créditos,* Secretaría de Relaciones Exteriores, Editorial Nueva Imagen, México.

Griffin, K., 1979, *The Political Economy of Agrarian Change. An Essay on the Green Revolution,* The Macmillan Press Ltd., 21 edición, Londres.

———— y J. James, 1981, *The Transition to Egalitarian Development,* The Macmillan Press Ltd., Londres.

Grindle, M., 1986, *State and the Countryside: The Development Policy and Agrarian Politics in Latin America,* The Johns Hopkins University Press, Baltimore.

Grindle, M., 1988, *Searching for rural development: Labor migration and employment in Mexico,* Cornell University Press, Ithaca.

Hazell, P. B. R., 1989, "Risk and uncertainty in domestic production and prices", en Mellor y Ahmed, *op. cit.*

Heath, J., 1989, "Towards a liberalized trading regime?: State intervention and basic grain supply in Mexico, 1977-87", fotocopia.

Hernández X., E., 1988, "La agricultura tradicional en México", en *Comercio Exterior,* XXXVIII (8), Banco Nacional de Comercio Exterior, México, agosto.

Hernández, L., 1990, "Autonomía y liderazgo en una organización campesina regional", *La unión de Ejidos Lázaro Cárdenas,* Cuadernos de Desarrollo Base 1, México.

————, 1992, "Maiceros: de la guerra por los precios al desarrollo rural integral", en Hewitt de Alcántara, *op. cit.*

Hewitt de Alcántara, C., 1978, *La modernización de la agricultura mexicana, 1940-1970,* Siglo XXI, México.

————, 1987, "Feeding Mexico City", en Austin y Esteva, *op. cit.*

————, 1988, *Imágenes del campo. La interpretación antropológica del México rural,* El Colegio de México, México.

Hewitt de Alcántara, 1989, "Food pricing and marketing reforms: social and political issues", Seminario sobre política alimentaria y reformas del mercado, UNRISD, Ginebra, noviembre.

————, 1991, "La economía política del maíz en México", en *Comercio Exterior,* XL (10), Banco Nacional de Comercio Exterior, México, octubre.

———— (ed.), 1992, *Reestructuración económica y subsistencia rural. El maíz y la crisis de los ochenta,* El Colegio de México-UNRISD-Centro Tepoztlán, México.

Ibarra, D., 1970, "Mercados, desarrollo y política económica", *El perfil de México en 1980,* Siglo XXI, México.

————, 1990, "Los acomodos del poder entre el Estado y el mercado", *Revista de* CEPAL (42), Santiago.

Ibarra H., A. y S. A. Ortiz R., 1991, "Reservas, seguridad alimentaria y poder alimentario", en *Comercio Exterior,* XLI (1), Banco Nacional de Comercio Exterior, México, enero.

INCA-RURAL, 1980, *Impacto del crédito oficial en la producción y productividad del maíz,* México, noviembre.

Instituto Maya-Equipo Pueblo, 1988, *Desde Chihuahua hasta Chiapas,* México, diciembre.

Janvry de, A., G. Gordillo y E. Sadoulet, 1997, *Mexico's Second Agrarian Reform. Household and Community Response,* Ejido Reform Research Project, Center for U.S. - Mexican Studies, University of California, San Diego.

Johnston, B. *et al., U.S.-Mexico Relations: Agriculture and Rural Development,* Stanford University Press, Stanford.

Knochenhauer, G., 1990, "La modernización del agro en México", en *Comercio Exterior,* XL (9), Banco Nacional de Comercio Exterior, México, septiembre.

La Jornada, publicación periódica, México, varios números.

Lampell, J., 1987, *Abasto y comercialización de maíz: el papel de Conasupo,* tesis de maestría, Centro de Estudios Económicos, El Colegio de México, México.

Levy, S. y S. van Wijnbergen, 1991, "Maize and the Mexico-United States free trade agreement", World Bank, documento, fotocopia.

Lugo Chávez *et al.*, 1990, *Modernización del sector agropecuario mexicano*, Instituto de Proposiciones Estratégicas, México.

Luiselli, C., 1987, "The way to Food Self-Sufficiency in Mexico and its Implications for Agricultural Production Strategy", en Johnston *et al., op. cit.*

Lustig, N., 1986, "Food subsidy programs in Mexico", International Food Policy Research Institute, enero.

————, 1987, "Crisis económica y niveles de vida en México: 1982-1985", *Estudios Económicos*, II (2), El Colegio de México, México.

————, 1990, "El Pacto de Solidaridad Económica. La heterodoxia puesta en marcha en México", ponencia presentada en la Facultad de Economía, UNAM, julio.

————, 1990a, "El acuerdo firmado por México con sus bancos acreedores", *El Trimestre Económico*, LXVII (3), julio-septiembre, FCE, México.

———— y A. Martín del Campo, 1985, "Descripción del funcionamiento del sistema Conasupo", *Investigación Económica*, XLIV (173), Facultad de Economía, UNAM, México.

————, 1992, *Mexico. The Remaking of an Economy*, The Brookings Institution, versión final, inédita, febrero.

Manjarrez M., J., 1989, "Los cambios en el consumo alimentario por efecto de la crisis económica en la ciudad de México y área conurbana", *Investigación Económica*, XLVIII (190), Facultad de Economía, UNAM, México, octubre-diciembre.

Martín del Campo, A., 1988, "La política económica reciente y la agricultura", en J. Zepeda (ed.), *op. cit.*

———— (s.f.), "Notas sobre la evolución reciente de los subsidios a productos básicos alimenticios", Seminario sobre los efectos de la Crisis en los Grupos más Pobres, Tepoztlán, Morelos, México.

———— y R. Calderón, 1990, "Restructuración de los subsidios a productos básicos y la modernización de Conasupo", *Investigación Económica*, XLIX (194), Facultad de Economía, UNAM, México, octubre-diciembre.

Martínez, Ifigenia, 1989, "Algunos efectos de la crisis en la distribución del ingreso en México", en Tello (coord.), *op. cit.*

Martínez F., B., 1990, "Los precios de garantía en México", en *Comercio Exterior*, XL (9), Banco Nacional de Comercio Exterior, México, septiembre.

Masera, O., 1990, *Crisis y mecanización de la agricultura campesina*, El Colegio de México, México.

Matus G., J. y A. Puente G., 1990, "Las políticas comercial y tecnológica en la producción de maíz en México. Análisis y perspectivas en el entorno nacional", en *Comercio Exterior*, XL (12), Banco Nacional de Comercio Exterior, México, diciembre.

Mellor, J. W., 1988, "Global Food Balances and Food Security", en *World Development*, XVI (9), Pergamon Press, Oxford, Nueva York, septiembre.

————— y R. Ahmed, 1988, *Agricultural Price Policy for Developing Countries*, The Johns Hopkins University Press, Baltimore y Londres.

Mestries, F., 1990, "Las estrategias campesinas en torno al maíz en medio de la crisis". Seminario sobre el maíz y la crisis económica en México, UNRISD, Tepoztlán, Morelos, México.

Moguel, J. (ed.), 1989, *Historia de la cuestión agraria mexicana*, volumen 8: *Política estatal y conflictos agrarios (1950-1970)*, Siglo XXI/CEHAM, México.

Moguel, J. (ed.), 1990, *Historia de la cuestión agraria mexicana*, volumen 9: *Los tiempos de la crisis (1970-1982)*, Siglo XXI/CEHAM, México.

Mohar Ponce, Alejandro, nd, *La nueva institucionalidad rural. El caso de México*, FAO, Report, www.fao.org/Regional/prior/desrural/reform/estudios/mexico.pfd.

Montañez, C. y A. Warman, 1985, *Los productores de maíz en México: restricciones y alternativas*, Centro de Ecodesarrollo, México.

Mora, J. de la, 1990, "La banca de desarrollo en la modernización del campo", *Comercio Exterior*, XL (9), Banco Nacional de Comercio Exterior, México, septiembre.

Myhre, David, 1989, "Agricultural credit and the changing structure of Mexican Agriculture", fotocopia, diciembre.

—————, 1996, "Appropriate Agricultural Credit: A Missing Piece of Agrarian Reform in Mexico", en Randal L. (ed.), *Reforming Mexico's Agrarian Reform*, M. E. Sharpe, Amonk, Nueva York.

—————, 1998, "The Archille's Heel of Remors: The Rural Finance System", en Cornelius, W. y D. Myhre, *op. cit.*

Nacional Financiera (Nafinsa), *La economía mexicana en cifras*, México, varios números.

—————, ONUDI, SPP, 1986, *Bienes de capital e insumos para la agricultura mexicana*, Nafinsa, México.

Oswald, U., 1990, "Crisis y sobrevivencia en Morelos: economía política del maíz y de sus precios", Seminario sobre el maíz y la crisis económica en México, UNRISD, Tepoztlán, Morelos, México, enero.

Peón Escalante, F., 1989, *Participación y concertación para el abasto popular,* Diconsa, México.

Pessah, R., 1987, "Channeling credit to the countryside", en Austin y Esteva (eds.), *op. cit.*

Pilcher, J. M., 1998, *¡Que vivan los tamales! Food and the Making of Mexican Identity,* University of New Mexico Press, Albuquerque.

Poder Ejecutivo Federal, 2000, *6o. Informe de Gobierno,* Presidencia de la República, EUM, septiembre.

Presidencia de la República, 1988, "Evaluación de la política de precios de garantía. 1970-1986", documento, fotocopia.

Rao, J. M., 1986, "Agriculture in Recent Development Theory", *Journal of Development Economics,* XXII (1), North Holland, junio.

Rello, F. y D. Sodi, 1989, *Abasto y distribución de alimentos en las grandes metrópolis,* Editorial Nueva Imagen, México.

Robles Berlanga, 1999, "Tendencias del campo mexicano", en *Estudios Agrarios. Revista de la Procuraduría Agraria,* núm. 13, septiembre-diciembre.

Rodríquez, G., 1979, "El comportamiento de los precios agropecuarios", *Economía Mexicana* (1), CIDE, México.

————, 1980, "Tendencias y producción agropecuaria en las últimas décadas", *Economía Mexicana* (2), CIDE, México.

————, 1983, "Expansión ganadera y crisis agrícola: el papel del consumo y la rentabilidad", *Economía Mexicana* (5), CIDE, México.

Rodríguez Cisneros, M. (s.f.), *Características de la agricultura mexicana,* Banco de México, México.

Rojas, G. C., 1989, "El programa nacional de solidaridad", SSP, Coordinación General de la Comisión del Pronasol.

Ros, J., 1987, "Mexico from the oil-boom to the debt crisis: an analysis of policy responses to external shocks, 1978-85", en R. Thorp y L. Whitehead, *Latin American Debt and the Adjustment Crisis,* University of Pittsburgh Press, Pittsburgh.

———— y N. Lustig, 1987, *Stabilization and adjustment policies and programmes,* Country study 7, México, WIDER, Helsinki.

———— y Rodríguez, 1986, "Estudio sobre la crisis financiera, las políticas de ajuste y el desarrollo agrícola de México", México, fotocopia, diciembre.

Sagar, 2000, *Situación Actual y Perspectivas de la producción de maíz en México, 1990-1999,* documento.

Salinas de Gortari, C., *Informes de Gobierno* (segundo, 1990; tercero, 1991), Poder Ejecutivo Federal, México.

Salinas de Gortari, R., 1990, "El campo mexicano ante el reto de la modernización", en *Comercio Exterior*, XL (9), Banco Nacional de Comercio Exterior, septiembre.

SARH, 1989, "Programa de estímulos regionales a la producción de cultivos básicos", documento, fotocopia, octubre.

————, 1990, "Programa de modernización del campo", en *Comercio Exterior*, XI (10), Banco Nacional de Comercio Exterior.

————, Coordinación General de Desarrollo Agroindustrial, 1982, "El desarrollo agroindustrial y los sistemas de alimentos básicos. Maíz", documento técnico núm. 11, México.

————, Dirección General de Política Agrícola, 1990, "Evolución de la producción agrícola y sus perspectivas", documento, fotocopia.

————, Dirección General de Política y Evaluación Sectorial, 1989 [cuadros estadísticos].

————, Gabinete Agropecuario, 1988, "La producción nacional de productos básicos y el comercio internacional", documento, julio.

————, Subsecretaría de Planeación, 1988, *El desarrollo agropecuario de México, Informe 1987*, México.

————, Subsecretaría de Política y Concertación, 1990, "Sector agropecuario y resto de la economía", documento, México, febrero.

SARH/ONU/CEPAL, 1982, *El desarrollo agropecuario en México*. III, *La oferta de productos agropecuarios*. V, *La problemática alimentaria*. X, *Empleo de insumos*. XII, *La política agrícola*, SARH, México.

————, 1984, *El desarrollo agropecuario en México*, VII, *El ingreso y su distribución*, SARH, México.

————, 1988, *El desarrollo agropecuario de México. Pasado y perspectivas. Informe 1987*, SARH-ONU-CEPAL, México.

Schatan, C., 1987, *Efectos de las políticas micro y macroeconómicas sobre el sector agropecuario y la seguridad alimentaria en México*, fotocopia.

Schatan, Jacobo, 1987, "Sam's Influence on Food Consumption and Nutrition", en Austin y Esteva, *op. cit.*

Scott, J., 1999, *Análisis del Programa de Educación, Salud y Alimentación (Progresa): México. Experiencias Exitosas de Combate a la Pobreza Rural: Lecciones para una Reorientación de las Políticas*. Informe final para RIMISP/FAO, Julio.

Secretaría de Hacienda y Crédito Público, 1985, "El mercado del maíz y la tortilla", documento, fotocopia.

Secretaría de la Presidencia, 1976, *El sector agrícola: comportamiento y estrategia de desarrollo,* Dirección General Coordinadora de la Programación Económica y Social, fotocopia.

Secretaría de Programación y Presupuesto, 1988, "Programa Nacional de Solidaridad", *Diario Oficial,* 6 de diciembre.

Solís, L., 1987, *La realidad económica mexicana: retrovisión y perspectivas,* Siglo XXI, 16a. edición, México.

Solís Rosales, R., 1990, "Precios de garantía y política agraria. Un análisis de largo plazo", en *Comercio Exterior,* XL (9), Banco Nacional de Comercio Exterior, México, septiembre.

Stevens, R. D. y C. L. Jabara, 1988, *Agricultural development principles,* The Johns Hopkins University Press, Baltimore y Londres.

Streeten, P., 1987, "Transitional measures and political support for price policy reform", en Gittinger *et al., op. cit.*

Swaminathan, M., 1991, "The changing role of formal and informal credit in rural Mexico", Centre for International Studies, M. I. T., Cambridge Massachusetts y Centro de Investigación y Docencia Económicas, México, documento.

Székely, M., 1988, "Propuesta para una nueva forma de participación comunitaria en el abasto de básicos", ponencia presentada al Séptimo Seminario sobre Economía Agrícola del Tercer Mundo, Instituto de Investigaciones Económicas, UNAM, México.

Tejera de la, B., Garcia, R. and Valdemar Diaz, 2000, *Las estrategias de ingreso y la agricultura en comunidades indígenas oaxaqueñas,* CRIM/UNAM, unpublished Document.

Tello, C., 1984, *La nacionalización de la banca en México,* Siglo XXI, México.

————, 1989, *México: informe de la crisis,* Centro de Investigaciones Interdisciplinarias en Humanidades, UNAM, México.

Timmer, C. P., 1987, "Price policy and the political economy of markets" y "The relationship between price policy and food marketing", en Gittinger *et al., op. cit.*

UNRISD, 1987, *Food policy in the world recession: The socio-economic and political implications of pricing and marketing reforms,* Project Proposal, Ginebra, diciembre.

UNORCA (Unión Nacional de Organizaciones Regionales Campesinas Autónomas), 1989, Segundo Encuentro Nacional Campesino.

Vergopolous, K., 1974, "El capitalismo disforme", en S. Amin, *La cuestión agraria,* Siglo XXI, México.

Warman, A., 1988a, "Los campesinos en el umbral de un nuevo milenio", *Revista Mexicana de Sociología,* Instituto de Investigaciones Sociales, UNAM, México.

———, 1988b, *Maíz y capitalismo. La historia de un bastardo,* Fondo de Cultura Económica, México.

Wiggins, S., N. Keilbach, K. Prebisch, S. Proctor, G. Rivera Herrejón, and G. Rodríguez Muñoz, 1999, *Changing Livelihoods in Rural Mexico.* Informe de Investigación, DFID/ESCOR, CICA, Universidad Nacional Autónoma de México, CEIEGT, Facultad de Medicina Veterianaria y Zootecnia, Universidad Nacional Autónoma de México, Department of Agricultural and Food Economics, The University of Reading. June.

Yúnez, A., K. Appendini y T. Rendón, 1979, "Hacia una interpretación del desarrollo económico en México: primera versión bibliográfica", en *Las ciencias sociales en México,* El Colegio de México, México.

Zepeda J. (ed.), 1988, *Las sociedades rurales hoy,* El Colegio de Michoacán, Zamora.

UNRISD

El Instituto de Investigaciones de las Naciones Unidas para el Desarrollo Social es un organismo autónomo de las Naciones Unidas establecido para estudiar "problemas y políticas de desarrollo social y las relaciones entre diversos tipos de desarrollo social y económico durante fases diferentes de desarrollo económico". Sus estudios apuntan a contribuir a los trabajos de: *a)* el secretariado de las Naciones Unidas en el campo de la política social, la planificación del desarrollo social y el desarrollo económico y social equilibrado; *b)* los institutos regionales de planificación establecidos bajo el auspicio de las Naciones Unidas; *c)* los institutos nacionales de desarrollo y planificación económica o social.

De la milpa a los tortibonos.
La restructuración de la política alimentaria en México
se terminó de imprimir en octubre de 2001
en los talleres de Reproducciones y Materiales, S.A. de C.V.
Presidentes 189-A, Col. Portales, 03300 México, D.F.
Composición tipográfica: Literal, S. de R.L. Mi.
Se tiraron 1 000 ejemplares más sobrantes
para reposición. Cuidó la edición la
Dirección de Publicaciones de
El Colegio de México.